大学生思想政治教育系列丛书

守教育初心，担育人使命
——"五爱"教育精品校园文化构建

武德峰　张　东　许晨星◎著

中国纺织出版社有限公司

内 容 提 要

"五爱"教育在高校素质教育人才培养过程中起到了基础性作用，不仅可以丰富学校文化内涵，还能使"五爱"教育落到高校素质教育的实处，收到实效。

本书介绍了学校开展的形式多样的"五爱"教育活动，营造"爱己、爱家、爱校、爱党、爱国"的环境氛围，培养学生"五爱"情怀，加强学生对爱的全方位认知，塑造学生良好思想品行，促使学生形成正确的世界观、人生观、价值观。

本书可供高校辅导员参考阅读。

图书在版编目（CIP）数据

守教育初心，担育人使命："五爱"教育精品校园
文化构建 / 武德峰，张东，许晨星著 . -- 北京：中国纺
织出版社有限公司，2024.5
（大学生思想政治教育系列丛书）
ISBN 978-7-5229-1321-6

Ⅰ. ①守… Ⅱ. ①武… ②张… ③许… Ⅲ. ①高等学
校－素质教育－教育研究 Ⅳ. ①G640

中国国家版本馆 CIP 数据核字（2024）第 024990 号

责任编辑：亢莹莹 责任校对：寇晨晨 责任印制：王艳丽

中国纺织出版社有限公司出版发行
地址：北京市朝阳区百子湾东里 A407 号楼 邮政编码：100124
销售电话：010—67004422 传真：010—87155801
http://www.c-textilep.com
中国纺织出版社天猫旗舰店
官方微博 http://weibo.com/2119887771
三河市宏盛印务有限公司印刷 各地新华书店经销
2024 年 5 月第 1 版第 1 次印刷
开本：787×1092 1/16 印张：15.5
字数：300 千字 定价：88.00 元

序

　　高等院校是开展大学生思想政治教育的主阵地，辅导员工作是对大学生进行思想政治教育的主要渠道之一。然而，思想政治教育在高校大学生心目中并不被重视，学生的学习积极性并不高，效果不理想。充分发挥高校辅导员在大学生思想政治教育中的主导作用，构建一种行之有效的"开放式、立体化、全方位"育人模式尤为重要。辅导员立体化教育系列著作主要包括《心路》《辅导员随笔》《辅导员工作案例微电影》《辅导员立体化工作过程》《我的100个学生100个故事》。

　　本系列图书是辅导员育人载体路径上立体化的具体成果。在符合教育环境大背景的前提下，在辅导员工作内容的范畴之内，希望能够起到教育学生的作用。采取小说、电影（微电影）、戏剧、微信公众号、手机APP端后台数据库、辅导员网站、特色校园文化、大学生生活导报、辅导员周记、辅导员随笔、大学生的视角对社会主义核心价值观的诠释等载体。特点：形式多样化，有声音、文字、视频、图片、戏剧等；储存信息量大；与德育课程紧密衔接；栏目形式多样，喜闻乐见；师生能够互动，学生愿意接受这种方式；栏目设置灵活；传播迅速，收视阅读率高。

　　本系列图书内容丰富，形式新颖，切合实际，可操作性强，体现了与时俱进的意识和科学发展的思想，是辅导员必备的读物。对辅导员的工作有着深远意义。

　　完善高校辅导员德育工作途径：高校辅导员立体化德育实施途径，形成育人资源整合，促进高校德育教育形成多渠道、全方位、立体化共同作用的综合影响，进一步增强德育教育实效性。

　　学校德育政策建设：确立明确的德育目标，并制定相应的政策和规章制度，将德育纳入学校发展规划和教育教学体系中，确保德育工作有明确的指导方针和规范。

　　多元化的德育活动：开展多样化的德育活动，包括课堂教育、社团活动、文化艺术活动、志愿者服务等，通过不同形式的活动培养学生的品德素养和道德观念。

个性化德育辅导：根据学生的不同需求和特点，提供个性化的德育辅导服务。辅导员可以与学生开展面对面的交流和辅导，关注学生的成长和发展，帮助他们解决心理和行为问题。

教研与培训：推动辅导员队伍建设，组织教研活动和培训，提升辅导员的专业素养和教育教学能力。辅导员应不断学习和更新自己的知识，以便更好地指导学生。

教师与家长合作：加强教师和家长的沟通与合作，形成良好的三方关系。辅导员可以与家长交流学生在校内外的表现和问题，共同关注学生的成长。

育人资源整合：将德育工作纳入全员育人的范畴，整合学校各部门的资源，共同参与德育工作。例如，学生处、心理健康教育中心、社团活动中心等可以共同合作，形成合力。

德育评估与反馈：建立科学的德育评估机制，对德育工作进行定量和定性评估。及时向辅导员和学校反馈评估结果，促进德育工作的改进和提升。

有利于提高育人效果：高校辅导员立体化德育相较于平面化德育来讲更生动、形象、具体、真切，克服了简单、枯燥、抽象说教的弱点，以增强德育的吸引力和德育的实效性。

有利于德育教育资源的整合：高校辅导员立体化德育强调全方位、多渠道、系统影响和综合作用。有利于开辟多种教育渠道，进一步发挥家庭、社会、学校和个人的教育影响，充分发挥高校"十大育人"功能，促进高校德育多渠道、全方位、立体化、系统化，完成德育的实施过程。

有利于扩大德育教育的覆盖面和渗透力：高校辅导员立体化德育强调充分利用现代传媒手段，方便快捷、生动形象、应用广泛，可以大大增强教育的覆盖面和渗透力。丰富新形势下高校辅导员工作的理论，促进高校思想政治教育理论的不断丰富和发展，为高校辅导员工作的不断创新发展提供一定的理论参考价值和实践支持。结合新形势下高校辅导员工作实践，提出若干具体的且有可操作的"立体化育人"工作模式，可为高校辅导员思想政治工作实践提供参考。

陈景翊

2024年1月于长春

前言

2017年9月30日，中共吉林工程技术师范学院委员会印发《吉林工程技术师范学院"五爱"教育工程实施方案》，将"五爱"教育工程作为学校开展大学生思想政治教育工作的主要依据，进一步深化学校思想政治教育工作。"五爱"即"爱己、爱家、爱校、爱党、爱国"。在新时代展开德育工作的背景下开展"五爱"教育，就是要在全校范围内塑造"爱己、爱家、爱校、爱党、爱国"的环境氛围，培养学生对爱的全方位认知，树立科学的理想信念，养成文明的行为习惯，从而当一名自尊、自立、自强的青年人。

"五爱"教育重点是让学生更好地学会和理解"爱"。而爱有不同的层次和内涵，爱的第一个层次：满足自己的需求；爱的第二个层次：满足对方的需求；爱的第三个层次：满足集体的需求。不同层次的爱，有不同的内涵和重要性。结合当代大学生特点和社会发展对大学生的要求，我校提出了"五爱"教育，"五爱"教育的内容为以下五个方面的爱：

知仁爱己：古人云："君子自爱，仁之至也。""人若知爱，则应慎护自己。"如果一个人在爱的同时不知道自爱、自尊、自重，就很难做到真正意义的爱己。爱自己的真正含义是人在遇到挫折苦难的时候爱护自己的生命，并珍惜时间不断成长自己，在机遇来临的时候紧紧抓住机会，这样的爱是对自己的人生，对自己的生命负责。这才是真正意义上的爱自己。我们在学习的过程中接受自己，在成长的过程中接纳自己，这才是对生命和自己的本真认识。当学会欣赏和关怀自己的时候，彩虹会为我们绽放，世界会为我们开启。

"爱己"：通过记录生命轨迹，感受生命的坚韧；通过生命挫折教育，磨炼学生的生命意志；通过品味生命美好，培育学生的审美情操；通过关注生命安全，构建学生的和谐关系；通过书写精彩人生，引导学生合理规划人生；通过认识生命价值，提升学生对生命信仰的认识。

知礼爱家："家"文化是中国传统文化中的一大特色，已经深入了每一个中国人的心里，融入每一个中国人的血液中，影响着中国人的价值观。爱家可以从多个方面体现，也可以从不同的角色中体现，作为学生爱家就是在学习的过程中不断进步，在进步的过程中对家庭负责，这里的负责是指关爱父母，让他们体会到孩子的爱。如果学生对自己的行为从不反思，就会更大程度的伤害父母，伤害家庭。家在任何时代中都有着重要的意义，在时代的变迁中、在诗词歌赋的赞扬中、在经典的流传中，家成了我们内心的归宿，这里有爱，有温暖，更有无限的幸福。大学生作为时代新青年，高校必须引导他们学会真正意义上的爱家，通过爱家大学生更能明白深切的社会责任感，担负起时代复兴的重任。

"爱家"：通过感恩教育，体会小家对一个人成长的重要性，人的成长离不开家庭的帮助，家庭也需要每一个人用爱来支撑；通过宣传家风家训，传承优良传统；通过刻录生活故事，传递爱的能量。开展"我的家训、家规、家风故事"主题网文征集活动，并以"音频朗读+图文"的形式制成微信专题作品，以五一国际劳动节、母亲节、五四青年节等重要节点，开展一封家书、一段家话、一则家训等活动，对学生开展感恩教育与生命教育。

知育爱校：学校记录了学生热烈绽放、激越昂扬的青春，孕育出精益求精、崇师尚学的工师精神。校园是学生成长的堡垒，学生要在这里提高自己学习的战斗力、生活的战斗力。这就要求学生爱护校园，其表达的方式可以是：尊师重道、爱护校园的一花一草、营造良好的学习氛围，成就每一个莘莘学子。爱校可以增强大学生对学校、专业的认同感和归属感，也对他们树立正确的三观、积极向上的信念和全面发展起着重要作用。换而言之，如果我们违反纪律、危害环境、破坏公物等就是在破坏校园的组织建设。在一个没有爱的环境中学习、生活，会大大降低自己及周围同学的学习热情，也会影响身心健康。

"爱校"：要求大学生对母校具有高度的认同感，这是高校构建和谐校园的重要体现。高校应该立足"以人为本，立德树人"的根本宗旨，大力加强校园文化建设，利用校训、校歌增强校园凝聚力，营造良好学风、校风。开展"我的母校最美"创意摄影，以我拍校园风采，我拍校园生活为主题，以组图形式叙事，展示丰富多彩校园生活，并制作学院宣传微视频。

知恩爱党：为党育人、为国育才，是高等学校人才培养的政治要求和价值导向。教育关乎着国家的发展，高校青年学生是祖国未来建设的重要力量，同时国家也对高校提出了新的时代要求。高校建设要坚决坚持党的领导，坚持以人为本做好大学生思想政治教育工作是实现全程育人、全方位育人的根本。高校要做到全方位育人就要在教育教学的进程中大力弘扬社会主义核心价值观，同时引导学生树立正确的荣辱观，让学生在学习的过程中学习理解祖国统一、民族团结、人心向背的重要意义。

"爱党"：以学院为单位，组织不同类别和形式的主题党日活动；组织学生党员、入党积极分子讲党课，学生给学生讲党课，让学生以不同的方式深入学习党的先进思想，更便于学生接受；利用我校地处东北的优势，组织学生学习东北抗联精神，不忘初心，以史为鉴，提高广大学生的爱国主义情怀，让学生担负起实现中华民族伟大复兴的历史重任。

知义爱国：作为华夏儿女爱国主义情怀紧紧地扎根在我们流淌的血脉中，这种情怀在于我们对祖国的爱。在中华文化发展的千年历史长河中，始终奏响着昂扬的爱国主义情怀，不论沧海巨变，桑田变迁，我们的血液中始终炙热着爱国热情，始终把祖国和人民放在心间，让爱跨越时空传递下去。在社会发展的进程中爱家是对小家的感情，爱国是一种对大家的爱，爱国是爱的升华，是更高、更大、更深的爱。我们要延续华夏儿女的情怀，学习着华夏文明的历史，更要承担起时代的重任，实现中华民族的伟大复兴。

"爱国"：既不能停留在认识上，也不能只停留在情感上，必须转化为行动的意志和实践的过程，要让大学生在加深对国家认知的基础上通过多种形式培养起学生的爱国情怀。大学生的爱国主义教育一定要落到实践当中，以诗歌朗诵、歌曲传唱、参观实践、志愿活动等多种形式开展"祖国在我心中"活动，录制微视频。通过以上网络文化作品传播正能量，弘扬主旋律，展示我校"五爱"教育工作的特色，为申报精品网络文化作品和学生工作精品项目奠定基础。

"五爱"教育为大学生提供了正确的价值观念及人生信念，而实践有利于促进德育认知与德育践行的有机统一。将二者进行结合，构建"五爱"教育精品校园文化系列活动，塑造学生的价值观，不断强化传统文化教育和文化自信，全方位促进学生的心理健康发展，使学校思想政治工作更好地适应和满足学生成长诉求和时代发展要求。通过对大学生进行"五爱"教育，切实打通"三全育人"的最后一公里，形成可转化、可推广的一体化育人制度和模式。

高校学子充满朝气与活力，是民族的未来、祖国的希望，高校肩负着培育人才的使命。在多元发展的时代，社会环境复杂多变，思政教育内容、形式与时俱进，学生价值取向多元化，就要切实关注学生思想政治教育实践的需要。新时代，要紧紧围绕立德树人根本任务，以习近平新时代中国特色社会主义思想为指导，以"三全育人"为主线，以"五爱"教育工程建设为着力点，开展多元实践活动，调动多元实践育人主体力量形成育人合力，完善校内外协同育人格局，提升高校实践育人的实效性。

"五爱"教育在高校素质教育人才培养过程中起到了基础性作用，不仅可以丰富学校文化内涵，还能把"五爱"教育不断引向深处，使"五爱"教育落到高校素质教育的实处，收到实效。通过开展形式多样的"五爱"教育活动，在全校范围内营造"爱己、爱家、爱校、爱党、爱国"的环境氛围，培养学生"五爱"情怀，加强学生对爱的全方位认知，塑造学生良好思想品行，促使学生形成正确的世界观、人生观、价值观，成为社会主义事业合格的接班人，让社会主义后代永远闪耀"五爱"教育的荣光。

本书有以下三个特点：

（1）有很强的操作性、实践性和针对性。本书中的案例活动贴近高校大学生实际，全体编写者都是来自高校教育工作一线的辅导员和学工干部，实践经验丰富，所有的活动都是亲身实践、反复体验、潜心探索的结晶，因此具有很强的操作性。

（2）结构合理，内容丰富，形式多样，涉及范围广。本书共分"知仁爱己、知礼爱家、知育爱校、知恩爱党、知义爱国"五章，共有100个主题活动。紧紧围绕立德树人根本任务，以"五爱"教育工程建设为着力点，开展多元实践活动，提升高校实践育人的实效性，为高校辅导员开展"五爱"教育提供了参考。

（3）寓教于乐，重在体验和感悟。本书选择的活动素材贴近生活，贴近职业，题材鲜活，用形式多样的"五爱"教育活动，培养学生"五爱"情怀，加强学生对爱的全方位认知，使学生在活动中体验思考，感悟成长。

本书依托于职业院校思想政治教育研究基地，是基地科学研究阶段性成果。本书在编写过程中，广泛查阅了相关研究领域的研究成果，参考借鉴了高校校园文化活动，同时感谢长春市第二中等专业学校提供相关材料，在此一并向这些资料的作者表示深深的感谢。由于编写者水平有限，书中难免有不足和疏漏，敬请广大读者批评指正。

著者

2024年1月于长春

目录

第一章
知仁爱己

　　"五爱"教育中立德树人是主线，培养社会主义核心价值观是副线，二者之间是存在辩证统一的关系。培育社会主义核心价值观主要是针对学生而言，而立德树人则是针对学校和老师，两者之间有着重要的关系却在主体上存在着不同❶。在人的成长过程中，人格是起源于家庭，显现于学校，成熟于社会。"五爱"教育便是紧紧围绕大学生心理发展极端的特点，强调个人在家庭、学校、社会等多种环境中的发展。在学生早期形成的自我认知基础上，通过家庭、学校和社会相互协作，使"五爱"教育活动对学生产生的活动体验感、认知升华感、情感认同感和意志激励感逐步递进、相互融合，帮助学生建立正确的世界观、人生观和价值观，完成大学生逐步社会化成为社会人的过程❷。

　　古人云："君子自爱，仁之至也。""人若知爱，则应慎护自己。"如果一个人在爱的同时不知道自爱、自尊、自重，就很难做到真正意义的爱己。爱自己的真正含义是人在遇到挫折苦难的时候爱护自己的生命，并珍惜时间不断成长自己，在机遇来临的时候紧紧抓住机会，这样的爱是对自己的人生，对自己的生命负责。这才是真正意义的爱自己。我们在学习的过程中接受自己，在成长的过程中接纳自己，这才是对生命和自己的本真认识。当学会欣赏和关怀自己的时候，彩虹会为我们绽放，世界会为我们开启❸。

　　学生在大学时期，是对世界观、人生观、价值观定型的重要时期，不要只学书本

❶ 郭凤臣，陈景翊，郑岩，等. 构建"五爱"教育为载体的大学生实践育人体系——吉林工程技术师范学院"五爱"教育工程[J]. 吉林工程技术师范学院学报，2021，37（6）：10-14.
❷ 邓国彬，梁军. 新时期大学生自我教育能力培养刍议[J]. 学校党建与思想教育，2010（26）：71-72.
❸ 曹群，郑永廷. 他教与自教是思想政治教育学科的基本范畴[J]. 思想教育研究，2014（11）：3-6，76.

上的理论知识，还要学会为人处世，大学就是一个微小版的社会缩影，要有一个健康的心理状态来面对自己的未来，为自己的人生理想和目标不断地去奋斗和拼搏，在面对人生当中的各种压力和挫折时也需要及时调整自己的心态与情绪，为以后打下坚实的基础。因此，大学生"爱己"教育显得尤为重要❶。

爱己，就是要全面认识自己，接纳自己，从而爱护自己。一名学生只有懂得爱护自己，爱惜自己，才能更好地去爱自己的家。爱己就要做到自尊、自立、自强。引导学生正确认识自己，认识社会，学习技能，发挥长处，收获自己，从而做一个对社会有用的人。

爱己，通过记录生命轨迹，感受生命的坚韧；通过生命挫折教育，磨炼学生的生命意志；通过品味生命美好，培育学生的审美情操；通过关注生命安全，构建学生的和谐关系；通过书写精彩人生，引导学生合理规划人生；通过认识生命价值，提升学生对生命信仰的认识。

为增强耐挫能力，提高心理调适能力，促进高校心理健康教育和谐发展。以发展性心理健康教育和积极心理学理念为主导，围绕主题广泛开展内容丰富、形式多样、针对性强、参与面广的心理健康教育活动，引导学生以积极的态度面对生活，树立尊重生命、珍惜生命、敬畏生命的意识，强化学生"爱人爱己"的意识。

当代学生一般都为"00后"，大多为独生子女，被父母保护很好，较少的挫折经历导致他们没有较强的承受能力。在学校学习、生活中，如果遇到困难，容易否定自己，从而产生自卑心理，这都属于不够理性的认知。在遇到挫折时，无法正确地看待自己，容易有心理上的压力。尤其是在中学时代学习成绩较为突出但能力不足的学生，开始会对自己充满信心，在进入高阶段学校之后发现身边的同学都很优秀且有一技之长，自己仅擅长学习、看书，但与中学不同的是，学习成绩好的优势不那么被看重，导致这类学生心理产生落差感，开始在认识层面上出现偏差，导致自暴自弃，忽视"爱己"❷。

高等教育的最终目的是为社会培养大批有知识、有能力、有良好人格和个性的人才。相对而言，课堂教育是一种有共性的教育活动，而校园文化活动则可使学生身临其境，发展兴趣爱好，并在各种创造性活动中挖掘大学生个体的潜在能力，使其认识自我，克服心理障碍，增强自信心，让大学生充分施展才华，发展个性❸。

在校园文化活动中，要始终坚持以爱国主义教育为重点，融入"爱己"教育，以科技、文娱、体育和社会实践活动为基础，弘扬社会主义先进文化，让健康、高雅、生动的文化活动占领校园文化阵地。例如以心理健康日、艾滋日、食品安全日为契机，打造"爱己"系列品牌活动；结合学校实际，开展"爱己"微电影大赛、"珍爱生命，安全第

❶ 赵兴燕. 当代大学生自我意识问题的深度分析[J]. 教育教学坛，2021（19）：169-172.
❷ 曾东. 论内观教育法与大学生思想政治教育的融合与创新[J]前沿，2014（Z2）：14-15.
❸ 王建军. 大学生"三自"教育的实践探索——以上海师范大学为例[J]. 高校辅导员学刊，2014，6（2）：41-44.

一"安全教育、"爱己"主题辩论赛、"爱己"书画作品征集等活动,与校外共建单位开展社会实践活动和社区公益劳动。此外,要充分发挥高校教育资源优势,广泛开展各种形式的兴趣小组活动,如书法班、音乐班、美术班等,利用周末组织专题讲座、辩论会、音乐欣赏活动等。通过开展一系列丰富多彩的校园文化活动,把正确规范和行为准则,以启迪、熏陶、感化和塑造等方式潜移默化地引导和规范学生的思想行为,在学生中弘扬爱党爱国、爱人自爱、积极向上的良好风气❶。

通过一系列活动,我们希望能够帮助学生正确认识自己,培养积极的态度,激励他们有效地控制自己,并不断努力完善自身,以期达到"爱己、悦己、靠己"的最终目标。此外,我们也希望学会关心他人,明白人际交往中的关爱是至关重要的,因为关爱别人也意味着关爱自己,而获取他人的关爱则是前提。

一、引导学生正确认识自己

通过参与多种活动,同学们不仅能够客观地认识自己,而且还能从中发现自身的优势和不足,激发自身的潜力,并且增强自信。在活动中,学生可以从多种渠道获取信息,并且经过分析、比较和综合,从而更加全面、客观地完善自我评价。在活动中可以有多种途径获取信息交流,通过将其分析、比较、综合后,能够全面客观地完善对自己的评价。在活动中开阔个人视野,用发展的眼光看待遇到的任何问题,运用合理的方法使活动效果达到最佳,这样就会有一个较好的自我评价。与他人的比较中更好地认识自己,学习他人身上的优点,正视自己身上的缺点。作为祖国的栋梁,肩负着祖国未来发展的重担,目光不应只停留在与自己条件差不多的人身上,更应该与比自己优秀的人作比较。在优秀的人身上,学生可以明显看到自身的不足以及自身的优点,见贤思齐。

二、帮助学生积极接受自己

在活动过程中,能够帮助学生们理智地看待自己身上的优缺点,正确地对待自己的短处,勇敢面对失败。虽然有的孩子会在摔跤之后重新站起来,而另外的孩子则会因挫折和困难感到沮丧,甚至开始怀疑自己的潜力。然而,我们必须明白,暂时的挫折并不意味着终结,暂时的胜利并不意味着终结,正如古谚所言:没有艰辛,就无法看到美丽的阳光。因此,无论是日常还是学业,我们应该坚强地应对挫折。

三、鼓励学生有效控制自己

通过各种具有挑战性的校园活动,增强学生克服困难与毅力的决心,培养学生的意

❶ 杨晓慧. 高等教育"三全育人":理论意蕴、现实难题与实践路径[J]. 中国高等教育,2018(18):4-8.

志力。通过有效地控制自己，我们可以实现定向的改变和完善，从而提升自身的能力。因此，我们应该鼓励学生们有效地控制自己，并且努力培养他们的意志力，以达到这一目标。在每个人的成长过程中都会有欲望的出现与干扰，以及外部的诱惑，然而这些的出现很容易让人偏离轨道。学生们正处在一个充满挑战的时期，他们缺乏坚定的意志力，一旦偏离了原本的方向，就会失去追求目标的决心和斗志。因此，想要取得成功，就必须具备足够的毅力，不断地调整和改进自己的思维，并且严格控制自己的行动。只有坚定的意志和坚韧不拔的精神，才能让我们在思考和行动中保持清醒和自律。

四、帮助学生不断完善自己

实现个人成长需要从了解、尊重和掌握自身特质开始，并且需要采取多样的措施，包括设立明确的目标、有意识的调节和持续的变革，从而使其能够更好地满足当下的需求。通过自我教育，可以帮助他们更好地掌握知识，提升能力，并且能够更加全面地应对复杂的环境和挑战。因此，自我教育应该以培养良好的责任感和勇气作为基础，让他们能够以更加积极的态度去面对和解决问题，并且能够通过反复的反思、反复的检讨和反复的反馈，来不断提高和改进，以期达到最佳的效果。此外，自我教育也应该鼓励他们积极参与到公益活动，以及积极地服务于民族和社会的复兴，以此来体现他们的人生价值。通过持续努力，我们可以获益良多，从而变得越来越坚实、越来越充实、越来越有能力。

五、"爱己、悦己、靠己"

朱光潜说："人生本来就是一种广义的艺术，每个人的生命史就是他自己的作品。"所谓的生命史，就是一个人一生所有的遇见、所有的经历、所有的得失与悲欢。对于艺术而言，谁不想创作出优秀的作品；对于人生而言，谁不想拥有安稳的生活。只是，人生不会一帆风顺，世事不会尽如人意，我们必须学会面对人生的种种磨难和考验。

（1）爱己，就是自爱。王安石在《荀卿》里说："爱己者，仁之端也，可推以爱人也。"唯有自爱者，方能为人所爱；唯有自爱者，方能用心去爱人。

（2）悦己，是取悦自己，使自己开心快乐。使自己开心快乐，说起来容易，做起来却并不容易。工作中、生活中，有太多无可奈何的事，很多时候，不是不愿保持好心情，而是真的有太多苦闷和烦恼。

（3）靠己，是独立，不依附于任何人，一样可以活得很好。俗话说："靠山山会倒，靠人人会跑，只有自己最可靠。"借别人的力量，沾别人的光，终究是短暂的殊荣，只有自己活成一道光，才能永远明亮闪耀。

第一节
"强化安全意识，筑牢安全防线"安全教育

一、活动背景

近几年，我国高校各类安全事故频发，网贷、网络诈骗等严重威胁大学生生命财产安全，加强大学生安全教育已是箭在弦上。在当今这个充满活力的世界里，加强对大学生自身安全意识的培养，不仅是学生自身成长和发展的基础，也体现我们遵循"健康首位、防治为先、全面管理"的工作原则，努力构建一座平等、健康、文明的大学校园。为了提高大学生的意识，应该积极推行各种有益的安全宣传，并组织各种形式的安全宣传活动，以提高他们的自我防范能力，并让他们更好地理解、应对各种可能出现的危险。

二、活动目标与意义

按照关于"安全教育"的系列要求，结合"安全第一"的内容，积极推进学生安全教育工作，旨在培养学子的立德树人的精神，加强他们的自身防范能力、安全责任感，并促进他们的心理健康。为进一步加强对学生的安全教育，引导学生树立忧患意识，坚定人生信念，进一步端正学生学习态度，涵养文尚的思想品质，培养学生自我保护意识和反诈意识，全面提升学生的综合素质。

三、活动主题

"强化安全意识，筑牢安全防线"（图1-1）。

图1-1 "强化安全意识，筑牢安全防线"安全教育活动

四、组织实施

（一）"强化安全意识，筑牢安全防线"主题教育班会

全体在校班级分别结合各班级实际，以"强化安全意识，筑牢安全防线"为主题，通过班会形式组织学生掌握突发火情、意外伤害、自然灾害等意外状况发生时的自我保护方式，加强安全用电、消防安全和逃生知识教育以及如何识别并远离邪教。

（二）坚定信念反诈宣传进课堂

为有效提升师生防范虚假信息诈骗、切实提高学生识别、防范虚假信息的意识和能力，全力遏制虚假信息诈骗入侵校园的势头，避免诈骗事件的发生，让学生更进一步了解什么是"诈骗"，特别是"电信网络诈骗"，通过多种形式向学生及教职工宣传诈骗的含义、类型和手段，提升识别电信诈骗的能力，做到"不轻信、不透露、不转账"，让电信诈骗分子无可乘之机。

（三）"强化安全意识，筑牢安全防线"主题手抄报竞赛活动

1. 作品要求

以国家安全为主题，以手抄报的形式突出总体国家安全观，体现大安全理念，展现国家安全事业重大成就，健康向上，感情真挚。

（1）手抄报大小自由选择，最小为A4，格式为.jpg或.png，分辨率为300dpi，RGB模式，参赛者须自留底稿。

（2）请确保手稿是自己完成的，并且作品具有鲜明的主题、独特的设计、版面的整洁，作品正面要求有年级、院系、班级、姓名、学号及联系方式。

2. 提交材料

《国家安全教育手抄报作品》命名格式为：院系+学号+姓名+手抄报标题，并发至对应邮箱。

（四）开展防电诈宣传教育活动

为了让所有的学生都具备预防诈骗的意识，推荐使用国家反诈中心APP。教育引导学生戒除贪婪心理，抵制虚荣心理，强化警戒心理，提高防范能力。

五、工作经验与启示

安全是人类生存的基本要求，是个体寻求发展的必要前提。安全教育是教育的基本内容，大学生由于其自身生理、心理特点以及生活环境的特殊性，当他们面对危险因素时采取何种应对措施就显得极为重要。安全问题不仅是学生在校学习、生活中经常遇

到的问题，也是毕业后走向社会经常遇到的问题。所以，必须加强对高校大学生的安全教育。

"强化安全意识，筑牢安全防线"安全教育活动旨在提升大学生的安全素养，为确保校园环境的稳定、促进学子们的良好发展、实现自我价值的实现，起到了至关重要的作用。只有确保大学生的人身与财物得到妥善的保障，才能为社会培养出优秀的栋梁之材。通过加强学习，增强他们的安全观念，让他们更加清楚地认识到，当面临灾难或者其他威胁的情况下，要尽量采取措施，将风险和损失减少至最小，并且培养他们的警惕心，以便及早采取行动，保障校园的安宁。

第二节
"规划自我，创造未来"职业规划

一、活动背景

"预则立，不预则废"指出，通过制定合理而具体的职业生涯规划，可以帮助大学生挖掘出内心深处最真挚的渴望，激活内心最敏感的神经，培养出更好地适应环境、更具挑战精神、更具创新思维、更具活力、更具活跃度，从而获得更多的成就感。"职业生涯规划活动月"是一项旨在帮助大学生更好地了解和实现其职业梦想的活动。通过这项活动，可以帮助学生更好地规划和发展他们的未来，并培养学生的自信心和挑战性。为进一步增强大学生职业生涯规划与发展意识，提升自我认知水平与职业探索能力，提高学生就业创业质量，在全校学生中组织开展"规划自我，创造未来"职业规划活动。

二、活动目标与意义

为深入贯彻全国和全省教育大会精神，落实立德树人根本任务，强化就业育人实效，发挥"以赛促学、以赛促教"的积极作用，进一步深化大学生职业生涯规划教育，提升大学生职业生涯规划能力，激发创新思维，提高创新能力，促进高校毕业生更高质就业。旨在培养大学生的创新精神和创业能力，树立职业生涯设计理念，合理规划职业生涯，激发自我潜能，拓展自身素质。一是帮助广大大学生明确学习目标，端正学习态度，增强学习动力。二是树立和提高职业规划的意识和能力，提高大学生制作自荐书及参加职场应聘的技巧和能力。

三、活动主题

"规划自我，创造未来"（图1-2）。

图1-2 "规划自我，创造未来"职业规划活动

四、组织实施

（一）职业规划的理解

为了实现未来的职业发展，我们需要制定一份详尽的计划，以便确定一个阶段或长期的职业目标，并且找到一条最适合自己的发展之路，同时做好充分的调整和准备。

（二）职业规划的内容

重新定义个人的职业规划，探索新的成长途径；选择合适的岗位，制定新的规划；接受有助于提升个人素质、技巧的专题培训，以改变个人的思维模式、情感状况、价值取向，并做好充分的心理准备。为了制定一份有效的职业规划，应该综合考量两种不同的因素：一是个人的价值观、兴趣、技能、品质、潜质，另一种是受影响的社会背景以及周围的文化氛围。

在初赛阶段，参赛者需要提交书面职业生涯规划。在决赛阶段，参赛者需要通过演讲来展示自己的才华。在初赛和决赛之间，参赛者可以自行报名，并在比赛中挑选一些优秀的参赛者进入决赛。

五、工作经验与启示

大学是大学生步入社会、走进职场前的最后一站。面对竞争日益激烈的就业，每一个大学生都希望自己能择好业、就好业，拥有美好的职业人生。因此，了解职业生涯规划的基本知识，掌握职业生涯规划的相关技能，做好向职业角色转变的准备，确立未来的职业发展方向和目标，尽早进行职业规划，是大学生的"必修课"，能够帮助大学生合理规划和安排自己的专业学习和课外活动，为未来的职业生涯创造更多可能，充分地实现自己的人生规划。

职业生涯规划活动对大学生的意义主要有以下几个方面：

一是更深入地了解自己。职业生涯规划，首先是对自身的兴趣爱好、能力等方面的深入探讨，挖掘自己的潜能，并发现不足，在以前的学习生活中学生不会花费太多的时间去考虑这方面的问题，因为不管怎么考虑，最后的目标还是那么坚定，即"考大学"，所以大部分人的印象中学习好就代表优秀，成绩差就代表能力不强。经过职业生涯规划的探讨，可以全方位地了解自己，认清自己的兴趣爱好能力，更明确地根据自己的喜好做选择。

二是提供就业指导。在综合考虑自身条件和环境因素后，规划者要对自己做出职业定位。将自己定位在能发挥自己最大能力的位置上，最适合自己的职业才是最好的职业，经过职业生涯规划的规划者。在自己选择的职业上，能够充分发挥自己的能力与潜能，得到满意的结果，过上理想中的生活，最终达到自我实现。

三是增强就业竞争力达到人职匹配。有着良好规划的人往往比走一步算一步的人在职场上更具竞争力，大学生职业规划可以引导大学生认识自身的个性及特质，明确现有的潜力和潜在的资源优势，帮助学生了解用人单位的人才需求，这样会使大学生会运用科学的方法，有针对性的学习，提高学生的综合素质。

第三节
"践行雷锋精神，争做雷锋传人"志愿活动

一、活动背景

传承雷锋精神，弘扬时代新风。为深入学习宣传贯彻党的二十大精神及习近平总书记对深入开展学雷锋活动做出的重要指示精神，厚植爱党、爱国、爱社会主义的情感，加深体会新时代雷锋精神的实质与内涵。"雷锋精神，人人可学；奉献爱心，处处可为。"三月是学雷锋活动月，雷锋精神已成为一面永不褪色、永放光芒的旗帜。为大力弘扬雷锋精神，构建文明和谐校园，校团委开展了"践行雷锋精神，争做雷锋传人"志愿活动，号召同学们学习雷锋精神，积极践行使命担当。

二、活动目标与意义

为深入学习宣传贯彻党的二十大精神，贯彻落实党和国家对深入开展学雷锋活动做出的重要指示精神，培育和践行社会主义核心价值观，在3月5日学雷锋活动日暨"中国青年志愿者服务日"到来之际，吉林工程技术师范学院学生在校园内外广泛开展了形式多样的学雷锋系列活动，大力弘扬雷锋精神和志愿精神，让学雷锋活动融入日常、化作经常，在青年学生中蔚然成风。

三、活动主题

"践行雷锋精神，争做雷锋传人"（图1-3）。

图1-3 "践行雷锋精神，争做雷锋传人"志愿活动

四、组织实施

（一）发布"喜迎二十大，奉献爱劳动，奋进新征程"学雷锋倡议书

1. 主要内容

结合党的十九届六中全会决议精神，系统全面回顾2021年志愿者们的奉献担当与实干前行，在第60个学雷锋日到来之际，向全校青年发出倡议，学习宣传雷锋、坚守奉献初心、发扬劳动精神、踏好时代节拍，谱写青春华章。

2. 具体要求

在学雷锋纪念日（3月5日）当天，面向一校三地，在校院各类网站及公众号进行推送。

（二）开展"我为学校做好事"雷锋月主题志愿服务

1. 主要内容

巩固深化党史学习教育成果，深化"办实事"成效，一校三地各志愿服务组织、团支部开展"我为学校做好事"雷锋月主题志愿服务，组建多支志愿服务队，开展日常服务、课前准备、防疫值守、馆舍打扫、学业帮扶、助力春招、安全保护等服务校园、服务青年学生"急难愁盼"的志愿服务活动，推动和谐校园建设，以自身奉献体悟新时代劳动观、传承新时代雷锋精神、续写新时代雷锋故事。

2. 具体要求

以3月5日学雷锋纪念日为关键节点，加强内容设计，强化校院联动，发挥各单位青年志愿服务组织力量，坚持在劳动劳作中弘扬雷锋精神，在各学院团委（总支）指导下，推动覆盖全校各团支部，围绕各类主题，以项目化、团队化志愿服务形式，有序分类开展。

（三）组织"聆听雷锋故事，传承时代担当"雷锋月主题团日活动

1.主要内容

各学院团组织发挥创造力、组织力，通过线上线下相结合的形式，开展包括但不限于主题观影、榜样学习、实践服务、时事研讨等多种形式的主题团日活动，并借助院校媒体及时宣传，带动支部成员生动地学习雷锋精神，树立青年担当时代重任的使命感。

2.具体要求

各学院以团支部为单位通过在雷锋纪念日的庆祝活动中，各个学院的团支部应该把雷锋的思想、马克思主义的实践、"双一流"的编写、新时代的实践活动融入自身的教育实践中，让每一个人都可以认真学习践行党的道路、方向、政策措施，成为新时代党的忠实追随者、优秀的后备军。

（四）开展"我帮雷锋上头条"宣传活动

1.主要内容

为青春工师、校园各类网媒平台设计有关雷锋月的封面图，宣扬雷锋精神，展现志愿者风采。团委带领各学院共同发起"我帮雷锋上头条"志愿服务故事带话题讨论活动，带话题#我帮雷锋上头条#、#向雷锋同志学习#、#话一话我的学雷锋感悟#，邀请同学们在微博等网媒平台发出参与"学雷锋"活动的经历、感悟、图片、视频等资料。

2.具体要求

在学雷锋纪念日（3月5日）前后，通过学院网站等发布封面图，营造积极视觉氛围；青年志愿者联合会通过学校公众号发布推文，各志愿服务组织在各类网媒平台发起话题讨论，宣传我校志愿服务事业，营造学习雷锋精神的热烈氛围，以实际行动展现志愿者风采。

五、工作经验与启示

学雷锋是每一个新时代青年、每一个志愿者都应该做的一件事，学习雷锋好榜样，在自己的学习工作生活中融入雷锋精神。通过此次活动竭力弘扬雷锋精神，把学习雷锋的热情普及到每一个人的心里，使之成为一种时尚，一种文化，一种传统，一种价值观，一种责任感，一种使命感。

通过本次的学雷锋志愿服务活动，不仅深入弘扬并落实了社会主义核心价值观，而且激励着广大学生以雷锋的品格去实现自身理想，倡导以正能量、奉献精神的文明新风，从而促使我校的学生们把学雷锋的理念融入日常的生活中。

第四节
"浪漫心引力"大学生恋爱观主题教育

一、活动背景

步入大学，大学的生活环境及大学生的思想观念较之以前都发生了改变。大学相对高中更加宽松，学生们拥有自由的环境，大学自然也就成为培植爱情之花最肥沃的土地。

大学生恋爱一直是大学校园的热门话题，恋爱和学业成了大学生在校期间面对的两个主要问题。正确的恋爱方式有助于促进学生学习与工作，并帮助提高成绩。相反，如果恋爱方式不够好，学生的注意力会被打乱，导致工作效率低下。而且当代大学生已经不再拘泥于传统的礼仪，而是开始热切地渴望并寻找真正的爱情。

二、活动目标与意义

懂得恋爱观，可使同学们能够更好地理解和认识恋爱。恋爱观是当代社会条件下经济和道德的产物，对于大学生，提倡树立科学的恋爱观。大学生要树立正确的恋爱观念，让大学爱情成为青春记忆里最美的风景，而不是终身的遗憾。

三、活动主题

"浪漫心引力"（图1-4）。

图1-4　"浪漫心引力"大学生恋爱观主题教育活动

四、组织实施

（一）前期准备

（1）进行大学生恋爱观问卷调查，进行统计，调查分析。

（2）收集关于爱情和恋爱的歌曲和电影、名言和故事。

（3）制作PPT主题课件。

（二）活动过程

（1）通过莫文蔚的歌曲《爱情》引入主题，讲述大学生恋爱的特点：普及化、大众化、理智化、非理智化。

（2）请现场两对情侣上台作为代表玩一个信任游戏。女生在前男生在后，相隔一段距离，女生往后倒，男生扶住女生。

（3）通过一些有趣的游戏，让学生更好地了解他们的恋爱模式。

（4）通过深入分析，我们可以更好地了解学生的恋爱类型，并为他们讲解这些情况。

（5）让学生发表自己对于大学生恋爱存在的问题、看法和见解。

讨论不理性的恋爱消费所造成的经济负担，甚至因为借钱影响自己的生活以及家人、朋友之间的关系，是不是得不偿失。

（6）以"不求天长地久，只求曾经拥有"和"不求曾经拥有，只求天长地久"为话题展开一个小型的辩论会。

①请同学深入探讨本次辩论的话题，并在3至5分钟内进行讨论。

②时间到后让同学选择自己支持的一方，并开始辩论。

（7）结合PPT及学生的观点，辅导员给予分析与总结。

通过教育，让学生了解恋爱的各种形式，培养正确的爱情态度和心态。

五、工作经验与启示

在这场充满激情的班会中，不仅能够深入地理解恋爱观念与价值观，而且还能够在讨论中分享出彼此的独到见解与认知。每个人都积极参与，现场气氛十分火爆，令人难忘。同学们也结合了自己的见闻和经历，各自陈述了见解和看法。通过这次活动的举办，希望大学生可以树立正确的恋爱观，能够正确地对待生活中的挫折和不如意，摆正爱情在人生中的位置。

通过本次活动的举办，希望大学生在恋爱方面要注意克制和调节，注意转移和升华，通过参加各种文娱活动或者与恋人多谈谈学习和工作，把恋爱行为限制在社会规范内，不至于越轨，使爱情沿着健康的道路发展。希望大学生可以端正恋爱动机，树立正确的恋爱观，发展适当的恋爱关系。恋爱是人生的一件大事，但并不是人生的全部，大学生应该以学业为重，因为学习是大学生进入大学校园的主要目的，本着学业高于爱情主张，学业为主，不宜过早恋爱。但是大学生也不要认为爱情是学业的绊脚石，处理得好的话，爱情也可以对学业起到催化作用。

恋爱是一种寻求共同目标、携手共度余生的过程。通过此次恋爱主题活动，更加认真、深入地思考自己想要什么样的爱情，什么样的爱情观是合理的、正确的，该树立怎样的爱情观。学生应该明确学习与恋爱之间的关系，事业与恋爱之间的关系。现在是一个现实的社会，只有学习和事业作为坚强的后盾支持，才会收获崇高美满的爱情。

第五节
"书信写未来，感恩致友谊"感恩教育

一、活动背景

当今社会，能怀有一颗感恩之心是一种很阳光的心态，是一种成熟和有责任的积极人生态度，更是当代大学生的必备素质。

所谓爱己，就是要对自己负责，对未来负责，书信写未来，把未来目标写下，与未来的自己做一个约定。所谓爱己，就是与人为善，对朋友懂得感恩，从而使友谊更加牢固。

二、活动目标与意义

借助书信这种形式，引发大学生对未来的思考，对未来负责。引导大学生换位思考，懂得感恩、学会感谢，表达自己对他人的感激之情并从中丰富大学生的大学生活，增进大学生之间的感情。

三、活动主题

"书信写未来，感恩致友谊"（图1-5）。

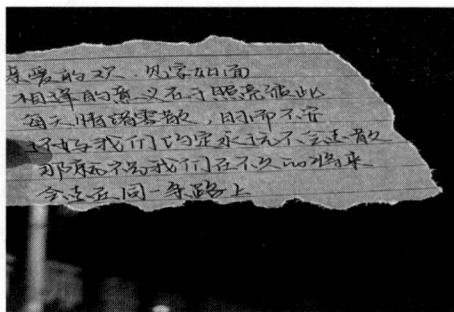

图1-5 "书信写未来，感恩致友谊"感恩教育活动

四、组织实施

（一）组织实施

1. 活动申请
向院系提出活动申请，向院系分团委申请场地。

2. 物品领取与准备
向院系申请24件衣服和帽子，领取院旗，借取展板两块，桌子四张，准备便利贴、海报、宣传单。

3. 活动宣传
和宣传部一起绘制海报张贴在教学楼、宿舍楼，周日27日晚在各班级宣传。

（二）活动中期

（1）将所有成员事先分成两组，分别在操场、食堂门口，让路过的同学把自己想对自己父母、家人、老师等人所说的话写在便利贴或者信纸上；再将写好的便利贴在展板上展示。

（2）如果想要把感激之情传递给他人，请将准备好的感谢信封放入邮箱，活动实施者将在感恩节来临之际替您把它送达（请注意，这封感谢信不需要粘贴邮票，只限于您所在学校）。

（3）写下自己对未来的展望或者为未来的自己写一封信。

（三）活动后期

（1）将展板展览，归还相关物品。
（2）开活动总结会进行交流，并写个人活动总结。

五、工作经验与启示

通过本次活动，学生更加深入地展开了对未来的思考，思考未来想要什么，想成为什么，更加利于学生对自己的未来负责，让学生有了一个平台与机会去认真思考未来，写下自己所愿，对未来的规划，从某种程度上来说是解放了学生的现在，让学生可以不那么患得患失，从而继续坚持做自己认为有意义、有价值的事情。让学生在学习生活之余思考当下。

常怀感恩之心，用书信与文字传达自己的情感。让学生懂得感恩的意义，懂得感恩的重要性，从生活中发觉感恩，从而表达感恩。让大学生知道人性的美好，传递美好的光辉。"感恩"旨在培养学生的尊严意识，使之能够以一种正面的方式表达对待他人的关怀和赞赏。通过"感恩"的教育，可以激发学生的热情，并且培养出一种以身作则的精神，从而更好地理解如何去关心、支持和帮助他人。学习如何表达对他人的关怀和爱心，是一种非常重要的素养。只有懂得珍惜、懂得报答、懂得珍惜、懂得分享，才能真正体现出一个人的价值。

希望本次活动可以教化学生学会感恩。让学生学会感恩，关键是通过家庭、学校的教育，大学生在校时间长，让学生们学会知恩、感恩，学校发挥的作用也更加重要。希望大学生可以"爱己"，从对未来的自己负责开始，给自己确定发展方向，指定发展目标，为实现自己所景仰的未来的自己而付出脚踏实地的努力，从每一件可以改变的小事做起，从每一次都可以做得更好的机会开始。

第六节
"为你的青春加油"万人签字活动

一、活动背景

没有梦想就没有目标，没有目标就无所事事，无所事事就内心空虚。"一年之计在于春，一日之计在于晨"。春天来临，春意盎然，繁花似锦，不负韶华则洋溢着春意盎然，让我们共同欣赏这片灿烂夺目、色彩缤纷的春天，珍惜当下，追求更加完美，让我们携手共创，不负韶华。

二、活动目标与意义

拥抱千万种选择，但一种选择却非常珍贵，那就是青春，一种无须物质财富的精神状态。大学生时常能感受到校园的魅力，看到自己充满活力的面容。每一个人都曾经憧憬过自己的未来，因此，要珍惜当下的机会，努力实现自己的理想。所以吉林工程技术师范学院服装工程学院举办"为你的青春加油"万人签字活动，记录学生新一年的目标，为梦想保驾护航。

三、活动主题

"为你的青春加油"（图1-6）。

四、组织实施

（一）活动前期宣传

（1）秘书处通过班长下达通知，鼓励大家积极参加。

（2）通过吉林工程技术师范学院官方QQ、微博、微信宣传，同时请团委及各院学生

图1-6 "为你的青春加油"万人签字活动

会及社团进行转发宣传。

（3）通过海报、横幅等形式扩大宣传力度，并进行活动记录。

（二）活动开展过程

（1）学生会成员提前集合，布置场地，无课同学进行值班宣传，并随时拍照进行网上宣传。

（2）活动当天组织大家在明信片上写上自己的梦想和基本介绍，放在梦想盒中，然后在喷绘板上签上自己的名字，进行合照。

（3）进行活动总结，写成文档。

（三）活动中应注意的问题和细节

（1）准备工作必须提前完成。

（2）值班人员注意佩戴工作证。

（3）注意记录活动中存在的不足之处，活动结束后各部进行工作总结。

五、工作经验与启示

当代大学生更应该把握时光，认真学习专业知识的同时积极参与校园活动，以梦为马，不负韶华。"为你的青春加油"万人签字活动，记录下学生新一年的目标，督促自己奋勇前行。

第七节
"爱己微电影"大赛

一、活动背景

校园生活五彩斑斓，新学期的各种活动更是纷至沓来。为丰富我校大学生的校园生活，进一步促进校园精神文明建设，创造有利学生健康成长的校园文化氛围，营造校园文化的集中展示，特举办"校园微电影大赛"。社会发展迅速，学生易误入歧途，"爱己"的知识与重要性需要广大学生了解并谨记。

二、活动目标与意义

树立当代大学生先进榜样，积极开展丰富多彩的校园活动，推动"和谐"校园文化建设，体现多元文化平等和睦、交融共存的院系特色。

通过剧情将"爱己"的知识与重要性传达给广大学生。通过参加比赛，学生们不仅可以培养创新思维和艺术敏锐度，还可以充分发挥自身的才华，并且可以从中感受到学校的文化氛围，深深地体会到他们对这所学校的热爱。

三、活动主题

人生没有剧本，自导自演先爱己。

四、组织实施

（一）活动前期

（1）在前期宣传中，采取以下方式：制作宣传海报；在网络平台上进行宣传；向全校发放宣传资料。

（2）在进行竞选之前，需要做好以下工作：向每个班级的领导发送宣传资料，所有选手的名字和担任评委的人员；组织所有选手家庭聚餐，并讨论竞选活动的细则；组织一次有效的小组讨论，并公布竞选项目。

（二）活动中期

1.现场布置

将写有主题的横幅挂起，将现有的鲜花摆成弧线形，评委席位放好矿泉水。检查播放器。

2. 活动流程

（1）主持人致开幕词，并介绍嘉宾、评委。

（2）第一环节：各班进行自我介绍，另附PPT，自我介绍形式不限，评委凭借对各班选手的印象打分。

（3）第二环节：各班参赛选手播放影视，评委打分。

（4）第三环节：观众互动。由主持人用肢体语言来表达"爱己"中的关键词，并让观众进行猜测，以激发他们的积极性（10分钟有效）。

（5）请评委对本次比赛进行点评。

（6）主持人将会宣布每个班级的最终成绩和获奖名单。

（7）请嘉宾评委给获奖班级和个人颁奖。

（三）活动要求

1. 作品要求

（1）参赛作品必须是作者本人原创，配乐也必须是原创的。作品必须拥有版权，并对其中的内容负责。作品中不得包含色情或暴力元素，也不能违反中华人民共和国的法律。

（2）作品的核心理念是传播健康的社会文化，强调自我认知的重要性，并且涵盖新闻、娱乐、文化、生活和体育等多个领域。它将反映大学生的生活，展现他们的思考。可以以学校为主要载体，也可以以社会为主要载体。

（3）作品时长：1~15分钟。

（4）本次活动提供的作品分两份，一份是.AVI、.MP4或.RMVB等标准的视频文件，另一份是Flash动画文件，需要参与活跃的参赛者把文件转换成其他格式。活跃的参赛者需要把文件保管好，以便后续使用。

微电影不限设备，无论是普通的智能手机、DV还是高级的拍照仪器，甚至是精美的动画片和PPT，都能够轻松地制作出精彩的微型纪录片。

2. 安全要求

一切拍摄都要以安全为前提。

（四）评分细则

第一、第二环节由评委评分，第一环节满分为20分，第二环节满分为80分。计分采取去掉最高分和最低分取平均分制。平均分取小数点后两位。

第二环节具体评分参考标准如下：

（1）视频中语音语调：发音正确、清楚，表达自然准确（20分）。

（2）情感表达：恰到好处地展现了角色的内心世界，给予高分（20分）。

（3）剧情凸显主题（20分）。

（4）有较强的团队合作能力（20分）。

（五）奖项设置

1. 团体奖项

（1）小组第一：奖品+证书。

（2）小组第二：奖品+证书。

（3）小组第三：奖品+证书。

2. 个人奖项

观众答题奖4~6名：奖品。

（六）活动后期

（1）清点物品，确保用过的东西完好无损，数量不差。

（2）场地卫生安排：由举办方教育小组成员打扫，做好后续工作。

（3）活动结束后的第二周，撤走展板。

（七）后期宣传

通过院刊及网上发布信息来宣传此次比赛。

（八）活动总结

总结举办活动的时候遇到的一些问题，以及解决办法，谈谈此次活动的意义，以及自己学到的东西（图1-7）。

图1-7 "爱己微电影"大赛活动

五、工作经验与启示

通过丰富的校园活动，不仅能够提升学生的精神文明素养，还能为学生提供一个有利于健康发展的环境，使学生能够更好地展现自己的文化特色。社会发展迅速，学生易误入歧途，"爱己"的知识与重要性需要广大学生了解并谨记。树立当代大学生先进榜样，推动"和谐"校园文化建设。

通过剧情传递"爱己"的知识与重要性。通过参加比赛，不仅可以培养学生的创新精神和艺术感知能力，还可以让学生在活动中发挥出自己的才华，从中体会到校园文化的独特魅力。

第八节
"衣旧焕新"旧物改造大赛

一、活动背景

随着全球气候变暖的趋势，将年轻一代的审美观和时尚元素融入环境保护的宣传中显得尤为重要。通过将废弃的家具进行改造，可以更好地传播绿色、可持续的生活观，从而推广绿色文化。同时也加强同学的动手能力和设计能力。这次的设计内容主要是服装和配饰，在变废为宝的同时也是大学生在服装创意能力上的一次锻炼。

二、活动目标与意义

本次活动旨在提高学生的动手技巧、设计思维，将理论知识与实际应用紧密联系起来，重点关注服装及配饰。既可以将资源利用起来，又可以激励学生提升自身的创新思维，从而更好地完善自身的素质。此外，本次活动还采取一定的奖励机制，使学生更好地体验到胜利的喜悦，从而更好地促进自身的未来发展。

三、活动主题

"呈我旧衣，焕你新姿"（图1-8）。

图1-8 "衣旧焕新"旧物改造大赛活动

四、组织实施

（一）前期准备

（1）为了更好地完成活动，召开了一次全体成员的会议，并制订了详细的活动计划。

（2）经过严格审核，获得了学院团委的批准，并获得了参加此次活动的许可证。

（3）活动宣传（海报、横幅等），并采购、订制奖品，同时准备照相机、摄像机、电教等设备。

（二）活动过程

（1）举办一次小型宣讲会，记录所有报名参与者的信息。希望所有参与者都能够在活动期间充分发挥自己的才华。

（2）每个小组应准备适当的材料，包括服装、帽子和围巾等配饰。

（3）作品总汇：召开服装发布会。可以自行着装，也可自"聘"模特，不建议以衣架展示。

（4）专家评论、参赛者的互相评价和现场投票的多元化评分标准。

（5）根据当前情况，选出1名一等奖、3名二等奖和5名三等奖，并在活动中进行颁奖。

（6）组织参赛者，获奖者合影留念。

（7）向参赛者以及现场所有活动参与者表示感谢，并做好现场的清理工作。上交活动总结报告。

（三）活动备注

（1）组织者应当坚守"文明礼貌，优质服务"的准则，以尊重和友好的态度对待每一位参与者，避免发生冲突或矛盾。

（2）竞赛流程遵循"公开、公平、公正"原理。

（3）进行活动时，所有成员必须认真负责，不可自行到处闲逛，开小差。全体参与者必须遵守学院的工作纪律和规章制度。

（四）宣传方式

（1）宣传海报两张。宣传旧物改造新衣内容，标语"呈我旧衣，焕你新姿"。

（2）宣传单。宣传本次活动主题。

五、工作经验与启示

随着当今社会的发展，应该将"环境友好、低碳生活"的思想融入日常的行为及生活中。通过将旧物进行改造，可以提升学生的实践技巧和创意，从而更好地推广绿色、可持续的发展。采用将思想观点与行动紧密联系起来的办法，不仅可以将资源有效利用，还可以提升参与者的设计灵感，激发出他们的潜质，并且可以让他们更好地参与到这场活动中来。

第九节
"树文明正气之风，建和谐卫生校园"主题活动

一、活动背景

文明校园是深化中国特色社会主义和中国梦系列教育、践行社会主义核心价值观的重要载体，是培养中国特色社会主义建设者和接班人的坚强阵地。大学生是传统文化的传承者，也是社会文明的践行者。大学生仪容仪表和文明礼仪是校园精神文明建设的重要内容，是一种自我美育，更是一种对他人尊重的体现。为营造健康、文明的校园环境，为展现吉林工程技术师范学院服装工程学院师生朝气蓬勃、好学上进、文明有礼、奋发有为的精神风貌，传递青春力量，共建文明校园，全院师生倡议接力。

在全国号召"创建国家卫生城市，构建文明和谐社会"的时候，学生们也应为校园创造一个文明的环境。"爱己"的提出让我们认识到关于这方面的重要性，爱护身边的环境，一个卫生文明的环境，对"爱己"是最好的体现。

二、活动目标与意义

为了提升高校大学生的整体素质，应致力于构筑一种健康、舒适、有序的教育环境，以及良好文明礼仪的社会氛围。不仅要提倡良好的纪律性、卫生意识，还要积极推进学风建设，以便更好地培养出具有良好道德修养的学子，更要竭尽所能，共同构筑一片清新、健康、美好的校园，使得每一名学子都能够从中获得智慧、成长、进步，实现真正的润物细无声。

三、活动主题

"树文明正气之风，建和谐卫生校园"（图1-9）。

四、组织实施

（一）活动前期

1.宣传
在微信公众号里进行宣传，并制作展板。

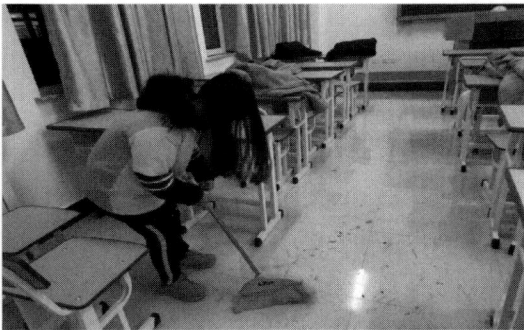

图1-9 "树文明正气之风，建和谐卫生校园"主题活动

2. 物品准备

A4纸张若干，制作打印评分表，工作牌10张。

（二）活动中期

1. 现场布置

由于活动特殊，因此活动地点不进行布置，工作人员必须佩戴工作牌。

2. 活动流程

活动内容：包含纪检、卫生两大方面。

（1）纪检方面（占本次活动的60%）：

①早操活动（占纪律方面活动量化20%）。为了确保早操活动的有效性和安全性，服装学院学生会体育部将定期对2017级新生的早间活动进行全面的检查，包括但不限于：集合情况、出勤情况、行进间纪律、离场秩序等。

②晚自习检查（占纪律方面活动量化20%）。为加强服装学院学风建设，帮助2017级新生养成良好的学习习惯，服装学院学生会学习部成员对2017级新生晚自习情况进行常态化检查。检查项目主要有晚自习迟到、旷课等。

③公寓纪检（占纪律方面活动量化20%）。由服装院学生会生活部成员组织实施，检查项目主要包括晚归、晚起。

（2）卫生方面（占本次活动40%）：

①早间校园卫生。为规范校园卫生质量标准，营造良好的校园环境和学习氛围，特开展此活动，由服装学院学生会生活部负责检查，其他部门负责协助。

②公寓卫生。为了更有效地提升新一代的思想政治素质，推动校园内的文明礼仪，构筑出一个优质的校园氛围，让校园变得更有利于师资培养、学术交流以及校园精神的传播，活动在校园内举行，并且由学院来监督实施。

（3）汇总表彰：

①优秀班级：对每周的检查结果本着公平、公正、公开的原则按照检查标准进行量

化，活动结束时按照得分顺序评定5个优秀班级。

②先进班级：对在活动中表现优异的班级向学生会进行推荐，学生会将根据活动期间检查情况进行筛选，最终确定先进班级名单。原则上，各年级推荐数不超过本年级班级总数的三分之一，各年级最终获得"先进班级"的班级数不超过学院班级总数的五分之一。

③经过系统的评估和审核，"先进个人"荣誉称号将颁发给活动中表现突出的先进个人，以表彰他们在活动中的贡献和成就。

五、工作经验与启示

全国号召构建文明和谐社会，更应为校园创造一个卫生文明的环境。"爱己"的提出让我们认识到关于这方面的重要性，爱护身边的环境，一个卫生文明的环境，对"爱己"是最好的体现。

通过本次活动，不仅提升了校园的整洁度、清洁度以及文明礼仪，更是打破传统的教育模式，让每个人都能在一个舒适、健康、安宁的校园里成长，并且在这里培养出一批优秀的当代大学生，共同构筑一个更美好的未来。

第十节
"心语心悦，让爱传递"心理健康教育

一、活动背景

开展心理健康教育，既是学生健康成长的需要，也是推进素质教育的必然要求。本着以学生发展为前提，营造校园的心理教育氛围，打开学校心理健康教育新局面的原则，学校大学生心理健康教育与咨询中心将围绕"525我爱我"全国心理健康日，开展以"心语心悦，让爱传递"为主题的心理健康月宣传系列活动；希望通过本次主题活动能够宣传普及心理健康知识，使学生了解更多的心理现象，引导他们正确面对解决生活上、学习上的问题，促进学生的健康成长。

二、活动目标与意义

为了更好地帮助大学生成长，推广"心理健康月"课程，在校内举办各种形式的"心理健康月"课程，旨在帮助他们重视个人心理健康，增强正面情绪，并且持续改善他们的心理状态，从而创建良好的校园环境。

三、活动主题

"心语心悦，让爱传递"（图1-10）。

图1-10 "心语心悦，让爱传递"心理健康教育活动

四、组织实施

（一）开展心理知识科普宣传，营造良好心理健康氛围

在微信公众号中推出了心理健康科普相关宣传文，向大学生阐述如何从各类效应中获得积极应对问题的启示等内容，介绍了多种经典心理学效应，如木桶效应、南风效应、聚光灯效应、登门槛效应、不值得效应、白熊效应、月晕效应、穿针心理、荷花效应等。多篇科普文章推进了心理健康宣传工作，增加了同学们对心理知识的了解，同时鼓励学生主动汲取心理健康知识，关注自我心理健康，提高自身心理素质。

（二）开展多元心理文化活动，引导培育积极心理品质

学院心理协会先后开展了形式多样、主题明确、内容丰富的心理健康教育相关活动。举办"做一个情绪稳定的大人——情绪管理、压力释放"为主题的心理文化沙龙，引导同学增加对情绪管理的了解，掌握有效控制情绪的方法，合理释放自己的压力，有效解决实际生活中遇到的问题，做一个情绪稳定的人。

举办的世界微笑日周打卡活动中，共有62名同学参与打卡，共计450条打卡动态，本次打卡活动，让大学生在平凡的点点滴滴中感受到生活的小乐趣，发现生活的美好，享受健康快乐的生活，在微笑中促进身心健康，在人与人之间传递欢乐与友善。

"525我爱我"心理健康日活动旨在帮助学生释放压力，培养良好的心理素质，激发他们的潜能，并且重视自身心灵的宣泄、放松与成长。为此，采用了吐槽墙、涂色情绪、小纸条等多种形式。

五、工作经验与启示

基于"525我爱我"心理健康教育月，采取了多种多样的心理健康活动，旨在激励

和帮助学生树立正确的价值取向，推广和宣扬有关心理健康的科学认识和技能，增强他们的自信和责任感，从而达到改善他们的情绪、改善他们的思维、改善他们的行为。今后，我们将不断深入地研究和推广，努力构建一个更加完善的心理健康环境，让每一个学生都能拥有一个美满的未来。保障学生的身体和精神健康。

第十一节
"正确爱己，不忘初心"主题演讲比赛

一、活动背景

为了推动素质教育的发展，"爱己"主题演讲比赛将成为一个重要的平台。在这个平台上，聚焦于培养学生的良好行为习惯、提升他们的思想道德品质，以及促进他们身心健康的发展。作为未来社会的建设者，大学生们应该努力学习演讲和口才并掌握这些技能，从而提升自己的核心竞争力。

二、活动目标与意义

为了让大学生们更加充实地度过日常生活，培养他们的演说技巧、语言表述技巧以及营造良好的学习环境，让他们有更多的发挥空间，获得更多的成就感。以演讲比赛为载体，进一步使大学生了解什么样的是"爱己"行为，让当代大学生认识到"爱己"的重要性和对自己各方面的影响。通过演讲的形式，从语言和行动上引导大学生如何正确有效的去"爱己"。

三、活动主题

"正确爱己，不忘初心"（图1-11）。

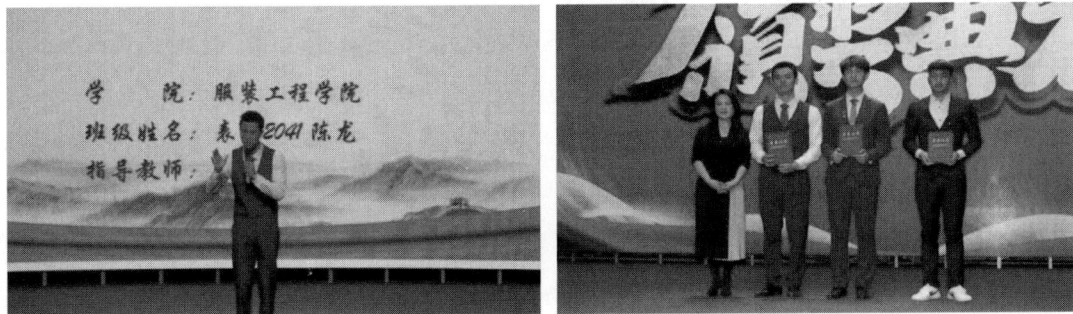

图1-11 "正确爱己，不忘初心"主题演讲比赛活动

四、组织实施

（一）活动前期

1. 前期宣传

（1）通过微信公众号宣传。

（2）在教学楼、宿舍楼、食堂的宣传栏上贴宣传海报。

（3）告知各个院系的老师和班长进行宣传。

（4）通过横幅、展板、公告栏进行宣传。

2. 物品准备

（1）宣传海报数张。

（2）横幅数条。

（3）板报数个。

（4）协调各个演讲教室的使用时间。

（5）冠亚季军和优秀奖的奖状、奖牌、奖品。

（二）活动中期

1. 现场布置

（1）在演讲的教室中的黑板上写上"'爱己'主题演讲比赛"。

（2）初赛参赛人员为吉林工程技术师范学院服装工程学院大一、大二各班所有学生。初赛中需要每个班级有一个主持人，暂定为各班班长，初赛评委为各班班委，监督人员为辅导员，每个班级选出一个参加预赛的学生。

（3）预赛参赛人员为初赛选出的参赛人员，预赛分为两场。

A组：初赛选出的大一学生，评委为大一所有班委，主持人（要求口才佳，形象好），监督人员为辅导员，选出3名参加决赛的学生。

B组：初赛选出的大二学生，评委为大二所有班委，主持人（要求口才佳，形象好），监督人员为辅导员，选出3名参加决赛的学生。

（4）决赛参赛人员为预赛中选出的6名学生，评委为专业老师，主持人2名（要求口才佳，形象好），监督人员为辅导员，选出冠军、亚军、季军和三名优秀奖。

2. 评分标准（表1-1）

表1-1 评分标准

内容	演讲内容	普通话	表达技巧	形象、精神	综合印象	最后得分
分值	3分	2分	2分	1分	1分	

（三）活动后期

（1）场地卫生安排：

①初赛场地卫生为大一、大二各班负责。

②预赛场地卫生为大一、大二各班委负责。

③决赛场地卫生为报告厅人员负责。

（2）由于宣传海报、板报、横幅、公告的期限问题，注意撤回。

（四）后期宣传

在微信公众号以及各种渠道上宣传此次演讲比赛的成果。

五、工作经验与启示

在本届"爱己"的演讲比赛上，来自不同层面的选手均获得了一个难得的机遇，他们精心的筹划、激烈的竞争、出色的辩论以及准确的表达，为本届演讲比赛增添了一份独特的色彩。演讲可以帮助人们更好地理解事物，这种演讲方式旨在传递信息并阐述观点。通过这种方式，希望能够让更多的人了解并接受我们所提供的知识和观点。演讲是一个人面对一群观众的谈话，具有极高的学术价值和精准的语言表达能力，它可以帮助人们更有效地实现目标，是一种展示个人能力的最佳方式。

参赛学生的精彩表现让评审团和观众们大开眼界。尽管部分参与者的存在表现不尽人意，表述不准确等问题。但是，只要参加本届的演讲比赛，参与者就会收获许多宝贵的教训，并且日后会更加出色地完成自己的任务。

第十二节
"翰墨传神韵，丹青渲工师"书画比赛

一、活动背景

中国的书法与绘画作为中国文化的重要传承方式，拥有着源远流长的历史。这种艺术形式既需要人们的肉体活动，也需要人们的智慧。

通过书画比赛这个平台，我们希望能够传播和发挥中华传统文化的优势，并且给那些喜欢创新、表达思想的同学们一个展示他们才华的机会。以"爱己"为主题来，发挥自身的潜力，推动学校"五爱"教育基地的发展。

二、活动目标与意义

书画乃中国优秀传统文化之一，流传至今已有悠久辉煌的历史。为了弘扬民族文化之精髓，丰富大学生的课余生活，提高学生的综合素质，以及拯救徘徊在"文化边缘"的书画艺术。弘扬中华书画文化，让同学领略书画艺术的魅力，丰富传统文化艺术的理念。

为提高当代大学生的审美情趣、艺术修养，增进书画爱好者之间的艺术交流与友谊；提高当代大学生对文化艺术的热爱、了解与追求，为书画爱好者提供展现自我价值的平台，促进书画爱好者之间的交流，培养大学生各方面的素质，丰富学生的文化生活、促进广大大学生对文化艺术的追求，故吉林工程技术师范学院筹办了书画征集活动。

三、活动主题

"翰墨传神韵，丹青渲工师"（图1-12）。

图1-12 "翰墨传神韵，丹青渲工师"书画比赛活动

四、组织实施

（一）活动前期

1. 前期宣传

（1）多媒体宣传：利用QQ群和微信等媒体平台进行宣传。

（2）在教学楼、宿舍楼、食堂的宣传栏上贴宣传海报。

2. 物品准备

（1）宣传海报数张。

（2）横幅数条。

（3）板报数个。

（4）协调各个演讲教室的使用时间。

（5）冠军、亚军、季军和优秀奖的荣誉证书、奖牌、奖品等物资。

（二）活动中期

1. 书画征集

由服装工程学院各班班长征集班级同学的书画，在规定时间交给活动总负责人。

2. 书画作品要求

（1）作品类别

书法作品可以是软笔、硬笔或是来自名家的原创作品。

艺术形式可以融合素描、连环画、水粉画、水彩画、剪纸、窗花、摄影、篆刻和服装设计等。

（2）作品规格

素描、摄影、篆刻、书法没有限制，其他的规格是A4大小（漫画作品除外），作品需要附上作者的个人信息，如姓名、班级和简要介绍。

3. 书画评比

由电信学院专业老师评分，宣传部干事、诗画协会干事对作品得分进行统计。最终评选出一等奖2名，二等奖3名，三等奖4名，优秀奖若干名。

4. 颁奖及表彰

获奖名单以红榜形式张贴在公告栏上，并举办优秀作品展进行展览。

5. 书画展览

在规定时间展览。

6. 评分标准

（1）书法（含硬笔、软笔）（10分）：

①主题突出，内容充实，健康向上（4分）。

②讲究笔法，线条流畅，结体端庄（3分）。

③布局合理，形式完美（2分）。

④无错字、漏字（1分）。

（2）绘画（10分）：

①主题突出，内容充实，健康向上（4分）。

②构图完整，结构严谨，形式完美（3分）。

③线条流畅，色彩鲜明、丰富（3分）。

（3）刻纸（10分）：

①剪纸技巧（3分）。

②创作构思（4分）。

③画面意境（2分）。

④整体美感（1分）。

（三）活动后期

（1）注意展览作品的撤回、返还问题。

（2）由于宣传海报、板报、横幅的期限问题，注意撤回、收纳。

（四）后期宣传

在微信公众号以及各种渠道上宣传此次演讲比赛的成果。

五、工作经验与启示

参赛的绘画组成员们向评委展示了他们的作品，并阐明了作品的意义。他们用柔和的笔触表现出优美的细节，在创造性的表达中寻求灵感，在色彩和线条的运用中展现他们的技巧。此次活动开展的较为成功，让同学们对中国的传统书画文化有了更进一步的了解与认识，对练字的重要意义有了全新的体会和感受。此次比赛给广大艺术爱好者提供了一个展现自我、提高自我、张扬个性的舞台，营造了一个交流学习、陶冶情操的良好环境，同时也发掘一批优秀的具有书画特长的专项人才，有助于引导学生以昂扬的精神状态投入学习生活中。

书法、绘画可以陶冶情操、纯洁心灵，让学生们充分感知世间的万紫千红、生活的绚丽多彩，让同学变得思想活跃。通过书画培训，同学们都认为书画不但与艺术上同源，在修身养性方面也是相辅相成的。通过书画征集比赛来让同学们认识到爱己的重要性，通过"爱己"的主题来让同学们认识了解中国传统书画文化。

第十三节
"献给彼此心灵一瓣书香"读书分享会

一、活动背景

朱永新先生曾经指出:"一个多读书的人,其视野必然开阔,其志向必然高远,其追求必然执着。"赫尔曼·黑塞曾说,"世界上任何书籍都不能带给你好运,但是它们能让你悄悄成为你自己。"读书不仅可以拓宽视野,增加知识储备,更能激发人们追求更远大的理想和执着的追求。而一个"爱己"的大学生必然是喜爱读书的,读书过程中,仿佛转瞬间,我们就置身这草长莺飞的日子里。

"无所事事、精神世界空虚、对人生目标的缺乏、求知欲不强、迷失方向"是当今少数大学生存在的问题。为此,吉林工程技术师范学院特别举办本次读书分享班会活动,让大家能够分享心得,推荐好书,在阅读中成长,在分享中收获快乐,结合"爱己"和读书举办爱己—读书分享班会活动刻不容缓。

二、活动目标与意义

"我们会渐渐老去,但书籍永远年轻,只因它的灵魂不朽。"书籍是人类永恒的精神食粮,是人类进步的阶梯,让学生从书中寻找自我,寻找人生目标,使学生有所作为,充实精神世界,认识到爱己的重要性。"爱己,读书,沉稳",让学生在书海中沉淀自己,沉稳内心,从而实现人生价值。举办此次"献给彼此心灵一瓣书香"读书分享会,是为了让学生能够分享读书心得,传递浩瀚书香,让更多的学生可以感受到阅读的美好。做一个有思想有深度,有理想、有追求、有作为的大学生。

三、活动主题

"献给彼此心灵一瓣书香"(图1-13)。

图1-13 "献给彼此心灵一瓣书香"读书分享会活动

四、组织实施

（一）活动过程

（1）每过一个月，班级上的同学（可按寝室进行分组）互相推荐一本书。

（2）在这一个月的时间里，学生们阅读这本互相推荐的书（可根据兴趣进行自我选择），并写下自己的读书心得（摘抄、感悟、收获、启示）。

（3）班长召开读书分享班会，每个人分享自己的读后感及收获。

（4）班长、团支书（班级负责人）做最后总结，并写出读书分享班会总结。

（二）活动中应注意的问题

（1）班长及团支书、学委、组织委、宣传委注意协调好班级同学，让班上的每个同学都能积极参与其中。

（2）推荐的书必须是积极向上且具有一定教育意义的。

（3）参与者需要秉持诚信原则，文稿自行编撰，不得抄袭。

（4）参与者请务必认真对待活动，遵守活动的各项安排和规定，积极参与。

五、工作经验与启示

从大家交流的情况来看，读书活动取得了积极的效果。参加这项读书活动的同学们都表现出了良好的成绩。许多同学都按照学校和班级的规则，有目的地去阅读，并且发现这种做法非常有益。一些同学表示，通过阅读可以拓宽视野，增长见闻，并且可以锻炼自己的语言表达和思维能力。此外，还有一些同学发现，通过阅读可以让他们获益良多，并且可以更加善于应对日常的社会问题。

这次读书活动，营造了浓厚的读书氛围，活跃了紧张的学习气氛，每个人都有所受益。一是大家普遍感到"开卷有益"。二是大家逐步养成读书的习惯。三是大家分享了每位同学的学习成果，使得学习收获取得最大化。四是大家表现了积极的参与热情，向成为学习型个人的目标迈进了一大步。

尽管在设计、组织等方面都取得了一定的进展，但仍存在着一些问题。例如，一些学生已经非常熟悉此项活动，但仍需要进一步加强；此外，在阅读、讨论等环节，一些学生积极参与，并制定了详细的发言提纲；但另一些学生缺乏主动性，只关注自己的阅读量，无法全面理解所涉及的内容。今后，我们要积极推行"书香班级"的阅读理念，加强阅读活动的管理，引导全员树立正确的阅读理念，激发全员的阅读兴趣，打造充满阅读乐趣的环境，构筑以阅读理解为核心的团队文化，共同推动"书香班级"的发展。

第十四节
"一日之计在于晨"早操训练

一、活动背景

俗话说：生命在于运动，爱运动就是爱生命。传统的体育类比赛项目在校园活动中已经无法满足当代大学生的需求，为体现学生爱生命、爱自己、爱生活，活跃校园活泼氛围，放松学生心情，引导广大师生对身体的关注，提高我校大学生的身体素质，彰显新时期学生的风采，引领学生健康成长，吉林工程技术师范学院校学生会决定开展"一天之计在于晨"主题活动，展现大学生的运动风采，激起大学生参与课外活动的激情。

二、活动目标与意义

通过进行早操，希望帮助学生们在忙碌的课业后获得全面的休息，促进他们的心理健康。这不仅意味着他们的身心得到舒缓，还能使他们的思维活动变得轻松愉悦。通过这种方式，不仅希望他们能够感觉舒适，还能够增强团队合作意识，并且对于他们的未来发展产生积极的影响。

作为一名大学生，除了足够的学习能力，还应该保持健康的身体。因此，这次活动不仅是一个简单的早操，更是一个让大家早晨起床时拥有一个愉悦、轻松的一天。学校举办这项活动，希望通过学生们的共同努力，度过快乐的日子。

三、活动主题

"一日之计在于晨"（图1-14）。

图1-14 "一日之计在于晨"早操训练活动

四、组织实施

（一）前期准备

（1）在教学楼、宿舍、食堂的宣传栏上贴宣传海报，通知各院系的老师和班长进行宣传。

（2）通过微信公众号、海报、横幅等形式扩大宣传力度，并进行活动记录。

（二）活动过程

1. 活动规则

（1）比赛包括两个部分：第一部分以智慧竞争为主，要求参赛者通过答题来获得相应分数。第一部分由两个环节组成，其中一个是基础题，主持人会给参赛者提出一些基本的问题，每答对一道题目可以获得10分，但答错则不能获得分数。

（2）第二阶段是一个挑战性考验，参与者被分成两组，一组需要回答主持人提供的问题，并且需要运用身体动作和三名队友协作完成回答。参与者无法用语言交流，只有按照指示完成回复。参与者需要在没有任何准备工作的情况下，按照指示完成回复，一次回复获得20分，回复失败和迟到都将被扣除分数。

（3）第二部分的斗勇游戏将由四队队员共同参加，他们将会按照抽签的结果，将自己和其他队伍的分数相差10分，从而形成一段段的分界，这段分界将使两队之间的距离更加接近，并且两队的分界将会一直延续至最终的胜负。为了更好地衡量两队的实力，将会将绳子的正中红线和地面的正中基准线作为参照，从而确立两队之间的最终分界。

（4）当拔河比赛开始，只有2名男性和女性选手会被允许加入，其余四名选手将按顺序分别接受笔试考核，只有通过考核的选手才能代表自己的团体参加拔河比赛。一旦选手的回答不准确，他们将被取消资格；而若是选手未能及格，将被取消资格，但是，只要能够得到主持人的鼓励，他们仍然有机会代表自己的团体继续比拼。最先冲上前沿的那个人赢得了比赛。

（5）第二部分的比赛将持续四轮，前两轮的胜者将晋级第三轮，而失败者则将参加第四轮的角逐，最终将会产生一、二、三等奖以及最佳表现奖。

2. 活动步骤

（1）主持人进行活动项目的详细讲解；

（2）主持人介绍参赛队伍，参赛队员入场；

（3）比赛开始，进行活动第一部分的第一环节；

（4）第一环节结束后，公布场上各队得分。参赛队员休息5分钟；

（5）休息结束后，开始第二环节；

（6）第二环节结束后，公布场上各队得分。参赛队员休息5分钟，与现场观众进行互动，邀请现场观众回答一些简单的体育类小问题，并赠送小礼品；

（7）互动结束后，进行第二部分比赛的前两轮；

（8）前两轮比赛结束，参赛队员休息10分钟，请表演嘉宾进行表演；

（9）休息结束后，进行最后两轮的比赛；

（10）比赛结束，决出一等奖、二等奖、三等奖，请嘉宾颁奖，并请得奖队伍发表获奖感言。

（三）活动后期

（1）清点物品，确定物品完好完整。

（2）场地卫生安排：由我们工作人员负责卫生等后续工作。

（3）在微信公众号里进行宣传。

五、工作经验与启示

早操是非常有益的，既能够帮助学生们保持身心健康，又能够促进与他人沟通，还能帮助学生们培养健康、快乐、自信和审慎态度，从而达到所期望的教育效果。推广全民锻炼需要政府和公众的大力支持，并且需要每个人的积极性。

通过这次的活动，总结过去的经验，还努力探索新的策略，完善管理机制，让学生的精神面貌发扬光大。早操的美妙之处不仅是它能够让许多人感受到它的诱惑，还能让人们拥有年轻的心态，拥有充满激情的一天。随着社会的发展，越来越多的人开始把时间花在了轻松的活动中，比如看电视、玩游戏、打高尔夫，以及参加各种各样的健身活动，以减轻压力，提升生活质量。爱运动爱健康也是爱自己的一种表现。

第十五节
"争做文明大学生、从我们做起"礼仪养成活动

一、活动背景

在当今的大学校园中，一些不良的社会风气正在破坏着校园秩序，破坏了学生之间的平等、友谊、尊重。尽管已经努力改善，但是在这片神圣的土地上，依然存在着一些违反社会规范的行为，破坏了我们的社会形象。通过引导和鼓励，让每个学生拥有自主思维、自主决定、自主承担的意识，从而彰显当代大学生的积极进取态度。

二、活动目标与意义

"做人先学礼"，礼仪对于每个人来说都至关重要，它不仅是人生中第一门课程，更应该被视作日常行动中不可或缺的组成部分，需要经常地去实践与积累。

通过举办一系列活动，让学生更加深入地理解传统的道德、文明、礼仪，从而更好地传承中华民族的传统，让他们在实践中培养起良好的礼仪素养，树立正确的文明观念，增强责任感和参与意识。深刻领会到尊重长辈、礼貌待人的重要性，加强自身素质、提高自身的文化修养将会是一项不可或缺的任务。

三、活动主题

"争做文明大学生、从我们做起"（图1-15）。

图1-15 "争做文明大学生、从我们做起"礼仪养成活动

四、组织实施

（一）活动前期

1. 前期宣传

横幅、黑板报。

2. 物品准备

投影仪、电脑、有关礼仪养成的一些小视频和同学个人演讲（自愿）。

（二）活动中期

（1）现场布置：摆放好桌椅板凳，投影仪打开一切准备好。

（2）组织实施先给同学看一些没有礼仪的小视频，然后让同学们讨论发表自己看法。

（3）最后可以组织大家分小组。在组内派出代表来说，最后可以比较哪一组说得具体全面。

（三）活动后期

（1）清点物品

（2）场地卫生打扫，大家一起收拾。

（四）后期宣传

（1）挑出个人总结表现好的同学展示。

（2）同学之间互相交流。

五、工作经验与启示

自从举办了礼仪养成活动，我们发现校园里充满了许多善行和美德。例如，许多学生都很热情地帮助他人，拾金不昧、做善事。此外，许多学生也会主动在学校和教室里清理卫生，并且在发现垃圾时会捡走。经过多种形式的教育，"讲文明，习礼仪"不仅仅可以帮助学生掌握礼仪，更可以激发学生的热情，培养良好的道德品质，从而提升个人的社会责任心。文明礼貌的培训不仅局限于"讲文明，习礼仪"，而且要求每个学生都要做到以身示范，以言传身，以身促法，从而营造良好的社会环境。

第十六节
"文明爱己、文明爱校"主题教育

一、活动背景

只有爱己，才能爱人。只有坚持正确的原则，并且热爱自己，才能保持良好的生活品质，并且与他人相处。文明养成是爱己的重要表现，创建文明校园展现吉林工程技术师范学院学生的风采，建设文明校园促进学校的改革、发展、稳定。为了更有效地促进我们的校园环境的发展，提升全员的道德修养和整体素质，培养出富有责任心、正确的价值观、心理品质，加强"争做文明大学生"的理念宣传，提升全体师生的道德修养，构筑起健康的社会环境。为了深入推广并落实诚实守信、遵纪守规、艰辛奋进的精神，要竭力营造"热爱中华民族、服务于民众、尊崇科学技术、勤奋工作、团结互助"的优秀文化氛围，以及提升全体师生的道德修养与综合能力。

二、活动目标与意义

为了全面落实中共中央、国务院《关于进一步加强和改进大学生思想政治教育的意见》和全国加强和改进大学生思想政治教育工作会议精神，进一步落实《新时代公民道德建设实施纲要》提出的"爱国守法、明礼诚信、团结友善、勤俭自强、敬业奉献"20字公民基本道德规范，根据当前院校学子的心态、行动、情感特点，积极推动大学生自身文化素质的培养，以促进他们的健康成长。通过"文明爱己争做文明大学生"的实践，可以有效提升大学生自身的文化修养，培养他们良好的社会公德意识，从而有助于他们走向健康、美丽的未来。

通过推行"争做文明大学生"的理念，旨在培育和弘扬优良的传统美德，激励和引领全体师生树立良好的道德观念，努力培育和弘扬正确的价值观，使全体师生都能够恪守职业操守，追求社会公平正义。

为了培养出一批具有文化品位、具有健康心理、具有高尚情操的学子，活动要求所有的学生都要遵守社会公序良俗，积极参与社会实践，培养正确的价值取向，努力构筑一种健康的社会关系，培养出一种具有责任感、有担当、有爱心的社会精神，为实现素质教育的目标奠定坚实的基础。

三、活动主题

"文明爱己、文明爱校"（图1-16）。

图1-16　"文明爱己、文明爱校"主题教育活动

四、组织实施

（一）活动前期

1. 前期宣传

横幅、板报。

2. 物品准备

一条印有"争做工师文明人"的横幅和签字笔。

3. 活动组织

本次活动由团支部组织，班干部配合活动的实施。具体实施采取同学报名、组织分配任务的方式。每个寝室发一份策划书，鼓励大家报名，积极参与。对报名的同学进行分工，定负责人，分配具体任务。各班团支书组织执行任务，及时反馈情况。

（二）活动中期

1. 现场布置

桌椅板凳、水、签字笔摆放整齐。

（1）由体育部的成员提前定制好签名条幅（标语为"争做文明工师人"）以及签字笔5支。

（2）生活部的部员提前借好四张桌子，五张椅子，并于当天中午提前10分钟在指定位置摆放好。

（3）秘书处由部长带领4~6名部员于当天中午12：30到场，准备好签字笔，并配合其他部门的工作。

（4）为了增强宣传效果，派出2~4名部员在当天中午11：30前到达指定地点，进行宣传讲解。

2. 活动流程

（1）由组织部出5名成员12：50到达指定位置，维持现场秩序。

（2）由摄影部在现场拍照、合照，拍摄一些关于大学生文明的小视频。

（3）由主持人宣布文明养成大会的开始，主要宣传文明养成的教育意义，对当代大学生的教育意义，还有文明养成的重要性。最后由参加动员大会的人员到横幅上签字、留念。

（三）活动后期

（1）物品清点。

（2）场地卫生打扫（学生会成员负责）。

（3）撤回横幅。

（四）后期宣传

展示照片和相关成果。

（五）应急预案

（1）备用笔和横幅。

（2）医疗用品。

（3）人员安排充足。

（六）活动中应注意的问题及细节

（1）高度重视、积极配合。要求各辅导员、学生会干部及各班班委对本次主题教育活动提高认识，予以重视，积极配合。

（2）注重实践、加强教育。要将本次活动落实到位，采用有效的管理机制。

（3）互相配合、形成合力。整个活动中，各班级、各部门之间的配合有利于活动更好地开展。

（4）各部门分工明确，到现场维持秩序。不要出现岗位上无人管理的情况。同时也要让更多的相关人员参与进来，以备不时之需。

（5）参加此次活动的人员需要佩戴好证件。如果人员忘带相关证件，只需说出本班学号即可，做好记录，让同学充分参与进来。

（6）提前查看好天气状况。

五、工作经验与启示

活动过程中，学院辅导员、学生会干部及各班班委对本次主题活动予以重视程度，各部门积极配合，保证此次活动的正常开展。文明修身是为提高大学生思想道德素质而开展的系列活动，它具有较为深远的理论意义和实践意义。从理论意义看，文明修身活动体现了马克思主义关于人的全面发展的基本理论，贯彻了"以学生为本"的教育理念，彰显了我国儒家传统的修身思想。

从实践意义看，文明修身活动抓住了大学生的薄弱环节，具有针对性；创新了高校德育工作的理念、思路和方法，具有实效性。在新形势下，高校大学生思想政治工作面临许多新情况、新机遇和新挑战。文明修身活动作为高校德育工作的一种新的探索，具有重要的实践意义。文明修身活动紧紧抓住了当代大学生成长中的薄弱环节，具有较强的针对性。

通过活动，让广大大学生意识到了文明修身，文明爱己的重要意义。当代大学生应该拥有健全的心理素质，并且要拥有当代学生的独特品质。这种品质不仅可以通过日常的行动得以培养，也可以通过不断的努力、奋斗、探索、创新等方式得以发展。因此，我们必须认真对待文明修养，并且持之以恒。这个过程并非易事，必须经常努力，才能真正提升。只有这样，才能让人们慢慢形成良好的行为准则，并从中获益。

第十七节
"驰骋绿茵、无悔青春"阳光足球赛

一、活动背景

通过足球赛，希望能够增强大学生之间的友谊，并且培养他们的全面能力。这将有助于丰富大学生的第二课程，激发他们对踢足球的兴趣，并帮助他们增强自己的实战能力。这也将有助于推广这项运动，让所有喜欢踢足球的人都能够参与其中，共享踢足球的乐趣。为了同学愉悦身心的同时，之后更好地全身心投入到学习中。

二、活动目标与意义

为了提升本校师生的团结精神，深化不同部门之间的交流，激发大家的热情，推动"友情第一、比赛第二"的精神，让每一个人都能够发挥自己的才华，组织一场精彩纷呈的足球比赛，激发每一个人的热血，激励每一个有抱负的学生，共创美丽的未来。

三、活动主题

"驰骋绿茵、无悔青春"（图1-17）。

图1-17 "驰骋绿茵、无悔青春"阳光足球赛活动

四、组织实施

（一）前期宣传

各班负责人在班级群内通知，组建啦啦队，啦啦队成员由每位参赛选手所在班级组成，每班至少出5名。

（二）材料准备

比赛用球、球服和饮用水等由体育部提供，医疗用品由参赛队员自备。

（三）参赛资格

（1）参赛队员必须是吉林工程技术师范学院在校大学生，各队负责人应将队员名单及有关资料在赛事开始前，根据通知交到活动组织方（每队总人数6~11人）。

（2）每个队员不得代表两支或以上的队伍参赛，否则将取消这名队员所代表的球队的成绩和参赛资格。

（四）活动中期

1.现场布置

四舍前足球场，摆好桌椅，裁判席。

2.活动流程

（1）联赛组队：8支球队按照积分、净胜球和进球数的顺序将它们分为两组，每组4支，小组前2名将会参加淘汰赛，而最终的胜负将由抽签决定，前3名将会被选中参加比赛。

（2）组队要求：由系部自行组织，可以由各系部推荐班队，但需动员所有系部同学积极参与。

（3）参赛要求：

①在所有的比赛中，参与者必须提供身份证明材料，包括学生证和其他可用于身份认定的文件。如果缺少这些文件，参与者就无法参加本次比赛。

②任何一位选手都必须在2支或更多支团体中担任领导角色，如果缺席，他将被取消该团体的比赛胜利或入围决定。

（4）竞赛方法：

①除特别规定外所有比赛一律采用组委会指定的竞赛规则，联赛开始前将由组委会选派有关人员进行规则详解。

②各参赛队可以穿自己的球衣，也可以穿各系部统一的服装，须穿平底或软钉球鞋，严禁使用硬钉鞋或皮鞋比赛。

③比赛用球由体育部提供。

④换人要求：一个队伍最多只能更换5名球员，以确保比赛的顺利进行。

⑤如果一名球员得到持续两张黄色和一张红色的牌，则他会被暂时禁止参加比赛（每张20元）。这两种颜色的牌都会对他的比赛造成影响。如果球员存在严重的违规行为，我们会根据具体情况决定是否需要暂时禁止参加比赛。

⑥在比赛之前，每个参与者都必须在30分钟内抵达现场，并在开始之前的10分钟内接受主教练和教练的身份验证，经核准后方可进行比赛。

⑦所有队伍应严格按照组委会发布的赛程进行比赛，若有特殊情况需要更改时间须提前四天向组委会提出申请，经批准后方能更改。

⑧当时间到达时，如果某个队伍未能继续参加，裁决将对他们的表现负责。这种情况下，由裁决和组委会共同签字生效，并记录为0：3负（队伍人数少于8人不予计算）。

⑨因天气等意外因素影响而无法比赛，组委会以事先指定的方式进行通知，未得到通知则按规定时间比赛，迟到方以弃权论处。

⑩比赛结束后，裁判及双方领队须在比赛记录上签字，检查无误后方可退场。如对比赛有异议，领队须当场向比赛组委会提出，并由组委会做出最后的处理。

⑪任何人都应完全服从裁判，对裁判有不文明行为的个人其相关球队将受到纪律处分。

⑫在比赛中，如果出现技术问题或者队员资格争议，组织方将与参赛者进行协商解决。

⑬在比赛过程中，所有球队人员（包括场上队员、替补队员、领队以及本队啦啦队队员）必须绝对服从临场裁判员的判罚和尊重对方球队人员。如有因对裁判员判罚不满或对对方球队人员行为恶劣的情况，将受到纪律处分。

（五）活动奖励

（1）这场比赛选出冠军、亚军、季军，并给予相应的奖金。冠军350元，亚军250元，季军200元。此外，还会向获胜的3支球队分别赠送奖杯和证书，并与他们拍照留念。

（2）"优秀团体奖"将授予一支优秀的啦啦队。

（3）分别评出一名"优秀射手"和"优秀球员"，颁发奖杯和证书，拍照留影。

（4）如果某支参赛团体未能按时出席比赛，则该团体将被扣2分，并被取消该团体的5分的奖励。

（六）活动后期

（1）清点足球，及时归还体育部。

（2）横幅及时撤走。

（七）后期宣传

比赛活动的照片，或者人员获奖的照片以及所有人的大合影。

（八）活动预算

（1）足球体育部供给。

（2）医疗用品参赛人员自备。

（3）桌椅板凳学校楼提供。

（九）应急预案

（1）备好足球，以免活动时出现足球不够的情况。

（2）注意活动人员人身安全。

（3）当参赛人员不够时，可以从现场热爱足球的人员中挑选，或者活动中要有候补人员。

五、工作经验与启示

本着"友谊第一，比赛第二"的原则，我们精心策划了这场充满活力且富有成果的足球比赛。通过这场比赛，希望能够拓宽不同年级、不同专业之间的沟通，加强彼此的友情，并促进校园内外社团联系。两个月来，经过全体参与者的共同奋斗，这场比赛终于圆满落幕。

足球是一项充满激烈竞争的运动，团队的胜负感可能比个人的胜负感更加重要。在参与这项运动的过程中，学生们可能会经历成功的喜悦，也可能遭遇失败的痛苦。对于那些一直处于庇护下的大学生来说，早日体验到真实的心理感受，无疑是他们人生旅途中最宝贵的财富，而且在面对挑战和困难时，他们也可以更加镇定自若地应对。

此次比赛吸引了所有参与者的目光，无论是参与者主动提交申请，还是通过日常训练来提升实战能力，整个过程都展示出参与者的集思广益和非凡的能力。参加这场比赛不仅能够促进不同领域的互动，还能够培养出更多的朋友关系，使得我们的关系更加紧密。

第十八节
"灵动自我，舞动青春"专业大赛

一、活动背景

面对当前激烈的就业市场，为了培养和激发大学生的独立思考、实际操作和团队合作精神，让他们更好地融入当代社会，充分发挥他们的潜质，我们将积极组织各种有益于个人发展的文体活动，吉林工程技术师范学院，服装工程学院举办了服装设计大赛，与院系教学目标相辅相成。

二、活动目标与意义

本次活动旨在帮助大学生更好地发掘、展示、了解和掌握自身的特色，培养他们的独立思考、创造性思维和独立判断的能力。从而更好地参与社会的竞争。将"爱己"融入生活，融入学习。

本届比赛旨在帮助学生更好地了解和分享他们的想法和观点，并且促进他们之间的合作和交流。鼓励他们追求健康和绿色的生活方式，培养他们的艺术和文化修养，体现他们的青春魅力。努力促进校园文化的发展，并给他们提供最新的时尚信息，丰富他们的课余生活。通过加强课堂教育，培养学生的创新精神和实际操作技巧，促进学生的全面发展。

三、活动主题

"灵动自我、舞动青春"（图1-18）。

图1-18 "灵动自我，舞动青春"专业大赛活动

四、组织实施

（一）活动前期

1. 前期宣传

2023年4月中旬开始着手策划设计展板。为了让更多的学生了解我们的活动，我们采取了多种形式的宣传，包括但不限于传单、海报、展板等，并且要求每一位班级班干部认真执行。

2. 物品准备

选定模特，统一购买模特比赛所用道具（鞋跟统一为9cm），开始着手作品制作。

（二）活动中期

1. 现场布置

场所宽广，搭建T台，摆好桌椅板凳。

2. 组织实施

（1）比赛要求：

①设计者报名：要求设计者要有鲜明的主题，体现出设计者的独特想法。

②作品设计要求：设计思路独特，个性明确，休闲时尚。在面料选择和表现手法上力求创新，面料素材不限；作品实现手段力求简洁，整体视觉效果优美。

③所参赛作品必须是本人或本小组原创作品，不得恶意抄袭、模仿，如有发现取消其参赛资格。

④模特要求：女生要求身高160cm以上，五官端正，体态匀称。

（2）参赛方式：

参赛者须在2023年3月7—19日向大赛组委会提交以下参赛资料：

①效果图：每个参赛系列3~5套，每套单独绘制。效果图标明面料小样，规格为30mm×30mm（这些材质不会作为重要筛选事项，也可以不贴）。

②设计稿上注明参赛者姓名、构思说明、灵感来源、细节等。

③效果图必须有背面结构图。

（3）比赛流程：

①主持人邀请领导、嘉宾、评委入场，系领导、嘉宾致辞，宣布比赛开始。

②模特按顺序展示，宿舍长解说其作品参赛者姓名、作品材料、构思说明、灵感来源、细节等。

③每进行五组稍作休息，统计评分，中间穿插娱乐节目，节目形式不限，内容积极向上，文明健康。

④颁奖典礼：主持人宣布获奖人员名单，系领导、嘉宾颁奖，获奖同学上台发言，系领导总结。欢送领导、嘉宾、评委退场。主持人宣布比赛圆满结束，谢幕（背景音乐）。

（4）评委打分（分为三个部分）：

①服装的独特性是获得高分的关键，而创新性和整体搭配的能力则是提升服装质量的重要因素，这两者共同决定了整个服装系列的50分。

②选手的服装搭配和表现得分（20分），模特的表现得分（10分），总分为30分。

③服装的材料（10分），费用（10分），总分为20分。

（5）活动奖项：

服装类：一等奖3名，二等奖5名，三等奖7名，最佳人气奖2名，最佳视觉奖2名，最佳创作奖2名，最佳工艺奖5名，优秀奖20名。

模特类：最佳人气奖2名，最佳风度奖2名，最佳女模特5名，优秀奖5名。

（6）活动后期：

①清点物品。

②场地卫生（具体学生会安排）。

（7）后期宣传：成果展，对优秀作品进行展览。

（8）活动总结：

①总结方案缺点。

②有相应的应对措施，以及各种突发现象（具体事具体分析）。

（9）活动预算：场地租用、模特费用、道具、无法估计具体费用项目。

（10）应急预案：备用模特，布料、道具、人员充足、医疗用品、化妆师、准备充足。

五、工作经验与启示

为了反映新时期年轻人审美观彰显年轻人的风格，发扬学校的传统文化，鼓舞年轻人继承师长的精髓。使学生们能够充分地表达自身、表达自身、认知自身。2018年4月30日，由吉林工程技术师范学院服装工程学院主办，以"灵动自我，舞动年轻"为主题服装秀在我校报告厅隆重开幕，此次活动针对服装设计专业的大学生而言，更是一展所长、完成理想的难得的锻炼机遇，为今后成为一名出色的服饰设计师累积经验。而除了主角服饰设计师外，对模特走台、化妆、拍摄有浓厚兴趣的学生也能够让自身的业余兴趣爱好获得表现的机会。

在这场活动中，随着主持人的开场白，比赛正式开始。优雅的晚礼服，休闲时尚的服装秀给人们带来了全新的感受，而旗袍秀则展示了中华文化的传统和民族特色。参赛者们设计的服装在舞台上展示出精彩纷呈的造型，充满活力和典雅气质，整场比赛形式新颖，内容丰富。

尽管比赛需要耗费许多心血与努力，但最终的成功，依旧令所有参与者欣喜若狂。这次比赛的成功，使他们能够以一种独特的方式，将自己的才华表达出来，并且赢得了观众的热烈掌声，这无疑给他们带来了巨大的收获，既可以提升自身的技能，又可以增加校园的文艺氛围，激发出青年一代的创造性思维。这样的比赛既能够激发他们的潜能，又能够给他们带来轻松愉快的心情，无疑会对他们的未来有着重要的影响。通过释放压力、发挥潜能、表达自我、彰显独特风采，我们为自己搭建起一座舞台。

通过本次比赛，主办方不仅设置了一系列有趣的互动环节，如问答、走秀等，而且也激发出一股强烈的社会责任意识，不仅能够帮助参赛者认识到环境的重要性，而且也能够激发他们的热情，激励他们去参与各种社会实践，体验青春的美好。同时这些成绩是对大学生学习的肯定，更增加了学生对服装专业知识学习的信心，让学生以越来越高涨的热情全身心投入到今后的工作和学习当中去。

第十九节
"正视自己"心理情景剧

一、活动背景

校园心理情景剧是通过情景表演的形式展现大学生日常交往中的心理困惑，让大学生在解读自己、解读角色、解读生活的同时提高共情能力，促进积极心理品质的培育。校园心理情景剧大赛题材包括学业压力、挫折应对、人际相处等方面，展现了大学生学习生活中的心理困扰及正确应对的故事，表演中学生们将自身的情感融入作品之中，生动而又深刻地演绎着大学生在自我探索过程中面临的挑战以及成长过程中的蜕变。学生们通过观看节目，深深被剧情感染，在节目的氛围中潜移默化地学习解决心理困扰的方法和启示，重新审视自己并获得心灵上的转变。当下，社会需要的是高素质人才。大学生应该努力提高自己的思想与素质，同时，更应知道"爱己"的重要性，把"爱己"思想传递给身边的每一个人。

二、活动目标与意义

让学生以负责任的态度对待自己，坚持自我约束，勇敢地走向成功，为社会和他人做出贡献，培养自尊、自信、自强、自立的品质，抵制自私、自利、自满、自馁、自毁、自弃的行为。在正确认识自己的基础上，不断提高自身素质，旨在唤醒学生对家庭、社会、文化、劳动的热爱，并通过实践活动来提升他们的道德素养和遵守社会准则。

三、活动主题

"正视自己"（图1-19）。

四、组织实施

（一）活动流程

（1）各班级的参赛人员要将装备好的剧本在指定时间上交，逾期则按弃权处理。

（2）剧本要求：所有的心理情景剧本要求原创，形式可以不拘一格，但要求剧本内容应积极向上，符合社会主义核心价值观（表演的时间应控制在15分钟以内，如出现超时的情况就会在相应的基础上减分，且要体现心理的矛盾与冲突以及最后的解决方式）。

图1-19 "正视自己"心理情景剧活动

（3）比赛当日，每个班级选出一名评委，再由本班的同学参与投票。

（4）评分的最终结果为：去掉一个最高分和一个最低分取最终分数。

（5）在排练期间，我们将会进行严格的检查和监督，并安排适当的预演。

（6）如有道具请自备。

（二）注意事项

（1）表演主题围绕"爱己"展开。建议创作独立的剧本，并且可以参考现有的剧作。这些剧作应当与校园生活相关，具有代表性，能够反映当代大学生的心理状态、情感世界和成长历程。希望通过这些剧作，能够激发学生自觉地抵抗和克服不良心理行为。此外，这些剧作应该具有健康的思想，积极向上，符合主题。

（2）请准备好您的衣物和必要的工作用品，并于三天内提供您的演出曲目和PPT。

（3）比赛过程中，参赛队伍不可缺席，若缺席，则取消该队参赛资格。

（4）所有被选中的剧本都需要提交两份打印版和电子版。

（5）活动前准备工作协调一致，无影响活动进程的差错。

（6）主持人熟练把握节目表演进度，无明显错误及冷场现象。

（7）后勤部门已经确保了所有必要的物品都已经准备就绪，使得比赛进行得顺利。

（8）评委以"公平、公正、公开"的原则评选出参加比赛的剧目。

五、工作经验与启示

为提高学生思想，培养高素质人才。吉林工程技术师范学院电气与信息工程学院开展以"爱己"为主题的心理情景剧大赛。通过这次比赛，希望能够激发同学们的热情，让他们更加关注"爱自己"的主题，并且培养出良好的生活态度、自尊自爱的精神，以及更强烈的自我保护意识。本次活动过程中，学院充分鼓励并支持原创，同学们提前递交剧本，经学院审核批准后方可获得本次比赛资格，参赛者按照现场抽签顺序表演，表演结束后公布比赛成绩，并颁奖。

心理情景剧是一种独特的表演形式，它能够让大学生在日常生活中更好地了解自己的情绪、思想和人际关系。这种形式既有趣又有益，能够让学生们更加深入地了解周围的环境，并且能够帮助他们更好地思考和解决自己的心理问题。学生在讨论大学生的日常生活、学习、人际关系和情感等方面过程中，创作出了许多精彩的剧本。

本次心理剧活动给我们带来了宝贵的经验，因此，在未来的活动中，应积极发挥全校学生的积极性，加强宣传，以便让每个学生都能从中受益。此外，活动的经费预算也必须合理安排，不能凭空估计。为了获得最佳的效果，应该尽可能地将实际费用投入到更有意义的项目中，并且要与各班心理委员保持紧密沟通，以便及时发现和分析学生的心理状态，并采取有效的措施来引导他们的心理发展。

本届活动中，我院学生以出色的表现给大家献上精彩演出，受到热烈的欢呼，并获得了学校领导的高度赞扬。通过此次活动，不仅让大家对"爱己"这个主题有了更深的感悟和理解，也加强了同学们之间的沟通交流和了解，提高了同学们之间的凝聚力。

第二十节
"健康人生、绿色无毒"禁毒宣传

一、活动背景

毒品给当今的社会带来了令人担忧的后果。目前，全国毒品犯罪不容乐观，这不仅给当今的生活带来了巨大的不便，也构筑了更加紧迫的社会矛盾。由于许多年轻人没有充分认识到毒瘾的危险性，会更容易受到毒瘾的影响。因此，让学生更好地认识毒品是非常必要的。

二、活动目标与意义

为了更好地保护未成年人的健康和安全，"禁毒宣传月"主题教育活动旨在培养学生的警惕心理，让他们清楚地知晓和辨析不同种类的毒品，增强他们的警惕心理和抵制心理，从而有效地阻止和减轻毒品的侵蚀。

三、活动主题

"健康人生、绿色无毒"（图1-20）。

图1-20 "健康人生、绿色无毒"禁毒宣传活动

四、组织实施

（一）播放禁毒宣传专题片

（1）各班级每天晚自习利用一体机播放禁毒宣传专题片，历时两周。

（2）为了让学生更好地了解毒品危害，鼓励他们参与禁毒宣传，并通过理性思考来分享自己的经验和心得。

（二）禁毒黑板报、手抄报评比

（1）各系部积极宣传禁毒知识，将禁毒黑板报评比事宜通知到每个班级。

（2）各班级合理设计禁毒相关知识并将其展现在黑板报及手抄报上，加强学生对毒品的了解、识别，提高自觉抵制毒品的能力，拍照上传并进行评比。

五、工作经验与启示

（一）针对性强，活动成效显著

为了更好地宣传禁毒知识，组织学生观看有关禁毒宣传的专题影片，根据影片内容提供个性化的指导。这样可以帮助学生更加深入地了解毒品的危害，促进他们的身心健康。此外，还能够营造一种禁毒宣传氛围，推动班级的建设。通过学习及宣传，在校园内营造防毒观念，为师生营造和谐校园文化。

（二）统一思想，提高认识，学生参与度高

经过大力宣传和深入学习，所有老师和学生都应该集思广益，积极投身于禁毒宣传

教育实践。每一分努力都会有所回报，这些实践有效地推进了学生的身心发展，培养出他们健康、文明的价值观，拥有更加安全的环境。

第二十一节
"食刻守护、安全相伴"食品安全宣传教育

一、活动背景

民以食为天，食以安为先。保障食物的安全是每一个人的责任，影响着学生的身体健康及未来。因此，我们决定举办这次科普宣传活动，让更多的人了解如何保证食物的安全。通过这次活动，希望能够更好地维护校园的清洁、秩序，并且能够让更多的学生更好地接受这些信息，从而让社会更加美好。

二、活动的目的与意义

为了全面提高学生们对食品安全意识与认知，培养良好的饮食习惯与健康生活作风，营造良好的健康饮食环境与氛围，因此举办守护安全健康生活食品安全科普活动，从而促进学生们的饮食健康生活。

三、活动主题

"食刻守护、安全相伴"（图1-21）。

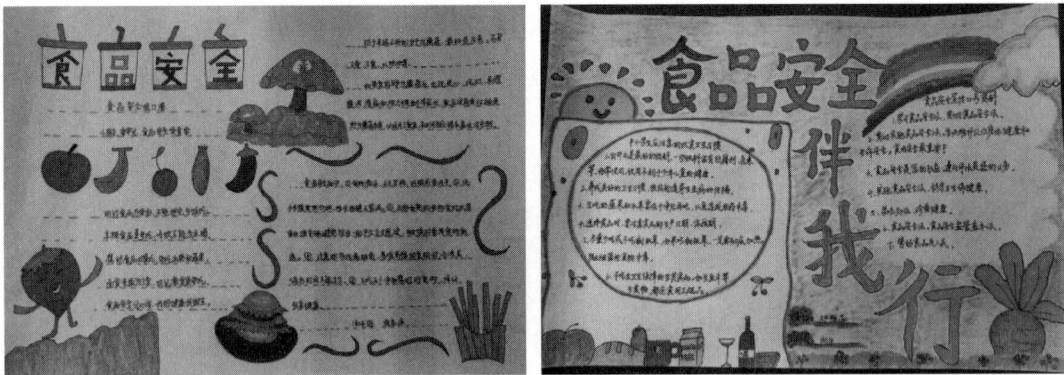

图1-21 "食刻守护、安全相伴"食品安全宣传教育活动

四、组织实施

（一）绘制手抄报

（1）以小组为单位，明确手抄报主题，各小组成员分工行动，搜集"食品安全"相关材料。

（2）整理素材，进行手抄报版面划分及设计。

（3）各小组完成后进行组间评选，择优推选参加校级评选。锻炼学生动手、动脑能力的同时更能让学生了解食品安全相关知识。

（二）开展主题班会

（1）开班会前，召开班团干部会议，制订班会活动方案，搜集食品安全相关事例及资料。

（2）让两位具有出色的组织能力的学生来执掌班级活动，并利用业余时间精心准备。

（3）播放食品安全科普视频，围绕如何辨别"三无"食品、垃圾食品与腐败变质食品等，介绍食品安全知识。

（4）学生们积极踊跃上台分享搜集到的相关内容，如食品中毒等真实案例，从而培养良好的饮食卫生习惯，增强自我保护意识与能力。

（三）学习法律知识

（1）大力宣传相关法律知识，了解食品安全法及实施条例。

（2）参与者分成两组，一组是个人必答，另一组是小组抢答。最终，由优胜者来决定谁获得奖励。

（四）食品安全主题视频征集

（1）各小组根据主题搜集材料，可选择微电影类、MV类、影集类、短片类等。

（2）根据素材进行艺术创作，拍摄成短视频。

（3）根据短视频，围绕主题编辑、剪辑成视频材料。

（4）上交视频材料。通过制作视频，让学生们懂得食品安全就在我们身边，对日常生活中的食品安全问题有更直观、更深刻的感受。

五、工作经验与启示

（1）通过这次活动，我们将加强食品安全教育，提升学生对食品安全的认识，并培养学生的自我保护意识，使他们更容易选择和辨别食物。

（2）通过举办各种活动和参加各种相关的比赛，让学生们更加深入地理解和掌握有关食物安全的基本概念，并培养良好的卫生习惯。

（3）普及食品安全常识，建立科学饮食文化，引导学生抵制垃圾食品、碳酸饮料等活动任重而道远。

第二十二节
"珍爱生命，远离毒品"禁毒宣传

一、活动背景

由于时代的进步，市场经济的迅猛发展，毒品犯罪，已成为一个全球性的问题，必须引起我们的高度重视。禁毒工作无疑是一项具有里程碑意义的任务，但更加重要的是，要加强禁毒教育和宣传工作，帮助那些没有足够社交能力的学生，避免被吸毒人员诱惑，从而避免这一危险的行径。吸毒会影响学生的身体、精神，给他们的健康成长带来了极其不利的影响。因此，学校应该积极开展"珍爱生命，远离毒品"禁毒宣传教育实践活动，让学生更好地认知大麻的威胁，增强自觉性，创造健康的社会生活气氛，共同构建一个安全、美好的社区。

二、活动目标与意义

为了更好地推动禁毒工作，我们应该加强对学生的宣传，让更多人了解毒品的威胁，并鼓励他们主动投身于禁毒战役，增强他们的抗毒意志，培养他们的自我保护能力，以期达成有效控制毒品的目的，为维护校园的秩序、构筑健康的社会环境做出贡献。

三、活动主题

"珍爱生命，远离毒品"（图1-22）。

四、组织实施

（一）观看禁毒教育宣传片

（1）各班级利用自习时间，每周观看一次禁毒教育宣传片。

（2）通过学习禁毒知识，撰写心得体会。

（二）开展禁毒教育主题班会

各班级利用自习课时间开展禁毒教育主题班会，宣传禁毒知识。

图1-22 "珍爱生命，远离毒品"禁毒宣传活动

（三）开展禁毒知识竞赛

（1）学习禁毒相关知识。

（2）校内开展禁毒演讲比赛，以检验学生对禁毒知识了解及掌握程度。

五、工作经验与启示

（一）活动为重点，强调宣传工作的效果

通过观看禁毒教育宣传片，学生可以更加清楚地认识到毒品的危险性，并且能够从真实的案例中深入理解毒品的危害，从而更加深刻地体会到它的严重性。通过多项禁毒宣传活动工作的开展，使禁毒知识传递给身边的每一个人，宣传工作效果良好。

（二）有针对性开展班会

每班开展一次禁毒教育主题班会，通过开展班会的方式进行禁毒教育的宣传，用生动多样的内容使学生全面了解毒品的种植、制作来源及给人们生活所带来的危害，学会预防毒品的知识技能，激发学生积极参与禁毒宣传，让身边的人自觉远离毒品。

（三）高度参与，成效显著

通过开展禁毒演讲比赛，检验禁毒教育宣传效果，学生积极参与其中，真正达到活动举办的目的，普及拒毒、防毒知识，增强学生对毒品的抗拒力，教育学生"珍爱生命，远离毒品"，创建有利于学生健康成长的社会环境。

在大学里，学生有机会体验到人生中最宝贵的时光，让学生更加关注自己。通过"爱己"这样的实践活动，不仅可以传授知识和技能，还可以提高学生的生活质量和人格发展，让学生更加清楚地了解自己，并且珍惜自己。

第二章
知礼爱家

　　家庭是社会的细胞，只有社会中各个家庭的安定和睦才会带来整个社会的繁荣、祥和、幸福、美满。这是每个家庭都应该具备的社会责任，也是对自己家人的担当。常言道：人无完人，事无完美，每个人都会有缺点，这就需要每位家庭成员相互理解相互包容，允许对方犯错，做到不排斥不计较，互相体谅，互相包容❶。

　　家庭是每个人最根本的社交环境。在家人的陪伴下，我们学会了与人相处、学会了分享与关怀。家庭是一个人性格形成的重要环境，家人的言传身教对于我们的成长起到了至关重要的作用。无论是在道德品质的培养上，还是人际关系的处理上，家庭都给予了我们具体的指导和支持。而"爱家"，是对家庭的热爱、关注和珍视，是对家庭成员之间情感连接和彼此支持的体现，爱自己的亲人的同时对自己的家庭和父母负责，让家长和亲人省心、放心，让他们的精神和物质的投入得到应有的回报❷。

一、爱家的内涵

　　在大学生"五爱"教育中，主要体现以下三个方面内涵：

　　（1）亲情关爱：爱家注重家庭成员之间的亲情关系。大学生离开家庭进入大学后，家庭的关爱和支持仍然是其成长发展的重要因素。"爱家"鼓励大学生与家人保持密切联系，传递关爱和支持，以增强大学生的安全感和幸福感。

　　（2）家风家教："爱家"强调家庭的文化传承和教育作用。通过家庭的教育和榜样示范，大学生可以学习到正确的价值观和道德观念。父母扮演着重要角色，他们的言

---

❶ 李瑛. 大学生家国情怀培养的路径研究[J]. 漳州职业技术学院学报，2014，16（4）：100-104.
❷ 温明. 习近平家风建设论述及融入大学生思想政治教育研究[J]. 前沿，2019（6）：5-8，17.

传身教将对大学生的成长产生深远影响❶。

（3）家庭责任："爱家"强调大学生对家庭的责任感。大学生作为家庭的一员，应该承担起维护家庭和谐、关心家庭成员等责任，这有助于培养大学生的社会责任感和家庭价值观。

二、爱家活动的设计类型

爱家活动以分享童年、走近父母两个方面举办了许多各式各样的活动，如在"蜗牛时光"文化交流活动中，学生们观看各自童年时期的照片，一起回顾过去感受时代的人文情怀，"全家福"活动中通过新旧两张全家福的对比展现出变化的时代与不变的爱意，"温情视频"活动中同学们与家人吐露心声，表达爱意，更让同学们关注家庭生活❷。

设计多样化的大学生爱家活动类型，可以帮助学生更深入地感知家庭的重要性，培养家庭责任感和情感，传承家庭的价值观和文化传统，促进家庭和谐与幸福。这些活动旨在让学生更好地与家人交流、合作，增强彼此之间的理解和支持，同时也为大学生提供了一个愉快、充实的家庭互动平台。我们应该组织各种不同类型的"爱家"课程，并在"爱家意识"课程的指导下，帮助学生提高他们的思想政治素质。"爱家"课程应该贯穿"爱家"课程的教学之中，帮助他们树立"爱家"的情操，建立健康的行为准则，提高他们的道德水平，增强他们的遵纪守法的意识。我们希望，我们的课程能够成为一种有力的引导，激发他们的热爱祖国的精神。

三、爱家活动的目的

（1）使同学们懂得如何珍惜自己所拥有的爱和亲情。懂得去体谅父母、感谢师恩、热爱学校，用一颗感恩的心去回报社会❸。通过这些"爱家"活动，让学生们了解家的含义，以及它对国家、对社会、对家庭、对个人的重要性。增强学生们的爱家、爱校、爱国的观念，要关爱自己，关爱家长，关爱别人，更要热爱我们的校园。树立正确的人生观、价值观和世界观，并且让他们认识到家的重要性，以此培养他们的社会责任心。

（2）学生们能更好地肩负起自己应当承担的责任，使学生们体会家庭成员之间的亲密情感，认识家庭在我们成长过程中的意义。锻炼学生们与家长沟通的能力，锻炼学生们运用知识和分析判断的能力。学生们认识到父母对自己的爱，体会父母抚养我们的辛苦。认识每个家庭成员的责任，并承担起自己对家庭的责任，增强学生们热爱家庭和父

---

❶ 冯颜利，曾咏辉. 用习近平新时代中国特色社会主义思想的世界观和方法论指导家庭家教家风建设[J]. 教学与研究，2023（7）：28-36.

❷ 徐国亮. 深入学习习近平家风家教重要论述[J]. 红旗文稿，2019（9）：29-31，1.

❸ 张军成，吴健敏. 以感恩教育培育大学生家国情怀的途径探析[J]. 河西学院学报，2020，36（4）：123-128.

母的情感。没有家庭的和谐，就没有社会的和谐，没有家庭的平安，就没有整个社会的安宁有序，家和万事兴。

（3）家庭责任和担当是一种道德责任，我们应该时刻牢记并践行。家庭只有和谐美满，才能敦厚社会风气、维护社会稳定、促进社会发展，国家才能更加太平，更加和平发展，更加兴旺发达。家庭是"小家"，国家是"大家"，"小家"的和谐幸福促进着"大家"的繁荣发展。"小家"又是"大家"安定的基础。"小家"幸福安康了，才有做好工作的有利条件和坚强后盾。反过来也一样适用，只有"大家"的繁荣发展，才有我们"小家"的和谐稳定，我们的国家是"大家"，家庭是"小家"，"大家"是"小家"幸福的源泉。只要我们甘心奉献，辛勤工作，勇往直前，相信国家定会蓬勃发展，创造更好的效益。只有国家强盛了，才能为"小家"创造更多的福利，营造更好的个人发展空间，成为"小家"幸福的源泉。为了让国家更好的发展，学生们作为未来世界的中流砥柱更要努力奋斗，将自己的真才实学与专业特长相结合，才能报效祖国使国家更加繁荣昌盛❶。

在了解爱家的重要性及具体措施后，为增强学生们家庭成员之间的情感联系，促进家庭和谐，传承家庭价值观和文化，提高家庭成员的幸福感和生活质量，我校通过各种活动来让学生们更好地了解家庭的价值和重要性，学习家庭成员之间的沟通技巧和相互支持，了解家庭价值观的传承和社会联系，以及自我认知和情感管理等方面的内容。帮助当代大学生建立良好的家庭关系和价值观，促进其身心健康成长。通过感恩教育，体会"小家"对一个人成长的重要性，同学们的成长离不开家庭的帮助，家庭也需要每一个人用爱来支撑；通过宣传家风家训，传承优良传统；通过刻录生活故事，传递爱的能量❷。

爱家，就是以感恩的心态去珍惜彼此，深知家庭的温暖和力量，以及它所蕴含的美好；以身作则，把美好的习惯和价值观带给下一代；以行动诠释孝顺的精神以及勤奋努力、守护美好的理念。通过爱家教育，希望能够培养孩子对家庭的责任、忠诚与爱心，让他们能够珍惜家中的每一个家庭，并且在家中互相扶持、互相支持，以及在社区中建立起一种互相信任、互相理解的家庭氛围。此外，我们还应该倡导家族文化，让家族的每一个家庭都能够受益。

爱家已经成为推动社区和谐发展的重要方式之一，旨在让学生们走出校园走入社区，为社区居民提供帮助，并与居民们进行交流互动，增进彼此之间的理解和沟通。积极投身社区服务为社区居民提供力所能及的帮助，如去老年人家里打扫卫生，帮助农村

❶ 柳礼泉，刘江. 习近平关于家国情怀论述的内涵要义与价值意蕴[J]. 湘潭大学学报（哲学社会科学版），2020，44（2）: 117-121.

❷ 戴宏纡，李鹏. 优良家风融入大学生思想政治教育的路径探索[J]. 辽宁师专学报（社会科学版），2022（4）: 70-72.

的孩子们补习功课，还可以在社区进行义卖，为社区居民筹集善款或资助贫困家庭等，对学生们来说这些活动不仅能增进居民和同学们之间的交流互动，了解他们的生活、民风与习惯，还可以收获满满的爱意。对居民们来说爱家活动促进了社区和谐发展，不仅体现了学生们的社会责任和爱心，也提高了社区居民的生活质量，增强了社区的凝聚力和向心力。爱家不仅是让自己爱家，而且是让更多的人有能力去爱家，每个人对自己的家负责，感受到来自家的温暖，在家里收获幸福，对自己的小家如此，对国家这个大家也一样适用。国家为我们提供了一个安全舒适的环境，保证了我们吃饱穿暖的生活，制订了严谨的法律保障我们的人身安全以及我们的权利与义务不受侵犯，学生们也应该履行自己的职责与义务，为国家的繁荣富强贡献出属于自己的一份力量。

　　家庭文化在中国悠久的历史和社会发展过程中扮演着至关重要的角色，它不仅渗透到人们的日常生活，更成为当代中国人共同追求的精神支柱，激发出无穷的精神力量。在爱自己的家庭、亲人的同时对家庭和亲人负责。家庭是一个充满温暖、充满爱的地方，它不仅能让我们的心灵得到安宁，也能让我们的灵魂得以延续。通过爱家教育，我们鼓励孩子勇敢地承担家庭责任，共同打造美好的家园。家庭责任和担当需要我们有感恩之心和珍惜之心，珍惜家庭的每一个时刻和每一个人。作为新时代大学生更应肩负起这样的振兴责任，做好自己，倡导把爱家与爱国紧紧联系在一起，发扬中华优良传统美德。为了让学生深入理解自己所处地区所取得的巨大成功，这些地区如何推动其经济、政治、文化以及社会发展，以及这些地区如何为人民带来福祉，我们应该鼓励学生去探索、思考，并且激励他们去实践自己对这些地区的认同，从而提升其爱国、团结协作意识。为了让学生们在未来的世界中取得成功，我们必须努力提升他们的社交技巧、服务意识、荣誉感、负担担当以及创造性思考。只有当家庭关系融洽、团结一致，才能够营造良好的社会氛围，保持社会的安宁与秩序，推动国家的繁荣昌盛。家庭责任和担当是一种道德责任，学生应该时刻牢记并践行。

　　爱家活动有利于凝聚校园氛围，通过欢乐祥和的氛围，家人之间的相互沟通和交流加深，形成了一个团结友爱、和谐向上的家庭环境；有利于激发归属感与荣誉感，可以让学生们更加深入地了解家乡的历史、发展和成就，增强对家的归属感。爱家活动是校园文化建设的重要一环。通过丰富多样的活动形式，可以展示学校的独特文化内涵，创新精神和团队合作意识。这有助于形成多元文化融合的校园文化氛围，提升学校的整体形象。

　　综上所述，爱家活动的意义在于营造积极向上的家庭环境，提升家人的凝聚力与归属感，促进文化建设，培养学生的综合素质。这些活动不仅在学校内部产生积极的效果，也为学校树立了良好的社会形象。

第一节
"爱要说出来"主题活动

一、活动背景

《中华人民共和国老年人权益保障法》中将子女"常回家看看"的精神赡养义务写入条文，随着社会的不断发展和现代生活节奏的加快，同学们与家人之间的沟通逐渐减少，甚至有时变得疏离。为了弘扬亲情文化，增进学生与家庭成员之间的感情交流，组织"爱要说出来"活动，鼓励同学们与家人保持紧密联系，用一通温情电话表达爱意。

二、活动目标与意义

弘扬中华民族传统美德旨在通过深入的思想教育，让学生更加重视家庭、亲情的重要性，并且培养他们对家人的深厚情感。鼓励与家人沟通，常用电话表达心中的爱意。本次活动意在增进家庭成员之间的理解和信任，提高家庭成员的幸福感，减少家庭冲突，培养学生关注家人情感，照顾家庭成员的责任感和意识，避免学生留下青春羞于表达的遗憾。

三、活动主题

"爱要说出来"（图2-1）。

图2-1 "爱要说出来"主题活动

四、组织实施

（一）宣传推广

在学院公众号平台上发布活动信息，引起学生的关注，并在学校教室、食堂等地方张贴宣传海报。

（二）爱心电话

邀请参与者用电话给家人致以问候祝福，利用5~10分钟与家人聊天。

（三）亲情分享

鼓励参与者在社交媒体平台上分享与家人的美好瞬间，激发他人的参与和共鸣。

（四）奖项设置

设立"最佳沟通家庭""最温馨问候"等奖项，鼓励参与者积极参与活动。

（五）情感平台

发布宣传文案，供参与者在活动后分享参与者与家人通话的美好时刻和留言。这将激励更多人参与其中，同时也增加了活动的影响力。

五、工作经验与启示

不论时代发生多大变化，不论生活格局发生多大变化，都应重视家庭建设，注重家庭，紧密结合培育和弘扬社会主义核心价值观，发扬光大中华民族传统家庭美德。首先要多渠道宣传：通过多种方式宣传活动如抖音、快手等短视频平台，扩大活动影响力。其次合理安排时间，将活动与特定日期、节日等联系起来，如母亲节、父亲节、国庆节，提升参与热情。

通过"爱要说出来"主题活动，激发学生对于亲情的思考和重视，进而将实际行动融入生活中，不再纸上谈兵，而以实际行动展现对家人的爱意，并倡导建立和谐的家庭价值观，引起更广泛的社会关注，提高公众对家庭、亲情的重视和关爱。

第二节
"我爱我家"主题教育

一、活动背景

"独在异乡为异客，每逢佳节倍思亲"，家是我们最温暖的避风港。来自全国各地身处他乡的学子，对家、父母都会有着深深的思念。这是讲究落叶归根的中国人所特有的一种感情。随着现代人的生活方式的改变，有的家庭关系越来越淡漠、家庭成员之间的互动也越来越少，期望通过"我爱我家"主题活动，加强家庭互动。因此，让家庭成员们之间建立更多的联系，增加彼此的了解与信任，让每个家庭成员在家庭中有归属感和安全感。

二、活动目标与意义

通过活动打开学生的内心世界，抒发学生的情感。通过不断宣传和推广，希望能够提升校园的文化气息，增强学术环境，让当代大学生更好地展示自己的风采，让整个校园更具温馨的感染力。引导大学生去更加认识、了解、熟悉家庭，领会父母及家人对自己的深沉的爱，学习用多种方式表达自己对家人的爱。

三、活动主题

"我爱我家"（图2-2）。

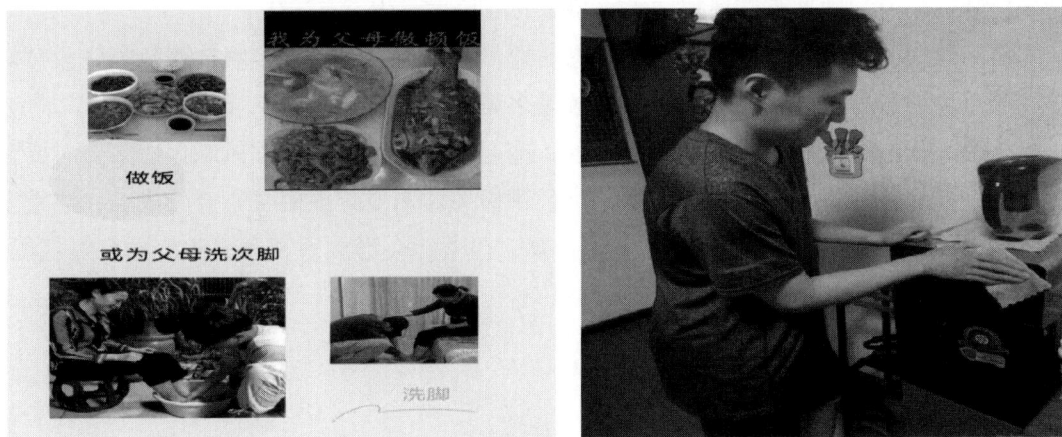

图2-2 "我爱我家"主题教育活动

四、组织实施

（一）组织实施

（1）准备大展板以及签字记号笔等。

（2）提前让学生们准备给父母的一句话，控制人数，进行录制。

（3）在活动前布置好场地。

（4）在活动前做好相应的宣传，避免出现同学不了解情况的现象，同时在活动的过程中也要准备相应的节目，避免同学参加活动出现枯燥无聊的情况。

（5）收集家长录制的期望视频，组织学生观看。

（二）活动中期

（1）在活动的过程中，可以请老师和学生共同主持，保证活动的多样性与多元化，增进老师与学生之间的情感。

（2）组织好纪律，营造良好感人氛围。

（3）安排风险控制，发生紧急情况，可以得到及时解决。

（三）活动后期

形成新闻宣传稿，在学校相关网站发布。

五、工作经验与启示

这是一个激发人们内心深处的活动，它将引发一股热情洋溢的爱的浪潮，让每个人都能够真正感受到、体会到爱，明白并珍视爱。通过从感性转变为理性，并以自觉的行动来提升，成为一群具有责任感、优秀品质的高校大学生。

家庭教育，事关亿万家庭的幸福和谐。要做好家庭教育工作，宣传普及家庭教育知识，通过家庭教育指导机构，家长、学校等多渠道提供家庭教育指导服务；发现父母或其他监护人拒绝怠于履行家庭教育责任的，应当予以批评教育、训诫制止，必要时要督促家长接受家庭教育指导，同时要引导家长积极关注未成年人的身心健康成长；注重家庭家教、家风建设，引导家长注重言传身教，在全社会形成重视家庭教育的良好氛围，促进家庭教育不断发展。

第三节
"纪录片——我家那点事"主题活动

一、活动背景

爱家教育对大学生思想政治教育有着不可忽视的作用。为了让校园文化生活更加丰富多彩，让学生们能够更好地表达对学校和家庭的热爱，并且让他们有一个展示自我的舞台，"爱校发家"将成为一个美好时刻，让每一位学生都能够体验到不一样的精彩。特举办"纪录片——我家那点事"主题活动。

二、活动目标与意义

"百善孝为先"强调尊重长辈和尊重家人，这是中华民族的优良品质。这次活动彰显了大学生无穷的美丽与朝气，它体现的不仅是生活中的点滴与悲欢，更激发了大家的创新、动手实践能力，同时更增强了集体荣誉感以及对"家"的认识，希望学生们永远都激扬。

三、活动主题

"我家那点事"纪录片观看（图2-3）。

图2-3　"纪录片——我家那点事"主题活动

四、组织实施

（一）组织实施

（1）活动前的宣传演讲。

（2）纪录片中所需要的道具。

（3）手机、摄像机等摄影装备。

（4）提醒学生准备发言，将家里发生的趣事记录下来。

（5）校园内的条幅宣传以及公众号收集家庭趣事并且进行投票宣传。

（二）活动中期

（1）维持观看纪律。

（2）组织家长在线上观看纪录片。

（3）组织学生分享发生在自己家中的趣事。

（三）活动后期

（1）形成观后感，留存存档。

（2）制作活动新闻稿，发布在学院公众号上。

五、工作经验与启示

与父母近距离接触，回味过程中点点滴滴的时候，心里的情感与原先是一样的。在这次活动中，我们更深层次的体会到了父母的重要性。大学生社会实践活动给我们提供一个熟悉社会的平台，可以让我们早一点熟悉这个世界。

通过"我家那点事"纪录片教育，拉近学校与家庭之间的距离，加强家庭与学校的沟通，相互配合、合力育人。通过这种方式，可以使学生受到来自家庭和学校两方面的教育。这既有利于学生的健康成长，也有利于提高家长的教育水平，还有利于优化学校的教育环境。它将会促进家庭和学校的教育目的达成一致，形成教育内容的互补，保证教育方法的科学化，最终形成强大的教育合力。

第四节
"观感恩电影，育反哺之心"感恩教育

一、活动背景

学会感恩是做人的重要内涵。然而，许多学生认为父母对自己的付出是天经地义的，老师对自己的辅导是责无旁贷的，别人对自己的帮助是理所当然的，没有感恩意识。通过感恩教育系列活动，让学生们懂得"滴水之恩当涌泉相报"的道理；懂得感谢父母的养育，感谢老师的培育，知恩图报。在实践中学会感恩，把学生培养成为心地善良、懂得报恩的文明人。

二、活动目标与意义

为了能让当代大学生更加了解家庭的重要性，展开了"爱家"主题活动之观看感恩父母电影活动，从电影中感受到家庭的温暖，体会父母的辛苦，学会关心他人，能积极主动的做一些力所能及的家务劳动，促进家庭幸福。

三、活动主题

"观感恩电影，育反哺之心"（图2-4）。

四、组织实施

由各班组织观看一部家庭情感有关的电影。观看完后，要求每位学生联系自己的家庭写一份电影读后感。写完后，组织班上学生谈谈自己的感受，交流成长过程中与父母之间难忘的事，谈谈自己如何在日常生活中与父母相处，怎样解决父母与自己的矛盾。

让学生们可以感受到父母为自己的付出，以及自己对父母的做法。

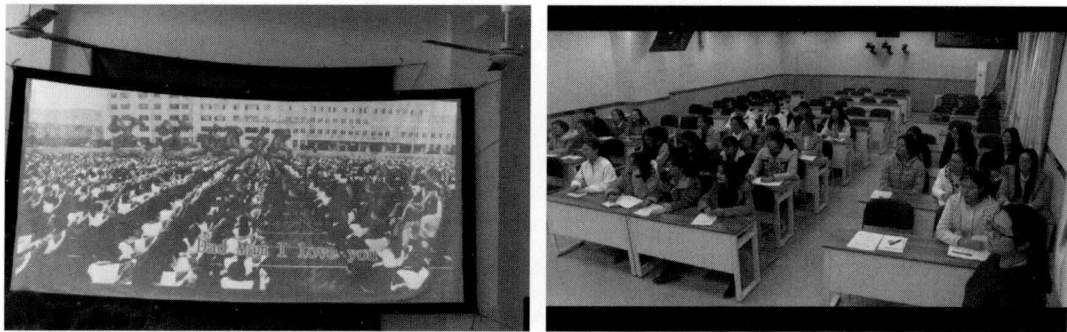

图2-4 "观感恩电影，育反哺之心"感恩教育活动

五、工作经验与启示

为了使大学生更加了解自己的家庭，建立起自己与父母之间的桥梁，加强对父母的理解，学校开展了观看感恩父母电影活动。全体学院学生参加了此次活动，活动初期，各班班委商讨放哪部电影，并积极联系相应人员进行场地设备的安排问题。在活动期间，各位同学安静地观看电影，结束后积极地写自己的观后感且进行分享，并在分享的时候积极地发表对相应电影的见解，从中联系自己与父母的关系，回忆父母对孩子的付出，从而更加理解父母。通过此次活动，弘扬了中华民族的传统美德，全面提升了学生的思想素质，让同学们懂得了感恩父母。

第五节
"爱国先爱家，爱家先爱父母"主题班会

一、活动背景

目前学生队伍中，独生子女占的比例越来越大。他们习惯了接受父母的关心、呵护，习惯了以自己为中心。导致学生们缺少同理心以及奉献精神，与人的交往相处常以自我为中心。中华民族历来注重家庭、家教、家风，古语有云"天下之本在家"。为了进一步增强学生们"爱家"观念，弘扬民族传统美德开展"爱国先爱家，爱家先爱父母"主题班会。

二、活动目标与意义

家是最小国，国是千万家。为启迪学生感悟亲情，了解父母为自己付出的艰辛，懂

得回报父母的生育、养育之恩，同时引导学生学会做人做事，学会有一颗感恩的心，对于别人对自己的付出懂得体会、感谢。学会与他人交往，为他们将来走向社会培养正确的人生观、价值观。

三、活动主题

"爱国先爱家，爱家先爱父母"（图2-5）。

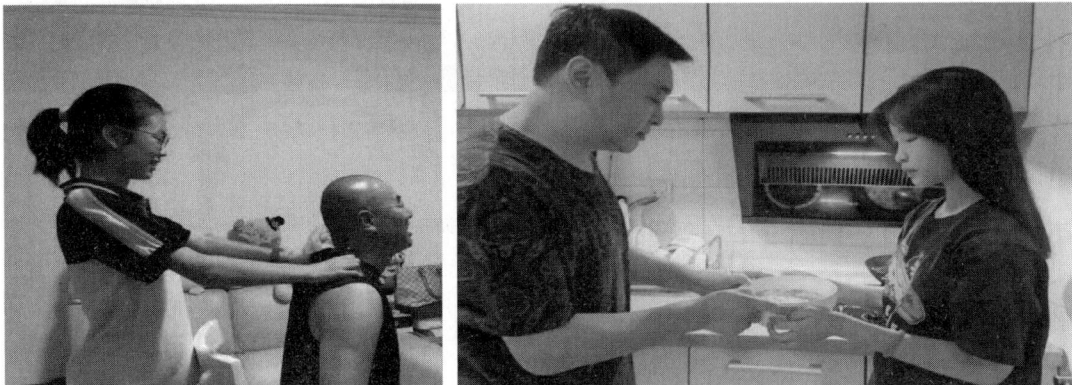

图2-5 "爱国先爱家，爱家先爱父母"主题班会活动

四、组织实施

各班级结合本班学生实际情况，以"爱国先爱家，爱家先爱父母"为主题开展主题教育班会，让学生们理解父母对自己的关爱，学会感念亲恩，以实际行动报答父母的养育之恩，培养自己的责任感。

（一）宣传爱家爱父母传统美德教育

通过展示有关爱家爱父母的图片、短片、传统故事，我们希望能够让学生们更加深入地理解中华民族优秀的传统文化，感受到父母与亲人之间的深厚情谊，明白滴水之恩，涌泉相报的真谛。此外，我们还要培养正确的人生观，并以自身的行动为榜样，共同构建一个美好、和谐的社会。

（二）开展"爱国先爱家，爱家先爱父母"诗歌朗诵环节

学生们通过朗诵诗歌的形式向父母表达感恩之情。通过亲情的体验，让学生深刻领会中华民族的传统美德，并以实际行动表达对家人的感激之情。此外，还要丰富学生的生活和情感积累，培养他们心中有他人、心中有祖国的思想。

五、工作经验与启示

家庭是一个人一生中最重要的组成部分，它不仅影响着一个人的知识面、素质，而且还能够影响他们未来的人生观和价值观。因此，在21世纪，学生们应该清楚地认识到自己的发展方向，并且得到家庭的正确指导，这样才能更好地适应社会的快速发展和激烈的竞争。

通过此次"爱国先爱家，爱家先爱父母"主题班会可以更好地弘扬中华民族传统美德，让学生们学会如何爱家庭、爱父母，从而实现爱的传递，把爱扩大到爱他人、爱社会、爱国家，为创造一个和谐的社会贡献出自己的力量。

第六节
"向心出发，把爱带回家"主题交流会

一、活动背景

家庭是社会的基本细胞，是人生的第一所学校。无论时代发生多大变化，生活格局发生多大变化，我们都要重视家庭建设、家教、家风紧密结合社会主义核心价值观，发扬中华民族传统家庭美德，使千千万万个家庭成为国家发展、民族进步、社会和谐的重要基点。为了促进大学生正确对待家庭教育问题，促进亲人相亲相爱，家庭和睦，开展了"向心出发，把爱带回家"主题交流会。

二、活动目标与意义

家风、家训、家规是中华民族悠久历史的精华，它不仅代表着每个家庭的教育理念，更是一种文明礼仪的象征，是当今社会的价值标准。为了让学生更深刻地认识到幸福的家庭成员之间需要相互尊重和理解，学会给予家人充分的关心和关爱，家庭成员应该共同努力，建立起健康、稳定和幸福的家庭，特开展"向心出发，把爱带回家"主题交流会活动。

三、活动主题

"向心出发，把爱带回家"（图2-6）。

四、组织实施

（一）引领家庭教育理念建设

会议伊始，老师就经典家庭状况及家庭教育理念进行了分析解读，接着通过互动、

图2-6 "向心出发，把爱带回家"主题交流会活动

提问、解答等方式讲解经典家庭问题。交流会上老师积极为学生们答疑解惑。

（二）沟通在家庭中起到重要作用

通过实际案例和观看影片，可以帮助学生们更好地了解如何尊重和照顾家人。此外，还可以鼓励他们经常与父母沟通交流，增进彼此的感情，促进家庭关系的和睦，为建设一个充满爱心、互相尊重、积极向上的社会主义家庭做出贡献。

（三）落实立德树人根本任务开展家庭教育

老师发出呼吁，家庭教育的关键是父母要具备科学的育人知识，要能根据孩子的成长规律和不同年龄段的身心特点，不断学习相应的教育知识、做足做实育人功课，用正确思想、正确行动、正确方法培养孩子，使孩子从小养成好思想、好品行、好习惯，以正确世界观、人生观、价值观积极处事，以高尚品德融入社会，以健全人格成就自我，从而真正达到立德树人的目标要求。让学生们在大学生活中积极向上，努力学习与家人共同努力，建立起健康、稳定和幸福的家庭。

五、工作经验与启示

家庭是人们心灵的港湾，家庭的和谐可以让学生拥有自信、乐观、进取的精神。家庭教育是培养孩子重要环节，只有家庭教育科学严谨，学生才能拥有正确的价值观念、完整的人格。家庭是最小的国家，国是千万家。强调家庭教育和家风建设，不仅关系到个人和家庭的幸福和成败，也是影响一个民族和国家未来发展的重要因素。

通过本次主题活动，让学生们更深刻地认识到幸福的家庭成员之间需要相互尊重和理解。经过老师的讲解，使学生们对家庭健康有了更全面的认识，同时进一步营造了要积极关注我爱我家的浓厚氛围。同时要让学生们理解如何维护家庭关系，如何建立一个幸福、和谐、美满的健康家庭。

第七节
"爱家铭于心，感恩践于行"主题教育

一、活动背景

"爱家"作为"五爱"中的一部分，对大学生思想政治教育有着不可忽视的作用。"爱家"不仅是热爱自己的家乡，更是感恩自己的亲人。感恩是中华民族的传统美德，儒家文化的"仁义礼智信，温良恭俭让"就包含着"感恩"情结。感恩的品质是中华传统文化的基本元素，流淌在民族的血脉中，对规范人们的社会伦理道德建设起着十分重要的作用。

二、活动目标与意义

通过这次活动，希望能够让学生更加深刻地体会到父母的爱，并且培养对家庭的关怀意识，以此来回馈父母的付出。也希望通过这些努力，培养学生良好的个性和完整的人格。

同时让学生感知父母的艰辛，感知父母的厚爱，学会表达爱、回报爱。同时，在充分发挥我校优良传统感恩教育作用的同时，展现出我校优秀学子的新时代风貌，有利于传承和弘扬中华传统美德和构建和谐校园。

三、活动主题

"爱家铭于心，感恩践于行"（图2-7）。

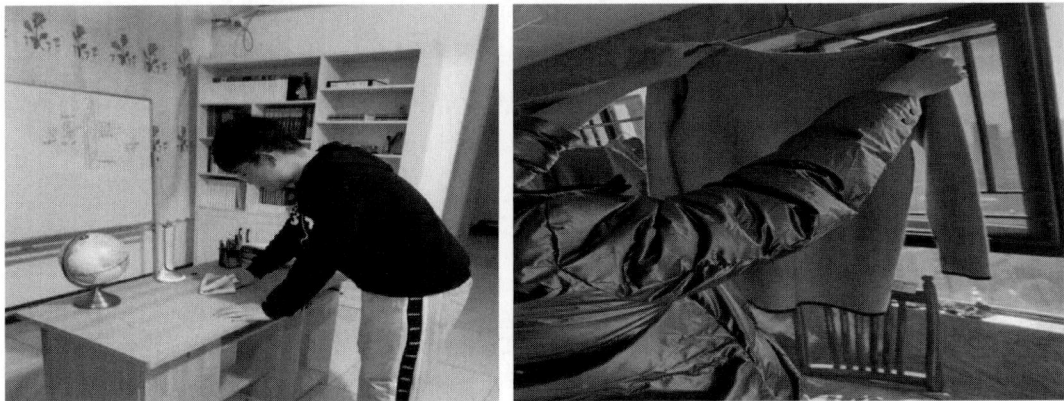

图2-7　"爱家铭于心，感恩践于行"主题教育活动

四、组织实施

（一）宣传动员工作

为了让大家更加清楚地认识"爱家铭于心，感恩践于行"，首先通过公众号向所有学生发出倡议，并且召集学生参与。此外，还邀请各个班级的班长在课前10分钟举行动员会，组织学生阅读"爱家铭于心，感恩践于行"，并讲解活动的意义。

（二）开展感恩实践活动

进行感恩专题"给父母洗一次脚""给父母做一次饭"等活动，积极鼓励学生多阅读有关感恩的书籍，并让他们将读后的感悟同自己的幸福生活相结合，学生们从实际出发，感谢父母的养育之恩。

（三）感恩活动内容

1. 参与感恩活动

亲自打水为父母洗脚按摩，为父母洗去疲惫，带来点滴温暖。

2. 镜头定格亲情

拍照记录为父母洗脚的暖心瞬间，与父母共同分享，定格美好时光。

3. 文字表达爱意

通过文字形式记录活动感想，表达对父母真切的爱。

五、工作经验与启示

通过这次活动，学生们不仅学会了对父母的感激，还学会了对国家、社会和学校的感恩。此外，学生们还更加珍视那些教导其知识和提升自身素质的老师。最重要的是，学生们也学会了如何面对困难和挫折，并从中获得成长和成功。感激那些曾经给予学生们支持和帮助的人，他们的爱心点燃了我们的希望，使学生们意识到生活的美好和丰盛。学生们对于感激的理解和思考也在不断深入。

第八节
"家书抵万金、字字传真情"主题活动

一、活动背景

为贯彻党的二十大精神，落实立德树人根本任务，贯彻大学生"五爱"教育中"爱家"的良好品德和行为习惯，依托学校开展"一站式"学生社区建设的大背景下，吉林工程技术师范学院组织号召学生在开学之初明确奋斗目标，引导学生将学业规划、成长心路历程化为开学后写给父母的第一封书信，用传统书信形式表达对父母的感恩，让远在家乡父母放心，促进学生与家庭间的良性沟通与互动。

二、活动目标与意义

这次活动旨在培养学生健康的个性，传承中华民族的优秀传统，促进家庭关系的建立。希望能够激励学生孝顺父母、懂得感恩，并让学生们更好地了解社会。此外，也希望通过这项活动来展示我们学校优秀学子的新时代风采，帮助他们找到自己的人生目标，并为他们的未来做好准备。传承书信文化，提升学生的写作能力。

三、活动主题

"家书抵万金、字字传真情"（图2-8）。

图2-8 "家书抵万金、字字传真情"主题活动

四、组织实施

（一）活动内容

通过这次活动，学生们可以通过写信的方式展示自己在学校的经历、印象、困惑，并向家长介绍学校的环境、宿舍关系、师生情谊和同学之间的感情。这样，学生们就能更好地与家长沟通，并用优秀的成绩和良好的道德品质来回馈他们的培养。我们强烈建议全社会尊重孩子的想法，营造一个和睦、友爱的家庭环境，为学生的健康成长提供有利的条件。

（二）活动流程

（1）参赛同学须先认真阅读活动要求，关注活动时间安排。

（2）以书信形式上交一份字数不少于1000字的文章，且需要以"家书抵万金 字字传真情"为主题，参加活动的同学要本人亲手书写，以书信这一传统的形式向父母展示自己的成长。

（3）同学们完成作品后，将作品以文档形式提交给指定的工作人员。

（4）活动末期，由学生会工作人员进行总结，并进行作品评选。

（三）活动要求

（1）紧扣活动主题，表达真情实感，内容积极向上。

（2）题目自拟，本人原创，未在任何正式媒体发表或出版过的作品；文体不限；按照图2-8模板格式，字数在1000字以内。

（3）各班级须将电子版稿纸模板自行打印，汇总后上交手写版作品。

（4）做好宣传报道，营造良好氛围，优秀活动成果将在我校公众号上进行展示。

（四）注意事项

（1）报名先到先得，报名人数到达预设的最大参与人数则无法继续报名。报名之后要认真参加，不可敷衍了事，更不可抄袭弄虚作假。

（2）文章要求未在公开出版书籍、报刊及互联网上发表。

（3）请务必按照规定的时限提交作品，超过时限将被视为放弃参与资格。

五、工作经验与启示

为了更好地培养优秀的人才，学校致力于提供给每名学生充分的机会，使他们能够在未来取得更大的进步。为此，学校不仅要努力增进师生之间的交流，还结合"给家人的一封时间信"课程的内容，举办"给家人的一封时间信"主题活动，鼓励每名学生在这个过程中发挥所能，为未来的职业发展打下坚实的基础。

"给家人的一封时间信"的主题活动让参会者畅谈各种想法，其中不乏勇敢地把自身经历、观点、看法都告诉家长的人，也让家长更深入地认识孩子，从而增进双亲之间的关系。更令人鼓舞的是，参会者还把四年的学习计划、未来的职业发展等都告诉家长，以此来激励家长更好地支持孩子，增进双亲之间的互信。

通过本次活动，学生们得以更加深入地与家长沟通，而不只是局限于电话或面对面的交流。写信作为一种沟通方式，可以帮助学生把自己想要表达的内容传达给家长，从而使他们更加安心，也加深了彼此之间的感情。通过这个视频，家长可以更好地了解学生在校的情况。

本次活动让学生们把自己的学习和生活经历向家长展示，让他们更好地了解学生的情况，增进了学校与家长之间的沟通，受到了家长的热烈欢迎，他们对学校的工作表示赞赏，并且指出我们存在的问题，提出了宝贵的建议，涉及学生的各个方面，从家长的反馈中可以看出，他们对学校的发展表示认可，为学校的发展做出了巨大的贡献。为了感谢家长对我们学校的关注和支持，为了更好地推进我校发展，我们将积极采纳家长的宝贵建议，努力改善现有的不足，以达到更高的水准。本次活动的成功开展，不仅让学生和家长更加认可，而且还增进了学校和家长之间的沟通，为提升学校管理水平、促进学生成长、培养未来人才发挥了重要作用。

第九节
"爱的回馈"主题教育

一、活动背景

感恩，是一切生灵与生俱来的天性，也是人类社会主流文化中共同倡导的美德。"感恩"是西方伦理的基本信条，"孝道"则是儒家文化的根。为进一步加强学生思想道德教育，弘扬中华民族的传统伦理道德，让学生了解父母付出的艰辛，理解父母亲的期望，懂得如何去感恩，如何去关爱他人、关爱社会。

二、活动的目标和意义

让学生了解父母之爱，感受父母之情，体验爱的圣洁，无私和伟大。让学生学会理解父母，孝敬父母，以实际行动报答父母，增强学生的感恩意识，增强社会责任感，培养健康心态，塑造健全人格，并学会感恩增强德育师资队伍建设，进一步丰富校园文化内涵，提升德育效果。目前，感恩是社会对每个人的道德素质的基本要求和修养要求，也是大学生必备的基本道德素质。大学生是接受过高等教育的群体，应该更加懂得学会随时随刻、时时事事感恩身边的万事万物。特别是对父母的生育之情、养育之恩、教育之责缺乏足够的感恩意识，甚至有的学生认为父母的关爱都是理所当然的。因此，我们应该通过向大学生进行传统的感恩父母思想教育来引导和提升大学生的感恩父母意识，让大学生自觉自愿地接受和发现生活中的美好事物，以感恩的心态和行动回报父母对自己的关怀呵护，并使感恩成为自己做人的基本准则。

三、活动主题

"爱的回馈"（图2-9）。

四、组织实施

（1）通过组织活动，向父母表达感激之情，同时通过正确的攒钱途径，例如勤工助

图2-9 "爱的回馈"主题教育活动

学、省下一杯奶茶钱等，让他们度过一个特别的夜晚。需要选择一个适合父母的日子，最好是周末或假期，以确保他们有足够的时间参加活动，可以是在家中、餐厅、酒店包间或户外场地，根据预算和父母的偏好选择合适的地点。

（2）计划、预算及邀请：确定礼物预算，以确定赠送的礼物。确定计划时间，发送一份特别的邀请函给父母，表达您的感激之情并告诉他们活动的日期、时间和地点。

（3）活动主题和装饰：根据预算和活动目标与意义，选择相应的装饰和氛围。选择一个较为温馨的场景，例如家庭、公园、一些的特殊日子等。

（4）给父母一份特别的礼物：用自己的双手创作一张充满爱意的小卡片，用绘画、剪贴等方式记录下家庭的温暖，让这份爱永远流传。

五、工作经验与启示

中华民族历来是礼仪之邦，孝敬父母是中华民族的优良传统，继承和发扬传统美德是我们的责任。身体发肤受之父母，老吾老以及人之老，通过这一主题教育活动理解自己的父母，体会父母的辛苦，懂得感激父母，增进感情交流，感受亲情的温暖。结合文明礼仪月活动，拟订感恩父母爱心体验系列活动方案，邀请全校同学积极参与，一同把最珍贵的孝心及感恩行动撒播在校园的每个角落。

第十节
"时间胶囊——我的年轮与父母的年轮"主题活动

一、活动背景

时光荏苒，岁月如梭。每个人的生命中都有许多值得珍藏的瞬间和回忆，而父母作为我们成长道路上的重要陪伴者和引领者，他们的岁月与我们的成长紧密相连。

时间胶囊是一种特殊的时间礼物，它可以将人们的回忆、祝福和故事封存在一个密封的容器中，然后在未来的某个时刻重新打开，重新分享和回味。在这个活动中，我们以"时间胶带——我的年轮与父母的年轮"为主题，通过时间胶囊这一载体，让大学生与父母共同回顾过去、展望未来。

二、活动目标与意义

古语讲"百善孝为先"，孝道是中华民族的传统美德。此活动的目的在于增进大学生与父母的了解与沟通，增强学生的感恩意识，同时弘扬中华民族的优秀传统文化。此活动为家人提供了一个分享和倾听的机会，可以更好地理解和尊重彼此的人生历程和成长。通过了解彼此的过去，增进对彼此的理解和尊重，从而增强家庭关系的紧密性。

一是保存个人和家庭的记忆。时间胶囊是一种保存个人和家庭记忆的有力方式。在制作时间胶囊的过程中，可以回顾过去的一年，选择那些最重要、最有意义的瞬间或物品。对于每个人来说，这些瞬间或物品可能都是独特的，代表了他们生活中的某些重要时刻或经历。

二是学习和反思。这个活动也是一个学习和反思的过程。通过回顾过去的一年，可以对自己的人生进行反思，思考自己的成长和学习的过程。同时，也可以从中汲取力量和启示，为未来的生活做好准备。

三是培养未来意识。时间胶囊还提供了一个机会，让我们意识到时间和过去的重要性。通过为未来设定目标，可以培养一种未来意识，从而更好地规划自己的人生道路。

总的来说，时间胶囊活动不仅提供了一个回顾过去、分享家庭故事的机会，还促进了对未来的思考和规划。这不仅可以增强家庭成员之间的关系，还可以通过保存记忆、学习和反思来丰富个人的生活。

三、活动主题

"时间胶囊——我的年轮与父母的年轮"（图2-10）。

四、组织实施

（一）组织实施

（1）宣传对象：大学生与父母。

（2）宣传渠道：校园公众号、官方网站、社交媒体平台（如微信、QQ等）。

（3）宣传内容：活动主题、时间、地点、参与对象、目的与宗旨等。

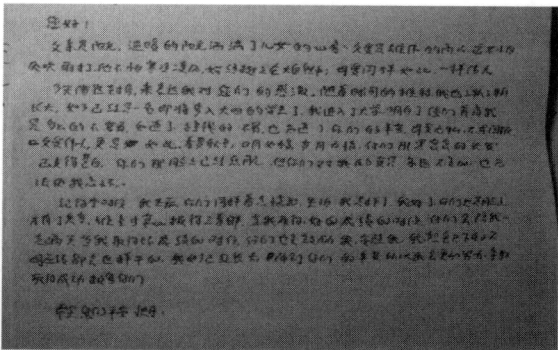

图2-10 "时间胶囊——我的年轮与父母的年轮"主题活动

（4）宣传时间：从活动筹备开始至活动当天前两周，每周至少推送一篇相关文章，提高活动的知名度与关注度。

（二）活动中期

1.活动开场（5分钟）

主持人介绍活动主题、目的、规则等事项。

2.年轮展示

（1）填写时间胶囊（20分钟）：每位参与者领取一个时间胶囊，在胶囊上填写自己或父母的过去、现在和未来的故事、照片或祝福。

（2）分享时间胶囊（20分钟）：在场的参与者可自愿报名，分享自己或父母的时间胶囊内容。轮流展示学生的"胶囊"图片或物品，并简单讲述与这一年轮相关的故事。彼此之间可进行互动，互相提问和回答问题，增进彼此了解。

（三）活动后期

（1）嘉宾分享（10分钟）：邀请嘉宾分享自己的"年轮"故事或与父母的故事，给大学生们提供参考，引发共情。并分享一些关于"时间胶囊"的专业知识。

（2）活动总结（5分钟）：主持人总结活动，强调活动宗旨，宣布活动结束。

（四）预算和资源需求

（1）人员：主持人1名，工作人员若干名。

（2）物资：时间胶囊、笔、桌子、椅子、展示板、手机、摄像机等摄影装备等。

（3）场地：校园内适宜的室内场地。

（4）时间：活动当天下午4点至5点，共1小时。

五、工作经验与启示

在策划活动时，首先需要明确活动的目标和主题。在本次活动中，目标是增进大学生与父母的了解与沟通，同时弘扬中华民族的优秀传统文化，倡导孝敬父母、珍惜时光的社会风尚。在活动进行中合理的活动流程是活动的骨架，优秀的设计可以保证活动进行得更加顺利。根据参与人群的特点和活动目标，设计能够吸引他们参与、互动的环节。同时，为了让更多人了解和参与活动，通过校园公众号、官方网站、社交媒体平台等多渠道进行宣传。

本次活动采用了"年轮""胶囊"这一具有象征意义的形式，让学生们回顾过去、展望未来，是一个非常有创意的主题。在未来的活动中，可以尝试更多的创新形式，让活动更加有趣、有影响力。活动的成功不仅在于流程的顺利，更在于参与者的体验和反馈。在筹备过程中，应多从参与者的角度出发，提供他们需要的服务和体验，使活动更具吸引力和影响力。

第十一节
"温情视频"主题活动

一、活动背景

近年来，由于全球化的推进以及日益增长的物质需求，许多人渴望拥有优雅的生活，然而这种渴望随之而来的却是一种无尽的烦恼与迷茫。而家庭，作为一个人最重要的社交单位，也面临着种种挑战。为了营造一个充满爱意、温暖的家庭气氛，学校组织了一场以爱家温情为主题的视频活动。这次活动旨在增进家庭成员之间的感情交流，促进和谐的家庭关系，为建设一个美好的家庭做出贡献。

二、活动目标与意义

为了丰富广大学生的业余生活，提升学生的幸福指数，联络学生与家长的情感，使得在外求学的学生和家长互通心意，互相了解生活近况，学院借助互联网聊天工具，组织并举办了本次温暖视频活动。

三、活动主题

"温情视频"（图2-11）。

图 2-11 "温情视频"主题活动

四、组织实施

（一）活动前期

前期宣传工作

（1）通过微信公众号宣传。

（2）在教学楼、宿舍楼、食堂的宣传栏上贴宣传海报。

（3）告知各个院系的老师和班长，进行各班级的宣传。

（二）活动中期

（1）各班级同学同父母进行温情的视频通话。

（2）视频通话结束后各班级组织开展交流会。

（三）活动后期

各班负责人将各班活动完成情况汇总上报。

五、工作经验与启示

爱家温情视频主题活动旨在通过视频的形式，表达对家庭、亲情的感悟和关爱，弘扬家庭美德、传递家庭温暖，倡导人们关注家庭、珍惜亲情、弘扬正能量的社会价值观。通过爱家温情视频主题活动的开展，学生可以通过自己的亲身经历或是身边事例，分享家庭美德，传递亲情温暖，从而推动社会关注家庭教育、家庭和谐的价值理念，在人们心中播撒美好种子。

第十二节
"开拆远书何事喜，数行家书抵千金"主题教育

一、活动背景

为了丰富广大学生的业余生活，使学生回忆往昔与父母的温馨时光，让学生体会到亲情的伟大，父母无私的爱，我们组织开展了以"给家人的一封时间信"为主题的活动。同时，增加父母与子女间的沟通，促进父母与子女间的了解，使父母更加放心，提升彼此间的情感。

二、活动目标与意义

"给家人的一封时间信"家书的意义不仅在于传递信息，更在于弘扬家庭价值观，传承家族文化，促进家人之间的情感交流。家书作为一种书信形式，可以弥补时间和空间的距离，让家人能够通过文字感受到彼此的存在。在现代社会中，人们的工作和生活往往使得家庭成员分隔两地，相聚的机会变得稀少。这时，家书就成了沟通的桥梁，让家人能够在文字中分享彼此的生活点滴、喜怒哀乐。

三、活动主题

"开拆远书何事喜，数行家书抵千金"（图2-12）。

图2-12 "开拆远书何事喜，数行家书抵千金"主题教育活动

四、组织实施

（一）活动前期宣传工作

（1）在教学楼、宿舍楼、食堂的宣传栏上贴宣传海报。

（2）告知各个院系的老师和班长，通过他们进行各班级的宣传。

（二）活动中期

（1）各班负责人通知本班学生进行活动（写时间信）。
（2）由班干部收集信件，统一将信邮寄到学生家中。

（三）活动后期

（1）各班组织第一次交流会，交谈本次的感悟。
（2）在父母回信后，进行第二次沟通、交流。

（四）后期宣传

（1）各班负责人就各班活动完成情况汇总上报。
（2）在微信公众号上以及各种渠道上宣传此次活动的成果。

五、工作经验与启示

为了更好地培养优秀的人才，我们致力于提供给每名学生充分的机会，使他们能够在未来取得更大的进步。为此，我们不仅努力增进师生之间的交流，还结合"给家人的一封时间信"课程的内容，举办"给家人的一封时间信"主题活动，鼓励每个人在这个过程中发挥所能，为未来的职业发展打下坚实的基础。

"给家人的一封时间信"的主题活动让参会者畅谈各种想法，其中不乏勇敢地把自身经历、观点、看法都告诉家里的人，也让家长更深入地认识孩子，从而增进双亲之间的关系。更令人鼓舞的是，参会者还把四年的学习计划、未来的职业发展等都告诉家长，以此来激励家长更好地支持孩子，增进双亲之间的互信。

通过本次活动，学生们得以更加深入地与家长沟通，不仅仅局限于电话或面对面的交流。写信作为一种沟通方式，可以帮助他们把自己想要表达的内容传达给家长，从而使他们更加安心，也加深了彼此之间的感情。通过这个视频，家长可以更好地了解学生在校的情况。

本次活动让学生们把自己的学习和生活经历向家长展示，让家长更好地了解学生的情况，增进学校与家长之间的沟通，受到了家长的热烈欢迎及赞赏，并且指出活动存在的问题，提出了宝贵的建议。为了感谢家长对学校的关注和支持，为了更好地推进我校发展，我们将积极采纳家长的宝贵建议，努力改善现有的不足，以达到更高的水准。本次活动的成功实施，为提升学校管理水平、促进学生成长、培养未来人才发挥了重要作用。

第十三节
"谁言寸草心，报得三春晖"感恩父母演讲比赛

一、活动背景

感恩，是春天的温暖，是心灵深处的温馨，是情感的回报。常怀感激之心，让我们永远感受到温暖，感受到每一次微笑，感受到每一次帮助，更要感受到父母对我们的爱。为了让学生更好地理解感恩、关怀和回报，并且丰富他们的课外生活，学校决定在"感恩父母，评选最美父母"演讲比赛中为他们提供一个展示才华的舞台。

二、活动目标与意义

通过"感恩"课程，希望能够帮助学生更好地理解增强社会责任感，以及如何在"感恩"课程中提升自己的感恩意识，从而使他们更加深刻地认知到家庭的重要性，从而更好地建立良好的品质，形成一种健全的人格，从而更好地体现出对家庭的爱与尊重。通过加强对学生的日常行为规范和培养其独立性，让他们明白父母的付出和艰难，培养其对周围环境的责任感，以及培养其乐于助人的精神，从而培养其勤俭持家的优秀品质。

三、活动主题

"感恩父母，评选最美父母"（图2-13）。

图2-13 "谁言寸草心，报得三春晖"感恩父母演讲比赛活动

四、组织实施

（一）活动安排

场地布置、评委、记录。

（二）活动内容

每个班级都会选择一名选手参加一场关于感恩父母的演讲比赛，时长大约为3分钟。比赛将根据抽签顺序进行，要求参赛者声音洪亮、普通话流利、情感丰富。

（三）活动评分标准

本次比赛采用10分制，以此来衡量参赛者的表现。

1. 内容思想

要求主题是关于感恩父母的作品，要有条理性、思想积极、真挚和深刻的感受（5分）。

2. 语言表达

语言表达需要符合规范，保持清晰流利，具有感染力，并且能够恰当地使用时间（3分）。

3. 仪容仪表

请注意仪容和仪表，保持整洁和大方（2分）。

按得分评选一个一等奖，二个二等奖，三个三等奖。

五、工作经验与启示

这次演讲比赛给学生带来了一个独特而又充满挑战的机会，不仅让他们能够充分表达他们内心深处潜藏的美德，而且也让他们能够通过这次机会来体会一种新的情怀，从而激励他们去实现一个完美而又充满希望的未来。

第十四节
"知己爱家，品良好家风"活动

一、活动背景

中国的家谱中蕴含了悠久的中华传统文化，其中包括各种家风、家训、家规，这不仅反映出当代的思想理念，更是构建良性发展的基石。这不仅为学生们提供了榜样，更为其未来指明了方向，激励追求更高的道德标准，在成长过程中拥抱更多的美德，从而更加坚定地走向成功。

二、活动目标与意义

家风是我国传统文化和传统教育的重要组成部分，是一代又一代人健康成长的保证。家风中的精华融入新的道德建设中，是社会主义核心价值观的良好补充。本次活动的目标就是让学生明白良好的家风是推动社会文明进步的正能量。

三、活动主题

"知己爱家，品良好家风"（图2-14）。

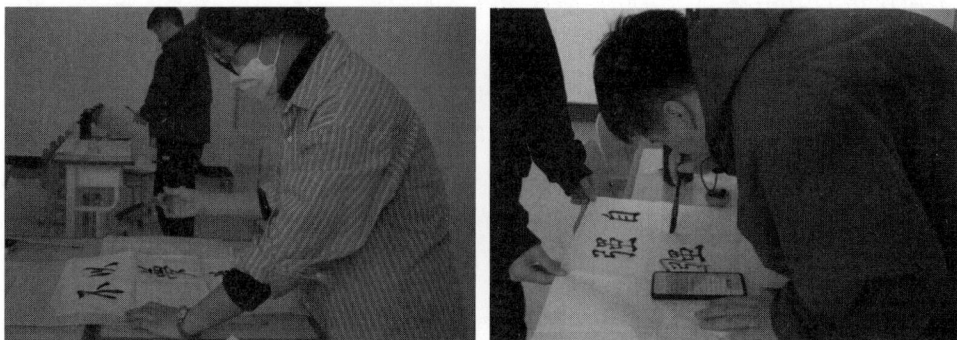

图2-14　"知己爱家，品良好家风"活动

四、组织实施

（一）相关要求

1. 高度重视

我们强烈希望这项活动能够成为一个有益的平台，用来推广并贯彻社会主义核心价值观，并且有助于提升学生的学习氛围。

2. 认真总结

在2023年春季开学后，各班对活动进行认真总结。

3. 作业要求

要求全校的学生提交"家谱树"和"家族名人故事"两份作品，其中包括一个有关家庭教育的故事。

（二）活动内容

本次活动旨在让学生和家长一起深入探究家族历史，从《百家姓》中汲取灵感，绘制家谱树，讲述家族名人的传奇故事，以此来追溯家族的起源。

（三）活动形式

1. 探索家谱源

在春节期间，我们一家人会拜访长辈，搜集文献和网络资料，以便更好地了解家族的起源、姓氏的来源、发展历史以及中国姓氏的传说。这样，我们就可以更深入地探索家族的根源。

2. 读一读百家姓

在寒假期间，邀请父母和长辈一起参加《百家姓》的阅读活动，以便更好地理解《百家姓》的历史渊源，以及它对姓氏排列的深刻意义。

3. 画一画家谱树

通过深入研究家谱的内涵和表达形式，熟悉自己的历史和亲属关系，我们可以用绘画或电脑技术创作出家族的五代家谱树。

4. 写一写家族史

通过深入研究家族历史，仔细查阅家谱，找出最能代表家族特色的名人，撰写一篇家族传说，并积极与家长沟通，共同探讨和完善。

5. 写一写家风

家风、家训、家规是中华民族悠久历史的精华，我们应当以身作则，积极传承、发扬光大。

五、工作经验与启示

"家和万事兴"，只有家里和和气气的，我们的大家、国家才会越来越昌盛。此次活动旨在弘扬社会主义核心价值观，弘扬中华传统美德，传承好家风好家训，传递向上向善正能量，促使大家用自己的实际行动让社会变得更加和谐、更加美好。

第十五节
"全家福"摄影大赛

一、活动背景

拍摄一张全家福照片，记录下家庭的每一个成员，展示家庭的温馨与团聚，加深家庭间的沟通与理解，促进家庭互动。它不仅承载了记忆，定格了时间，锁住了亲情，记录了幸福，更浓缩了时代变迁并体现了"爱家"的主题。

二、活动目标与意义

拍摄全家福的意义在于记录一家人团团圆圆在一起的美好时光，把团聚的时刻利用相机记录下来，以便日后家人不在身边时回忆这些美好的瞬间，同时也是意味着这个家庭人丁兴旺、家庭和睦、幸福美满，是一种团聚的仪式感。

三、活动主题

"全家福"（图2-15）。

图2-15　"全家福"摄影大赛活动

四、组织实施

（一）征集条件

（1）照片可以是家庭团圆合影、单位集体合影、项目成员合影或是亲朋好友同学之间温情互动的场景照片等。

（2）比较新、旧全家福可以更好地展现出不同时期的特色，记录幸福家庭的历史变迁。

（3）可以报送单幅或组图，组图不超过3幅，每幅图片大小不小于2M，JPG格式。

（4）每幅图片须备注文字说明，描述照片背后的故事（不少于300字）。同时须注明班级、姓名和联系电话。

（5）所有的图片要求是原创的，可以通过软件进行后期处理。为保持作品的原有外观，任何形式的合成、添加或删除以及对颜色的大幅度改变都是不允许的。

（二）评选表彰

通过吉林工程技术师范学院全体学生投票选出最美全家福、最有爱的全家福。

五、工作经验与启示

全家福的意义代表着一种割舍不掉的亲情，象征着一个家庭的凝聚力和归属感，不管儿女走向何方，看到照片就会想到养育的故土和逝去的岁月，使人感慨万千，无限思念。人生一辈子，一张全家福饱含着千千万万的回忆和酸甜苦辣，给全家人永远的留念。

作为子女，我们应该珍视身边的亲人，用最真挚的爱去回报他们。因此，我们应当珍惜家庭团聚的美好时光，一起留下美好的回忆，用最美好的照片来纪念这个温馨的家庭。

第十六节
"家风的传承"分享家庭趣事主题活动

一、活动背景

家风指的是一个家庭的风气、风格、风尚。推广优秀的家族传统，帮助人们树立健全的社会公约，不仅有利于提升人们的社会责任感，还能够帮助人们树立起健康的价值观，并在日常工作中保持高度的责任感。

二、活动主题

"家风的传承"分享家庭趣事（图2-16）。

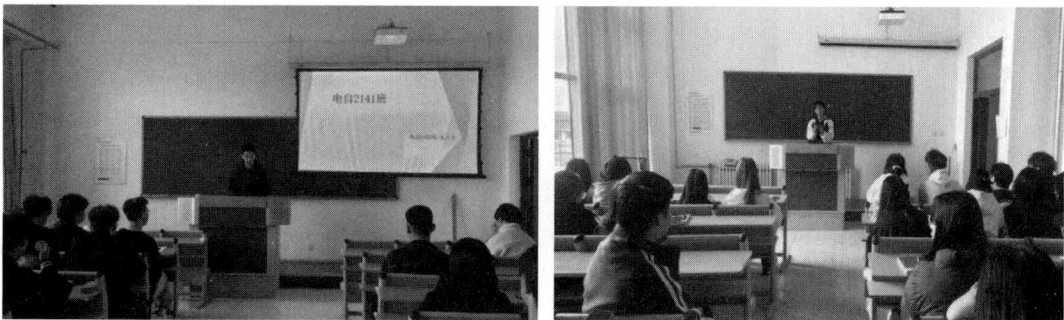

图2-16　"家风的传承"分享家庭趣事主题活动

三、活动目标与意义

家风家训是指家庭中代代相传的行为规范和价值观念，它对于一个家庭的发展和子女的成长具有重要意义。家风家训是家庭文化的重要组成部分，它的形成和传承需要全家人的共同努力和参与。本文将从几个方面探讨家风家训的重要意义。家风家训旨在培养家庭成员的责任感、包容心、互助友爱的精神，从而促进彼此之间的沟通与信任，营造出一个充满爱与温暖的家庭环境。

四、组织实施

（一）征集"好家训　好家规"内容

以"家训家规"为指导，以建立良好的家庭氛围为目标，着重培养孩子的和睦、尊重、乐于助人、节约、自律、自强不息的精神，同时也体现出对祖国优秀文化的继承与发扬。每个"家训家规"都有各自独特的魅力，它们不仅能够激发我们的情绪，还能够给我们带来深刻的启示。作品应该具有诚恳的态度、简洁的表达方式和深刻的意义，不仅限于单个词语、短篇、段落或个人经历。

（二）分享交流内容

以班级为单位组织开展交流会进行分享。

五、工作经验与启示

家风作为一种无形的力量一直在潜移默化地影响着人们。家风好，这个人就会茁壮成长；不重视家风建设，这个人在成长过程中就会走弯路。好的家风会造就身心健康、有作为乃至对社会有突出贡献的人。

第十七节
"我爱我的家"爱家语录主题活动

一、活动背景

家是停靠的岸，家是温柔的船。有家，就有安全感；有家，才有归属感。为了更好地推动学校德育工作的发展，我们坚持以培养人格为核心，将德育工作作为实现"五爱"办学宗旨的关键措施。吉林工程技术师范学院特举办"我爱我的家"爱家语录主题活动。进一步促进学生爱家带动学生摘录爱家的名言警句。

二、活动目标与意义

通过参与这项活动，学生不仅可以增长知识，而且还能更好地接受教育，增强了学生爱家的向心力、凝聚力、归属感。对"爱家"起到了非常重要作用。

三、活动主题

"我爱我的家"（图2-17）。

图2-17 "我爱我的家"爱家语录主题活动

四、组织实施

（1）由各班班长向学生发放通知，让各班学生了解此次活动目的。

（2）每个人都要收集5条经典名言，并从中挑选出30条给予奖励。

（3）本次大赛的优秀作品将在文化园地展示1个月。

五、工作经验与启示

在收集语录的过程中逐渐理解爱家的重要性。对关爱自己的家庭、谅解自己的家人有了更深层的感受。明白了爱家要怀有一颗感恩的心，珍惜身边的家人和生活，不断地用自己的行动去表达自己的爱和关怀。

第十八节
"新时代红色爱家"主题活动

一、活动背景

中国拥有悠久的历史，其中较引人注目的就是中国的传统家庭教育。因此，在当前的背景下，"传承好家训，建设好家风"课程将成为推进中国特色社会主义理论体系发展的重要载体，旨在帮助学生深入理解其内涵，并融入日常行为中，从而更好地实践中国特色的道德准则。

二、活动目标与意义

为了推动学校德育的持续改善，"培养好家风，继承好家训"被视为落实社会主义观的关键，并且在此基础上积极发掘"培养好家风，继承好家训"的精神内容及其他各种德育资源，组织各种形式且具有独特性的德育课程，以此来帮助学生树立健康的人格、思想以及道德标准，使他们能够在良好的环境下健康快乐地成长。

三、活动主题

"新时代红色爱家"（图2-18）。

图2-18 "新时代红色爱家"主题活动

四、组织实施

（一）活动前期宣传工作

（1）"传承家风家训"的宣传活动可以通过学校网站、校园专刊等进行。

（2）通过广播、宣传标语、宣传画、学校专刊、网络媒体、新闻媒体，弘扬优良的家庭价值观，倡导夫妻和谐、尊重长辈、关心下一代、节约资源、友善相处的理念，激励全体公民积极参与到家风家训的实践中，以推动全民共同构筑健康的道德环境。

（二）活动中期

通过"传承家训家风"文艺汇演，举办传播家庭美德《家庭文化》活动及其他形式多样且富有特色的活动，学生和家人在参与中获得了极大的收获，从而促进了他们的自身发展和幸福感的提升。

（三）活动后期

（1）开展知识竞赛活动。

（2）以多种形式收集"好家风好家训"并开展交流会。

五、工作经验与启示

中华民族的悠久历史中，家风、家训占有着不容忽视的地位。因此，除了继承它们外，还应该把它们融入当今的发展趋势中，从而更好地弘扬社会主义核心价值观，充分认识到在个人成长的过程中重视家风家训的重要性。

第三章
知育爱校

　　学校记录了学生热烈绽放、激烈昂扬的青春，孕育出精益求精、崇师尚学的工师精神。校园是学生成长的堡垒，学生要在这里提高自己学习和生活的战斗力。这就要求每一位学生爱护校园，其表达的方式可以是：尊师重道、爱护校园的一花一草、营造良好的学习氛围。爱校可以增强大学生对学校、专业的认同感和归属感，也对他们树立正确的三观，积极向上的信念和全面发展起着重要作用。换而言之，如果违反纪律、危害环境、破坏公物等就是在破坏校园的组织建设。在一个没有爱的环境中学习、生活，会大大降低学生的学习热情，也会影响身心健康[1]。

　　爱校要求大学生对学校有高度的认同感，这是高校构建和谐校园的重要体现。高校应该立足"以人为本，立德树人"的根本宗旨，大力加强校园文化建设，利用校训、校歌增强校园凝聚力，营造良好学风、校风[2]。

　　"爱校"活动并非仅仅是一些单一的庆典或者赛事，它是一种教育方式，一种塑造学生情感和品格的途径。通过开展各种形式的活动，学生不仅是在实际行动中展现了对学校的热爱，更是在这个过程中体验着关爱、友情、责任等多重情感的体验，潜移默化地影响着他们的成长。

　　在"爱校"活动的设计中，多样性是关键。丰富多彩的活动类型，旨在满足不同兴趣和特点的学生，激发他们参与的积极性，从而更好地传达爱校的理念。以下是一些常见的活动类型及其目的：

　　（1）志愿服务活动：通过组织校内外的志愿服务，让学生了解社会需求，培养责

❶ 王新学，李四忠. 高校爱校荣校教育的实施思路与行动策略——以上海理工大学基础学院为例[J]. 学校党建与思想教育，2009（13）：64-65.
❷ 徐晓宁. 高校思想政治教育与校园文化建设互动模式探析[J]. 思想理论教育导刊，2019（6）：146-149.

任感和奉献精神。

（2）校园美化活动：组织学生参与校园环境的美化和整治，培养他们对整洁有序环境的重视，以及对校园美好未来的愿景。

（3）社团交流展示：组织各种社团展示和交流活动，让学生了解不同社团的特点，促进多样化的兴趣发展。

（4）体育赛事：举办各类体育比赛，培养学生团队合作精神，同时强调体育健康的重要性。

（5）艺术文化表演：举办音乐会、舞蹈演出等文化艺术活动，让学生在表演中展现自我，培养自信心。

（6）主题讲座和研讨：组织专家学者讲座，引导学生关注时事热点和社会问题，培养批判思维能力。

"爱校"活动的意义不仅在于增强学生对学校的归属感和责任感，更在于培养他们的情感智力和社会责任感。通过参与各类活动，学生能够更好地认识自我，拓宽视野，培养社会适应能力和沟通合作能力。此外，"爱校"活动还能够促进校内师生的交流，加强师生之间的情感联系，营造积极向上的校园文化氛围❶。

因此，此类型的活动取得的效果也是显而易见的。首先，学生的情感态度得到了明显改善，他们更加愿意参与学校的各项活动，积极投身其中。其次，学生的团队协作能力和领导才能得到了培养，通过参与组织活动，他们不仅学会了分工合作，还锻炼了自己的组织策划能力。通过这些活动，学生不仅是在传递爱校的理念，更是在不知不觉中将这种情感融入自己的言行之中。

在"爱校"活动的过程中，学生也会培养出更多的积极品质，如耐心、坚韧、创新等。在志愿者服务活动中，学会关心他人，感受帮助他人的成就感；在社团交流展示中，培养团队协作精神，发现自己的潜力；在艺术文化表演中，锻炼自己的自信心和表达能力。这些品质将伴随学生一生，成为他们成长道路上的宝贵财富。

此外，"爱校"活动的积极影响还将扩展到学校整体氛围的塑造。积极的校园文化不仅能够激励学生的学习热情和积极参与的热情，还会吸引更多优秀的教师加入，形成一个良性循环。学校会因此变得更加和谐、充满活力，吸引着更多人的关注和认可❷。

最终，"爱校"活动的成果不仅仅在于校园内部，也会在学生离校后继续发挥积极影响。培养出具有社会责任感和公民素养的毕业生，在社会各个领域展现出更大的影响力，为社会的发展和进步贡献力量。他们所传递的爱与责任的理念也将在更广泛的范围内传播，影响更多人❸。

❶ 王卉.如何实施有温度的爱校荣校教育：以东南大学成贤学院为例探索[J].中外企业家，2019（5）：164-165.
❷ 西北师范大学党委.把思想政治教育融入校园文化建设[J].思想政治工作研究，2009（8）：48-49.
❸ 王帅，肖文旭.在校园文化活动中深化社会主义核心价值观教育[J].思想教育研究，2015（6）：78-80.

总之，"爱校"活动不仅是学校的一项传统，更是"五爱"教育中的重要内容。通过多样化的活动，培养学生的情感、品格和社会责任感，构建积极向上的校园文化。它所带来的影响将远远超出校园，延伸到学生的一生，甚至影响整个社会。在未来，我们应当继续坚持和发展"爱校"活动，让更多的年轻人从中受益，让这份爱与责任在时光的洪流中永远传承下去❶。

在如今竞争激烈的社会环境下，当代学生不仅要有扎实的学术素养，更要注重情感智力和人际关系。正因如此，"爱校"活动的价值与意义越发凸显。它不仅是一系列活动的堆砌，更是一种校园文化的孕育、一种精神的传承。

在"爱校"活动的设计中，多元化是至关重要的。各类活动从文化、体育、社会服务等多个维度出发，满足了不同学生的兴趣和需求。比如，在校园美化活动中，学生可以亲手参与其中，亲身感受通过自己的努力对校园环境的改善，从而培养他们的环保意识和责任感。在社团交流展示中，学生不仅可以展现自己的特长，还能结交志同道合的伙伴，形成有益的社交网络。通过这些多元化的活动，学生能够全面发展，培养各方面的能力。

"爱校"活动的成果和效果是多方面的。首先，学生的情感态度得到了积极改善。在参与各类活动的过程中，学生逐渐树立起对学校的自豪感和责任感，从而更愿意维护学校的声誉，积极参与到学校事务中。其次，学生的社会责任感得到了培养。通过志愿者服务等活动，他们深刻地认识到自己作为社会一员的责任，逐渐形成了积极的社会价值观。此外，"爱校"活动还培养了学生的团队合作精神。在体育赛事、社团展示等活动中，学生需要相互配合，共同达成目标。这锻炼了他们的协作能力、沟通能力和领导能力。同时，艺术文化表演等活动也培养了学生的自信心和表达能力，使他们能够在公众面前从容地展现自己。

"爱校"活动所带来的影响不仅仅局限于校园内部，它还会对学生的未来产生深远影响。

首先，培养了社会责任感和公民素质的学生将成为社会的中流砥柱。他们致力于解决社会挑战，积极投身于慈善事业，努力推进社会的健康进步。

其次，他们所传承的积极向上的情感和价值观将在社会中传播开来，影响更多人。这种积极的文化传承将为社会构建更加美好的价值观和行为规范。让学生确实领略到，爱校不仅是一种情感，更是一种责任和使命。通过丰富多彩的活动，"爱校"活动不仅培养了学生的情感智力和社会责任感，更塑造了积极向上的校园文化。这种文化不仅对学生个人的成长有着深刻影响，更将在社会范围内产生积极的影响。我们应该继续坚持和发展"爱校"活动，将其融入学校教育的方方面面，培养更多有情感、有责任、有担

❶ 张耀灿. 以社会主义核心价值体系引领和谐校园文化建设[J]. 高校理论战线，2012（3）：47-50.

当的年轻人，为社会的未来贡献更大的力量。让我们共同努力，用爱与责任共创精彩校园，共同谱写美好未来的篇章。

"爱校"活动作为"五爱"教育的重要组成部分，不仅在培养学生情感和品格方面具有显著效果，更承载着高深和悠远的校园文化精神。它通过多样化的形式，引导学生培养对学校的归属感、责任感和奉献精神，同时也在更深层次上影响着学生的人生观、价值观和社会责任感。

"爱校"活动的意义不仅仅局限于校园，更是关乎整个社会的未来。首先，培养了爱校情感的学生将成为传承校园文化的使者。他们在校园中的体验和培养将在日后影响他们的行为方式和价值观，从而传递积极向上的文化精神。这些学生将成为社会的骨干力量，推动着社会的文明进步。其次，"爱校"活动在一定程度上可以弥补现代教育体系中一些"冷漠"和"功利"的缺陷。在追求知识与技能的同时，培养情感和人际关系的教育也同等重要。"爱校"活动为学生提供了一个情感交流和人际互动的平台，让他们在温暖的人际关系中感受人性的温暖，体验共同成长的乐趣。最后，"爱校"活动不仅仅是学校内部的事务，它也能够与社会互动产生更广泛的影响。学校可以与社会资源合作，通过社会力量的参与丰富活动形式，为学生提供更广阔的发展平台。社会也可以通过关注和支持"爱校"活动，促进校园文化的建设，形成积极的社会氛围。

总而言之，"爱校"活动既是情感的表达，更是校园文化的传承。它的意义和影响不仅局限于学生个人，更涵盖了社会的发展。通过培养情感智力、社会责任感和人际关系，"爱校"活动为学生塑造了积极向上的品格，培养了他们积极参与社会的能力。在未来，我们应该进一步弘扬"爱校"活动的理念，使之成为教育的一部分，为培养更多的有情感、有责任、有担当的新一代贡献力量。让我们共同见证，"爱校"活动的意义在未来继续深远地发挥作用。

第一节
"天青色等烟雨，而我在等最美的你"主题活动

一、活动背景

为了更有效地促进校园文化，彰显优秀的学习氛围，让更多的师长成为学生的榜样，让培养和实践社会主义价值观成为他们的指南。引导全体师生参与中华民族的优良文化传统，增强学生的交流与合作，共创出优质的校园环境、优秀的师资队伍、良好的课堂氛围。

二、活动目标与意义

为了帮助新生更好地融入大学生活，为新生们创造一个展示自我的舞台，鼓励学生们在军训期间刻苦训练，树立新生榜样，丰富校园生活，展示当代学子风采，提高同学综合素质，体现新时代大学生的审美态度，展示风采，挖掘人才，深入贯彻"爱校"的理念，努力营造积极向上，健康文明的校园气氛，评选"最美新生"称号。本活动作为新生入校第一次大型活动，旨在为2023级新生提供展示风采的平台，展现出不一样的自己。

三、活动主题

"天青色等烟雨，而我在等最美的你"（图3-1）。

图3-1　"天青色等烟雨　而我在等最美的你"主题活动

四、组织实施

（一）活动流程

（1）报名需要经过官方的审核，一旦审核通过，将会获得报名成功的消息。

（2）报名时需要注明姓名、手机号（发奖时所需，可以不写），并写好参赛宣言。

（3）通过与周围的同学和朋友进行互动，为自己投票，每个微信号每天只能参与一次，持续7天。

（4）投票方式：点击投票链接，对话框内输入你所想投票者的编号/姓名即可进行对其投票，如用户转发的选手页面，那么可直接点击投票按钮进行投票。

（5）活动结束：根据每位学生的票数，通知获奖的学生领取相应的奖品。

（二）参赛要求

参赛选手应准备1~3张个人照片，要求照片清晰，展示个人风采，体现出大学生多彩风貌。参赛照片最好能够体现学校元素，如在图书馆、校门口、教学楼等校园内场景的拍照图片。

（三）奖项设置

根据线上评选的结果，给予相应的奖励。票满40者，获得到额外加分（2~4分），票数符合奖项者获取相应奖励。活动结束之后，主、协办方会公布本次活动获奖名单，获奖人员可凭借参与活动时的相关资料（报名时填写的手机号）到校负责人指定地点领取相应名次和奖励。

（四）活动注意事项

注明：本活动严禁刷票，一旦发现立即取消比赛资格。
备注：如何判定刷票？短时间内票数异常增长，系统会测定数据。

五、工作经验与启示

本次活动的开展，为刚刚步入大学的新生开启了展示自己的一扇窗，透过它可窥见了青春的风采，使校园生活充满了生机。本次活动展现了新生的优良精神风貌和青春风采，同时丰富了大学生的课余文化生活，营造大学生积极向上的文化氛围，促进大学生德智体美劳全面发展，使新生更好地融入大学生活。

第二节
"盎然春意，缤纷校园"主题教育

一、活动背景

满园春风来，花开遍野间。春天在众人的祈盼中悄然来临。原本暗淡的枯木已抽出新绿，原本单调的校园已花开满园。活动是为了深刻贯彻"爱校"理念，培养学生对摄影的兴趣，提高摄影技术，丰富课余文化生活，展示且创造丰富多彩的校园文化，培养学生们的审美情操，体会校园点点滴滴的风采，展现自我，提高个人修养。

二、活动目标与意义

为了更好地展示当代吉林工程技术师范学院学子的风采，提升学生的综合素质，体现新时代大学生的审美观，学校在校园内开展丰富多彩的第二课堂活动，以此来发掘优秀的人才，深入贯彻"爱校"的理念，并通过举办各种比赛来为学校的校园生活增添一个独特的亮点，努力营造一个积极进取、健康文明的校园氛围，让每一位学生都能够珍惜校园的美好时光。

三、活动主题

"盎然春意，缤纷校园"（图3-2）。

图3-2　"盎然春意，缤纷校园"主题教育活动

四、组织实施

（一）摄影主题

（1）行在工师：工师宜人的校园环境，美丽事物以及开展的精彩校园活动等内容。

（2）学在工师：体现工师学子积极的学习风貌和良好的学习氛围等内容。

（3）住在工师：体现宿舍成员的凝聚力和团结精神，和谐的寝室文化氛围以及舒适的学习生活环境等内容。

（4）食在工师：拍摄"舌尖上的工师"，展示工师独具特色的"网红餐厅"和琳琅满目的美食种类等内容。

（5）情在工师：友情、爱情、师生情及一切能表达工师学子积极向上的正能量内容。

（6）除此之外，能展现工师学子笃学敬业、求是创新等积极向上方面的摄影作品（照片、视频）均可参赛。

（二）活动要求

（1）作品应与活动主题相符，具有健康的内容和积极的态度，并具有新颖和创造性，不受题材和颜色的限制。

（2）摄影范围限制为学院校园景观及人物：拍摄角度自由把握，可以是平角、俯视角、仰角等；照片可以是单照也可以是组照，如果是组照参赛，则一组作品控制在3~5张，组照作品可以是不同角度的同处景色，也可以是相关联的多处景观。

（3）在作品中附上一张图片，并配上50字左右的文字说明。这些文字可以是描述画面中的美妙诗句，也可以是你拍摄这张图片时的初衷。

（4）作品必须为校园内拍摄的照片，且为原创，不得在网上下载，照片不能经过诸如Photoshop、CDR软件的加工，如有发现，取消参赛资格。

（5）每位参赛选手作品数量原则上不超过5份，评奖时原则上一个参赛者不能评2份以上奖项。

五、工作经验与启示

本次活动不仅丰富了学生的校园生活，展示了工师学子的积极向上、充满朝气的精神面貌，扩大了学校的号召力与影响力。使同学们明白此次大赛的意义在于以摄影的形式去捕捉校园多种多样的美，每个作品都拥有独特的寓意，拥有参赛者独立的视角与感悟，给予学生一种积极向上的力量。同时，也让大家发现了学校的美，使学生更好地融入学校，成为其中的一部分。

第三节
"爱校荣校，砥砺成长"主题教育

一、活动背景

为了加强学生爱校、荣校、护校、兴校意识，让学生知校史，明校情，唱校歌，践校风，深入了解学校办校历史，使学生在感受学校历史底蕴与人文魅力的同时，增强对学校的认同感、归属感、自豪感。

二、活动目标与意义

为了丰富校园生活，展示当代学子风采，提高学生综合素质，体现新时代大学生的审美态度，丰富校园第二课堂活动，深入贯彻爱校的理念，通过"爱校荣校，砥砺成长"主题教育，努力营造积极向上、健康文明的校园气氛，让学生学会珍惜校园美好时光。

三、活动主题

"爱校荣校，砥砺成长"（图3-3）。

图3-3 "爱校荣校，砥砺成长"主题教育活动

四、组织实施

（一）"爱校荣校，砥砺成长"主题团日活动

"三会两制一课"制度的《主题团日》活动旨在增进团员的思想观念，并促进团组织的教育工作。因此，每个班级的团支部都需要给予充分的关心，并且努力提供适当的帮助。希望通过这些活动，能够让更多的人了解并受益于"三会两制一课"的理念。为了更好地推广和传播知识，每个团队都应该根据自身情况来完善和改变学习内容，以便更加有效地举办活动。

（二）"爱校铭于心，荣校践于行"主题演讲

围绕"爱校铭于心，荣校践于行"的主题，展现爱校如家的校园氛围和感恩意识；结合自己的真实生活或身边的具体事例，表达自己对学校的爱；内容积极向上。演讲内容要求做到主题鲜明，积极健康。

（三）"我的青春故事"优秀校友分享会

通过与优秀毕业校友的交流，学生不仅能够更好地理解大学学习规划、考研、求职、考公等，而且还能够拓宽他们的学术视野，丰富他们的专业知识储备，为他们未来的创新创业提供坚实的基础。

（四）"我爱工师"校园创意设计大赛

为了积极推动美育教育，"我爱工师"校园创意设计大赛展开征集。作品以体现学校历史传承、发展定位、时代特色、校园风貌等为要求，展现新时代大学生的精神风貌和学校特有的文化元素，通过大赛力求培养学生的创新能力，增强学生的审美意识，激发师生们知校爱校的情怀，进一步弘扬和传播我校校园文化精神。

五、工作经验与启示

本次活动利用主题团日、主题演讲和优秀校友分享会等形式，让学生对学院及学校的发展有了更加透彻、深刻的了解，进一步增强了学生对学院和学校的认同感和归属感。同时，培养了学生知责于心、担责于身、履责于行的使命与担当，号召广大同学要由思而行，将"爱校情"转化为"报校行"，以只争朝夕、顽强拼搏的奋进姿态为学校的发展增光添彩。

第四节
"书香工师，薪火相传"主题教育

一、活动背景

在新时期必须大力弘扬中华优秀传统文化，提高民族道德素养，更好地推进中国特色社会主义建设。经典著作是我国优秀传统文化的一个庞大载体，也是我们民族精神的纽带，教育部2023年工作要点中也要求促进中华优秀语言文化传承弘扬，深入实施中华经典诵读工程。为进一步继承和弘扬中华优秀传统文化、营造浓厚的阅读氛围、提高学生人文素养、培养学子的民族自豪感和爱国主义情怀，学校开展大学生"品读经典，薪火相传"中华经典诵读系列活动。

二、活动目标与意义

为了推动校园文明建设，增强书香环境，充实和发挥师生的智慧，倡议大四学生"献爱心捐书"活动，旨在通过慷慨捐献的方式，帮助大学生获取到更多的图书，增加他们的视野，扩展他们的知识面，实践节能减排的理念，推动构建一个绿色、健康的校园。

三、活动主题

"书香工师，薪火相传"（图3-4）。

四、组织实施

（一）捐书种类

（1）教材类：涵盖各种专业领域的教学资料，如必修课、选修课等。

（2）各类辅导资料。

图3-4 "书香工师，薪火相传"主题教育活动

（3）工具书、词典、字典等。

（4）报纸、杂志、故事书等课外读物。

（5）名著、小说、散文等。

（二）前期准备

（1）宣传部做好海报和横幅。

（2）活动当天提前准备好所用工具：标签纸、胶水、双面胶、剪刀、照相机、若干袋子、纸箱、矿泉水、小卡片、笔等。

（3）活动当天提前布置会场，将所用桌子、凳子摆放到指定位置。

（4）提前下载好捐赠活动所用歌曲并调试好音响设备。

（5）提前打印好捐赠图书分类登记表，安排好上课期间活动场地值班人员，以便活动当日人员调动。

（6）在活动的前一天晚上，读书社成员进入大四学生宿舍发放倡议书，向大四学生解释此次活动的目的、所捐图书的用途。

（7）活动当日，将人员分为两部分：一部分在活动地点，接待前来捐书的大四学生，另一部分可以跟随有捐书意向的大四学生，去宿舍收集书籍，然后搬运到活动地点进行处理。

（8）学生会成员协助读书社部门成员对所捐书进行正确分类，贴标签。

（9）关于捐书人的赠书寄语，可以让捐书人在书的扉页或另贴便贴纸写上赠言，学习方法或对学弟学妹们的祝福语；同时对在表格上做好详细统计。

五、工作经验与启示

一本图书的捐赠带来的是友谊与憧憬，每一本书中都充满了智慧与激励。在书本的转换中，我们看到的都是彼此的祝福。本次活动既为学生的课业增添了乐趣，也增强学生的人格修养。

第五节
"传承红色文化，建设美丽校园"主题学习

一、活动背景

为深入学习贯彻习近平新时代中国特色社会主义思想，巩固深化"不忘初心、牢记使命"主题教育成果，激励全体学生满怀信心迈进全面建设社会主义现代化国家新征程，做到学史明理、学史增信、学史崇德、学史力行，以昂扬姿态奋力开启全面建设社会主义现代化国家新征程。

二、活动目标与意义

本次活动旨在引导师生树立正确的世界观、道德观、价值观，加深对党的认识，坚定中国特色社会主义信念。自主、自觉地学习党史，了解党史经过，珍惜前人带来的安逸生活，以史鉴今，发挥党的优良传统。学习百年党史，重拾红色记忆，传承红色精神，汲取奋进力量。

三、活动主题

"传承红色文化，建设美丽校园"（图3-5）。

图3-5 "传承红色文化，建设美丽校园"主题学习活动

四、组织实施

（一）"传承红色基因，弘扬红色精神"——打卡红色地标

各班成员自行组织游览红色旅游景点，利用与结合本地红色资源优势认真学习中国共产党党史，游览后以游记、Vlog等形式分享"云游"，共同学习党史。引领青年学生更

多地感受党的辉煌历史和巨大贡献，在历史教学中明理、增信、崇德、力行，开展"打卡中国红色旅游文化地标，传播中国红色旅游基因组"主题实践行动，通过寻访、瞻仰有特色的纪念馆、缅怀地、革命斗争圣地、先烈纪念陵园等中国红色旅游文化地标，重温中国共产党党史经历，重温革命斗争精髓，传播中国红色旅游基因。

（二）红色语录——读原著

党员、预备党员自行学习，并整理学习笔记或宣传推文，字数800字左右。党员和预备党员应认真阅读《中国共产党简史》《论"三农"工作》《新时代的中国青年》《习近平谈治国理政》第四卷等书籍，以深刻领悟党的理论，加强对党的理论和实践的理解和把握。

（三）红韵青年知——学习二十大，翰墨书情怀

为全面落实党的二十大精神，创新具有时代特色、富有感染力的书法、绘画等艺术形式，以此来表达对祖国的热爱、赞美、祝福，并创造充满温馨、快乐、美好的新春气息。书体不限，硬笔书法、软笔书法均可。

（四）红韵青年知——我和党徽同框照

通过拍摄党徽、党旗、团徽或者与具有党标志的卡通形象的合影，用简短的文字来表达对党和国家的热爱，并且表明我们将为民族复兴和国家发展做出贡献，为实现中国梦而不懈努力。

五、工作经验与启示

本次活动促进了校风学风的全面优化，形成了一批标志性的育人成果，培育了一批具有"信念坚定、作风扎实、艰苦奋斗、甘于奉献、敢于争先"特质的红色传人，为高校文明创建提供了良好工作示范。实践证明，推进革命文化的创新性发展，以红色文化引领高校精神文明、政治文明建设，助推高校物质文明、社会文明、生态文明建设，是新时代文明校园创建的有效路径。

第六节
"师德永相传"主题活动

一、活动背景

加强和改进师德建设是全面贯彻党的教育方针的根本保证。教师是人类灵魂的工程

师，是学生成长的引路人。教师的思想政治素质和职业道德水平直接关系到学校德育工作状况与健康成长，关系到国家的前途命运和民族的未来。从全面建成小康社会和实现中华民族伟大复兴落实科学发展观、科教兴国、人才强国战略的高度，充分认识新时期加强和改进师德建设的重要意义。

二、活动目标与意义

通过分享我校优秀教师的事迹，使同学们能够在教书育人实践中自觉践行社会主义核心价值观，树立职业理想，成为有理想信念、有道德情操、有扎实学识、有仁爱之心的好教师。

三、活动主题

"师德永相传"（图3-6）。

图3-6 "师德永相传"主题活动

四、组织实施

（一）寻找最美教师标准

（1）具有高尚的师德和良好的修养。热爱教育事业，热爱学校，具有大局观，具有团队精神和合作意识，勇于承担教育教学重任，服从组织安排，人际关系和谐，甘于奉献，关爱学生，深受学生的崇敬和爱戴，得到各级领导的认可和赏识。

（2）具有勤学的精神和丰富的知识。主动学习本学科和相关学科的知识、教育教学理论、优秀教师的典型事迹、时事政治和人文知识，具有深厚的文化底蕴，课堂教学具有一定的深度和广度，学生的良师益友。

（3）具有研究的意识和先进的理念。主动参加学校的学科交流活动，积极进行教育科研试验和探究，具有现代的教师观和学生观，形成以学生为本的"自主、开放"的课堂教学模式，师生关系融洽，课堂气氛活跃，培养学生的综合能力。教师既是知识的传播者，又是学生人生的引路人，帮助学生树立正确的人生观和成长目标，为大学生的终身发展服务。

（4）具有文雅的举止和阳光的心态。教师要举止文明，言行高雅，习惯良好，堪称学生的表率。具有乐观向上的心态，用微笑面对生活和困难，不利于团结的话不说，不利于团结的事不做，时时处处树立教师自身和学校的形象。

（5）具有出色的智慧和育人的艺术。积极思考，主动发展，善于把自己的知识和经验凝聚成智慧的"金钥匙"，用高超的育人艺术启发每个学生的心智，促进学生成功成才，努力践行"为每一个学生的终身发展负责"的教育教学理念。

（二）最美推荐

采取群众举荐和自我推荐两种方式相结合，推崇"每个人都是最美教师发现者"的原则。每个人都有一双发现美的眼睛，要用心去发现、挖掘身边教师身上的闪光点，努力使学校呈现"各美其美，美人之美，美美与共，天下大同"的情况。

（三）活动要求

（1）强化组织工作。"寻找身边最美教师"活动是师德建设的一件大事，是一次全方位挖掘、宣传师德楷模的重要活动，各教师要高度重视，积极参与推选与自我推选。相关宣传发动、收集材料、撰写颁奖词、设计版面等工作由学生会相关部门具体完成。

（2）严把推荐质量。各位教师要认真对照评选标准，选推出师德高尚，业绩突出，事迹感人，可敬可学的最美教师。

（3）加大宣传表彰力度，使"寻找身边最美教师"活动成为弘扬最美、追求最美、争当最美的过程。

五、工作经验与启示

三尺讲台，甘为人梯；与美同行，桃李芬芳。教师作为学生的榜样，对学生的言行、性格等都会产生深远的影响。而每一位教师身上都有自己的闪光点，体会老师的人格魅力，挖掘老师的美好品格，并使学生加以学习、感悟，以此提升学生的精神素养和自我品格。在活动中，各位教师都蕴含着一颗炽热的心，扣响每一个人奋斗的弦，激励着师生们"苟日新，日日新，又日新"，向美好明天进发。

第七节
"踔厉奋发，笃行不怠"主题教育

一、活动背景

吉林工程技术师范学院注重实践操作能力、从师任教能力和创新能力培养。2023年是学校成立65周年，在这65年来，学校一直有着良好的校园风气，这是学校传承的根本，这样的品质影响着学生的生活和人生。愿工师学子能弘扬校风，继续影响每一代工师人。

二、活动目标与意义

为传承学校精神，弘扬校风校纪，使工师学子更好地了解吉林工程技术师范学院的历史环境和建设情况，增进学生对学校的热爱之情，提高学生的校纪观念。

三、活动主题

"踔厉奋发，笃行不怠"（图3-7）。

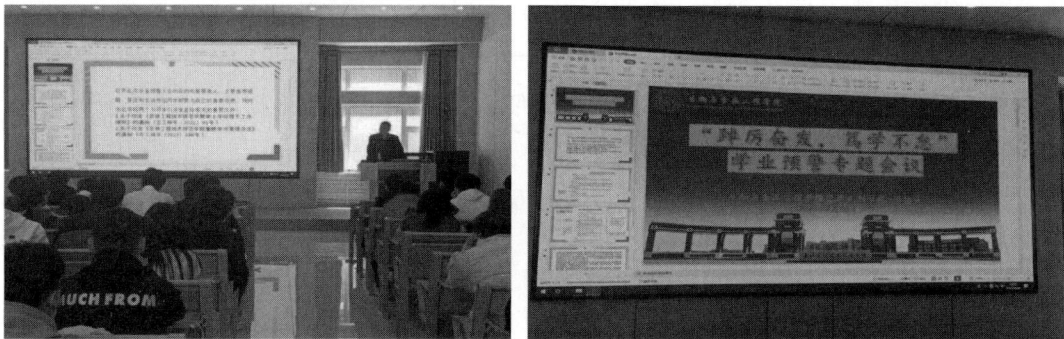

图3-7 "踔厉奋发，笃行不怠"主题教育活动

四、组织实施

（一）校史文化墙

各班自行收集学校成立以来的相关重要事件（可请教教龄较大的老师、网络搜索等途径）并撰写相关文章，各班班长统一收集上交后，于公众号中进行分享，并将上交的文章打印粘贴到机械楼一楼白板，以便大家了解校史。

（二）"知校史　忆初心"知识竞赛

本次竞赛通过线上平台进行答题，每位同学仅有一次答题机会，共20道单选题，参赛者在规定时间内进行答题，题库中随机生成包含知识竞答、看图竞猜等题型，每题5分，满分100分，按照答题的正确率进行排名，若正确率相同，用时短者排名靠前。根据实际答题和参与情况评选出一等奖、二等奖、三等奖，其余参赛学生获纪念奖。

（三）"我爱我校"演讲大赛

围绕"我爱我校"的主题，展现爱校如家的校园氛围和感恩意识；可以结合自己的真实生活或身边的具体事例，表达自己对学校的爱；内容上表现热爱学校、热爱班级、热爱老师、热爱同学的思想情感。演讲内容要求做到主题鲜明，积极健康。

（四）活动规则

（1）各班自行举行初赛，选派1名学生进行决赛。
（2）演讲内容符合主题"我爱我校"。
（3）语言流畅，表达清楚，富有感情，声音洪亮，口齿清晰，普通话标准。
（4）衣着整洁，仪表大方，举止得体。
（5）演讲时间2~5分钟左右，脱稿演讲。
（6）得分采取10分制，各评委平均分为选手的最后得分。

（五）活动要求

各班级要围绕活动主题，组织学生积极参与活动，同时要结合学生的自身特点，组织特色主题活动，调动班级的凝聚力、向心力和创造力，展现学生作为新时代接班人的良好精神风貌，续写工师华美篇章。

五、工作经验与启示

通过此次活动，旨在增强学生对学校的认识和了解，加深他们对学校的感情和归属感，更加深入地了解学校的学科设置、专业特色、师资力量、教学成果等，深刻领悟到学校的优良传统和精神内涵，意识到作为当代青年所应该承担的责任和使命，学习前人的精神，勇于创新，敢于实践，用自己的青春和热情，为学校发展续写新的辉煌篇章。

第八节
"师道传承，匠心育人"主题活动

一、活动背景

有一首赞歌最为动人，那就是师德；有一种职业最为美丽，那就是教师；有一种风景最为隽永，那就是师魂。为了深入学习贯彻党的二十大精神，努力办好人民满意的教育，加快青年教师的成长步伐，打造一支品德高尚、业务精良的高素质教师队伍，促进学校和谐持续发展，加强师范生师德教育，培养师范生的教师职业认同和社会责任感，进而将优秀教师的品质永远地留在吉林工程技术师范学院。

二、活动目标与意义

为使我校师范生传承学校教师"爱校"精神，弘扬精神品德，以教师职业道德规范作为切入点，结合优秀教师多年来在教育教学方面的亲身经历和感受，理解"为人师表"的深刻内涵和基本要求，明确师德的重要性。同时，为了勉励学生们热爱自己所从事的职业，坚守为人民服务的使命，以严谨认真的态度对待自己的工作，遵守职业道德规范，为实现自己的人生目标而努力奋斗。

三、活动主题

"师道传承，匠心育人"（图3-8）。

图3-8 "师道传承，匠心育人"主题活动

四、组织实施

（一）采访准备

初步了解这次获评情况：谁组织的？有多少人参与？通过什么方式参与？该教师的

排名情况。了解教师的基本情况：教授什么课程、年龄、性别、主要事迹。约定采访的时间、地点、方式。撰写采访提纲及事务准备（交通、采访团队、接洽人、设备等）。

（二）确定采访的主题

通过教书育人方面的突出事迹，多角度表现一个教师爱岗敬业的形象。

（三）采访重点

有关教师的基本情况（教龄、任教课程、是否班主任、总共带了多少届学生、获得荣誉等）；搜集教师钻研业务、创新教学方法方面的突出事例；搜集教师在学习、生活方面帮助学生成长的事例；反映教师与学生亦师亦友的和谐师生关系。

（四）重要场景画面

教师上课场景，老师与学生谈心，辅导作业场景，老师与学生一起开展课外活动场景，老师在家忙碌家务、批改作业的场景。

（五）采访要求

（1）如果条件允许，尽量与教师面对面采访；如果不允许，可以电话、视频等形式进行。

（2）根据自己的情况，拟定好访谈提纲。

（3）事先联系教师，告知访谈提纲，以便教师做适当准备。

（4）访谈时，做好详细记录，如果需要录音，须征得教师同意。

（5）访谈结束，务请感谢教师的支持与配合，有礼貌地与教师告别。

（6）整理访谈内容，撰写访谈实录，并发给教师过目，征求教师意见是否愿意发表。

（7）以访谈实录的形式呈现，可以用手写稿，最好用电子稿发给相关部门。

五、工作经验与启示

我院历来重视师范生师德、师风的养成教育，每年都会举行形式多样的师德主题教育，培养师范生的教育情怀和专业情感，在今后的学习和生活中自觉用实际行动证明，努力成长为光荣的人民教师，成为实现中华民族复兴的栋梁之材，为祖国的教育事业积极贡献智慧和力量。文化薪火，代代相传，愿未来的准教师们，以立德树人为根本，教好书、育好人、传承薪火，播种未来，做有理想信念、有道德情操、有扎实学识、有仁爱之心的好教师。

第九节
"诵校风，咏校情"主题活动

一、活动背景

校风是学校在办学过程中长期积淀而成具有行为和道德意义的风气，是校内乃至社会上具有极大影响力并被普遍认可的思想和行为风尚。吉林工程技术师范学院的校风激励了一代代教师和莘莘学子，同时也滋养了学校的事业发展。为了进一步加强校风建设，帮助师生了解学校的办学理念、治学特点、特色成就和发展前景，增强师生对学校的认同感、归属感、荣誉感、责任感，让校风文化成为引领青年思想和学校发展前进的航向标。

二、活动目标与意义

为增强团组织的吸引力和凝聚力，弘扬尊师重教之风，加强大学生感恩教育、爱校荣校教育，积极响应校团委和组织部的号召，培养共青团员高尚的爱国情操，营造工师优良学风。

三、活动主题

"诵校风，咏校情"（图3-9）。

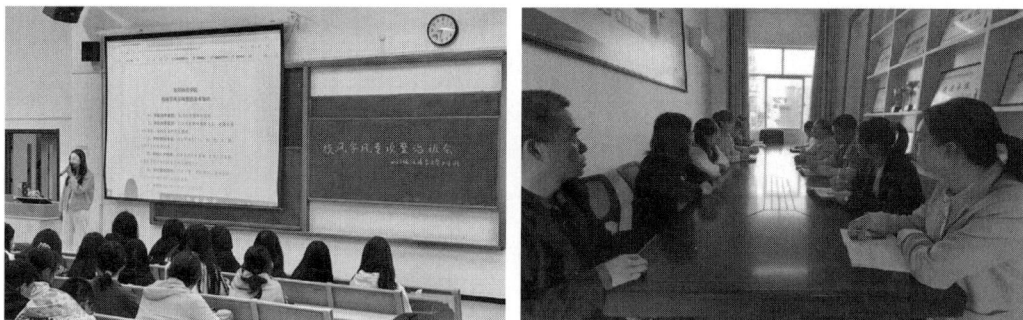

图3-9 "诵校风，咏校情"主题活动

四、组织实施

（一）活动内容

1. 举办"笃学敬业 求是创新"微视频比赛

为了进一步提升学生的诚信意识，弘扬诚信精神，举办"笃学敬业 求是创新"诚信微视频创作比赛，广泛宣传求学笃实的重要性，宣讲有关笃学、敬业、求是创新事迹，有效地将求学笃实转化为大学生的素养与行为。

2. 举办"感恩有你，让爱传递"手语操比赛

为了展现青年一代的精神面貌，营造良好的校园文化氛围，举办"感恩有你，让爱传递"手语操比赛，展现新时代大学生积极向上的精神状态，传递朋辈之间的关爱和力量。

3. 举办"遇见·工师·时光"主题摄影比赛

为了展现学校浓厚的历史文化底蕴，弘扬校园人文情怀，举办"遇见·工师·时光"主题摄影比赛，从湖光波影中倒映环境的清幽之美，展现师生在工师最美的"遇见"，最向往的"时光"，厚植爱校荣校情怀。

4. 举办"居尔雅之室，树洁净之风"宿舍文化节

为了进一步创造和谐的校园生活环境，培养同学们的团结、合作精神，增进寝室成员之间的关怀、友爱之情，开展"居尔雅之室，树洁净之风"宿舍文化节，丰富学生的课外生活，感受校园生活的温馨和美好。

5. 举办"榜样勇争先　精技促发展"技能竞赛经验交流会

为了增强广大学生对技能竞赛的理解与认知，广泛宣传国赛获奖选手的优秀事迹，邀请国赛获奖选手来校作"榜样勇争先　精技促发展"技能竞赛经验交流分享会，强化学生的职业能力和职业素养，营造"人人重技能、个个展风采"的学习氛围。

（二）活动要求

1. 加强组织领导

各责任单位和二级学院要高度重视此次主题教育实践系列活动，把弘扬校训精神作为加强师生思想政治教育的有效载体和重要举措，精心组织落实，确保活动质量。

2. 注重营造氛围

要充分运用校内外各类媒体平台，采取灵活多样的宣传方式，强化对主题系列活动的宣传报道，营造浓厚的舆论氛围，最大限度地调动广大师生的参与积极性。

3. 做好活动总结

各活动单元责任单位要对所负责的活动进行简要总结，及时报党委宣传部。

五、工作经验与启示

本次活动为了充分营造我校师生校风的传承，让学生对校风有更好的理解与继承，"爱校荣校"铭刻在学生的心中。本次活动不仅增强了班级凝聚力，更增进了同学们的感情，为今后大家在学习生活中的团结合作奠定了良好的基础。

第十节
"与绿相伴，向美而行"主题活动

一、活动背景

为了深入贯彻党的二十大报告中"人与自然和谐共生"的现代化绿色发展观念，明确新时代中国生态文明建设战略任务的总基调是推动绿色发展，促进人与自然和谐共生。吉林工程技术师范学院植树节这天，开展"创绿、爱绿、护绿"创意、实践体验系列活动。在这大地回春、世界万物呈现勃勃生机之际，将学习知识与劳动实践结合起来，增强环保意识，为创建省级绿色学校添风采。

二、活动目标与意义

本次活动旨在贯彻落实党的二十大精神，用实际行动践行国家环保发展理念，增强学生环境保护意识，号召学生们主动培养劳动意识，养成劳动习惯，树立学生学院的主人翁意识，为美丽校园、文明校园建设贡献力量。以此培养学生健全人格和良好道德风尚。同时，也为了展现出我校优秀学子的新时代风貌，并且引导学生明确奋斗目标，规划学业生涯。

三、活动主题

"与绿相伴，向美而行"（图3-10）。

图3-10 "与绿相伴，向美而行"主题活动

四、组织实施

1.绿色环保主题班会

各班级首先以班级为代表分发"与绿相伴，向美而行"倡议书，并且开展有关"建

绿色校园，树绿色理想"为主题的班会，以班级为单位进行"植树节"募捐，募捐方式要强调自愿原则。

2. 室内绿色屏蔽创意设计大赛

以班级为单位，同学为各自班级的绿色布置做好设计，设计稿必须图文并茂，说明设计意图，书面或电子稿均可。再将各班绿色创意设计作品发布到公众号上，供教师、学生、网络游客进行网络投票，请专业老师评价，评出最佳创意奖、优秀设计奖若干名，给予奖励。

3. 宿舍绿色实践活动

各班根据室内绿色设计，对班级寝室进行绿色布置，通过购买花、草或者其他物品美化班级，但是班级布置不可花哨，要得体、美观大方、经济实惠。

4. 室内绿色实践养护

网络搜索养护绿色生命的知识，也可以咨询行家、有经验的长辈，增长呵护绿色生命的知识；保护好教室的环境，确保设计方案得到全面保护。

5. 植物树种挂牌

可成立生物兴趣小组，成员在5~10人内，并由各班班长带领各小组对学院的植物树种进行分类，制作精致的卡片给植物挂牌。

五、工作经验与启示

植树节是为了激发人们爱木、造林的感情，促进国土绿化、保护人类赖以生存的生态环境。以3月为植树节契机，在全校学生中开展形式多样的植树绿化护绿行动和植物种植实践体验活动，做到人人参与宣传与实践行动相结合，从而学生在活动中体验成功的喜悦，增加对植物生长的了解，增强环保意识，以达到为班级、学校、社会增添绿色、净化、美化环境的目的。令学生在活动中体验成功的喜悦，增加对植物生长的了解，增强环保意识，生态意识，以达到为班级、学校、社会增添绿色，净化、美化环境。

第十一节
"校史志愿讲解员"招募

一、活动背景

随着学校校史馆建设工作的进一步完成，我校准备面向学生招聘一些了解学校历史的学生，以便更好地让学生知道本校的背景，更好地去发扬我校的风格和传统，让更多的人深入地感受我们工师的魅力。在学校领导和老师们的帮助下我们决定招聘志愿者。

二、活动目标与意义

为培养更好更优秀的大学生，我校组织校园活动锻炼学生意志，提高学生能力。作为一个在校大学生来说了解学校历史是一件很有必要的事情，我们招聘校园志愿者对校史进行讲解，帮助我们去看更有意义的工师。

三、活动主题

"校史志愿讲解员"（图3-11）。

图3-11 "校史志愿讲解员"招募活动

四、组织实施

（一）活动前期

1. 前期宣传工作

（1）在学校大屏幕上播放招聘志愿者的信息和校园内发布消息，以便学生能更好地知晓和了解活动的内容。

（2）通过宣传"志愿者"的理念，我们可以培养一种不求回报、无私奉献的精神，这种精神要求我们以无私的心态去帮助他人，而且永远都不会索取任何回报。

（3）宣传此次讲解校史的活动，并规划好各个班级的参观时间。

2. 志愿者培训阶段

（1）对志愿者进行筛选，主要是想看到对志愿者的助人为乐的精神和语言表达能力、对校史了解程度上一些相关的东西。

（2）为了更好地体现我校的历史需对志愿者学生进行培训，主要是提高志愿者的语言表达能力和对学校相关历史的熟练度。

（二）活动中期

（1）组织好各班同学到指定地点进行参观。

（2）维护好现场秩序和卫生。

（三）活动后期

每班上交3张参观照片和3份参观心得。

五、工作经验与启示

校史是一部记录着学校发展历程的宝贵资料，它不仅是一种物质财富，更是一种精神财富。它汇集了一所学校的历史、文化以及传统，构成了一套独特的且传承至今的教育体系，为我们提供了一个可以深入理解和学习的环境。校史文化是一种极具影响力的环境教育力量，它不仅对学生的身心健康有着巨大影响，而且还可以激励他们做出更好的选择，从而使他们更加自信、更有创造性地完成自己的职责。因此，学校应该充分利用这一资源，取得教育的最大效果。

第十二节
"激扬青春爱与奉献"主题演讲比赛

一、活动背景

为了丰富在校学生生活，提高他们的演讲技巧和口头表达能力，营造良好的学术氛围，学校特意组织了一场精彩绝伦的演讲比赛，以此来激发学生的潜能，拓宽他们的视野，提升他们的自信。

二、活动目标与意义

为了营造"我爱我校"的温馨校园氛围，增强学生爱校如家的意识，加强学生对学校的深度了解和热爱，学校为同学们提供一个展示自我的平台，锻炼他们的演讲能力以及口头表达能力。

三、活动主题

"激扬青春爱与奉献"（图3-12）。

图3-12　"激扬青春爱与奉献"主题演讲比赛

四、组织实施

（一）参赛要求

（1）本次比赛演讲稿的内容必须围绕"激扬青春爱与奉献"的主题，结合实际，突出亮点，主题鲜明，积极向上，切忌空谈理论。

（2）参赛者可以选择中文或英文，进行站立式脱稿演讲。

（3）所有参赛者都必须提前15分钟进入比赛现场，并且需要有相关人员签到。

（4）比赛顺序由抽签决定。

（5）在比赛开始之前，所有参赛者都必须按照规定的时间参加。

（二）宣传及报名

全面开展大赛的宣传及报名活动：

（1）与宣传部合作，设计出多种形式的宣传活动，包括宣传板、海报、横幅等，并将这些活动的内容广泛地投射到校园内的每一栋建筑中。

（2）与各个班级合作，各班班委向全体学生发布信息，以更加细致、深入的方式进行宣传。

（三）规则细节

大赛分为预赛和决赛两个部分。

1. 预赛（考察选手的基本演讲素质）

在5分钟的时间里，参赛者先做一个简短的自我介绍，然后就所涉及的话题发表3

分钟的精彩演说，并以分值排名的方式，择优晋级八强。

2. 决赛

（1）主持人开场白。

（2）参赛者需要在赛前根据抽签结果排成一个小组，并进行1分钟的英文自我介绍以及5分钟的主题演说。

（3）参赛者与观众进行互动，观众说出一个字，台上的选手说出一首包含这个字的诗歌。

（4）宣布上一轮得分，淘汰两名选手，获得优秀奖。

（5）即兴演讲。大屏幕上给出6个题号，每个题号后面对应一个题目。按照赛前抽签顺序由第一个选手选择题号，30秒准备时间后开始即兴演讲，时间约为2分钟。其他选手照此依次进行。

（6）经过评委打分，最终宣布比赛结果及获奖者的名单。

（7）当所有的观众都拍下照片后，主办方宣告这次活动圆满落幕。

（四）评分过程

通过两轮评估，按照得分的高低顺序来决定一等奖、二等奖、三等奖。为了保证公平、公正和公开，邀请校领导参与整个评选过程。

五、工作经验与启示

学校的历史和文化是学校的重要组成部分，通过了解学校的历史和文化，可以让学生更好地了解学校的发展历程和发展方向。学校组织的各种活动是学生展示自己才能的舞台，通过参与学校的活动，可以让学生更好地了解学校的文化氛围和校园生活。

第十三节
"工师带给我的感动"主题活动

一、活动背景

作为吉林工程技术师范学院的新生，将在这里度过四年的美好时光，每一棵树、每一片草地都将见证着学生的成长与蜕变。加入工师，是梦想的开端，也是踏上更加广阔的征程的起点。在工师的点点滴滴都将成为美好的回忆，校园生活多姿多彩带来了欢乐、美好和感动，都是令人难忘的。

二、活动目标与意义

为了增强学生对学校的了解，学校组织以"工师带给我的感动"为主题的活动，旨在让新生通过初入工师时所见所闻所感表达新生对大学生活的美好期望，并加深对工师的了解，增强新生对大学生活的认同感和归属感，让新生对大学生活充满期待。

三、活动主题

"工师带给我的感动"（图3-13）。

图3-13 "工师带给我的感动"主题活动

四、组织实施

（一）会前准备

（1）以班级为单位，每班选荐三位选手参加比赛。

（2）由各班负责人通知本班学生比赛的主题、要求、举办时间和地点。

（3）安排选手的比赛顺序，并通知评审团到场。

（4）工作人员提前到达现场，调试设备，清理现场，为评委安排座位以及准备饮用水。

（5）主持人提前熟悉比赛流程。

（6）班干部组织学生到场观看本次比赛。

（二）比赛流程

（1）主持人上台致开幕词并宣布比赛开始。

（2）主持人介绍到场嘉宾，阐述比赛的细节以及奖项设置。

（3）在比赛中，现场抽题来确定参赛者的即兴表达题目，并让他们在3~5分钟的时间里完成脱稿演讲。

（4）评委经过精心评审，最终决出比赛的胜负，并公布最终的排名。

（5）主持人致结束词，感谢评委，恭喜得奖同学宣布活动结束。

（三）比赛结束

（1）先请评委和老师离场。

（2）收拾场地，工作人员负责打扫卫生。

（3）写好活动总结。

（四）注意事项

（1）比赛期间注意保持赛场安静。

（2）中途不得无故退场。

五、工作经验与启示

通过感动校园故事分享，让学生更深层次体会学校的文化底蕴，加深对学校的认同感。不仅仅是刚步入大学的新生期望在校园中找到归属感和融入感，对于高年级的学生同样如此，校园生活是一个特殊的环境。他们渴望能够找到自己的定位，建立新的友谊和联系。大学带给学生的感动不仅是这些活动，还有更多、更深刻的东西等待着大学生去发现和体悟。正如"人生没有彩排，每一天都是现场直播。"所以把握每一天，努力奋斗，不断进步，相信通过努力和付出，一定能在大学收获更多的感动和成就。

第十四节
"绿碳生活，文明你我"校园环保主题教育活动

一、活动背景

雾霾一直以来都是一个严峻的问题，不仅增加了人们患肺癌的风险，而且"温室效应"也使得本就脆弱的环境更加恶化。所以校园环保是一个必须实行的行动。

二、活动目标与意义

为了提升大学生的环保意识，弘扬大学生良好的精神面貌，学校组织了大型的环保公益活动。旨在唤醒学生的环保热情，并鼓励他们积极参与到保护环境的行动中来。希望通过这次活动，让同学们从身边的点滴小事做起，做个环保的有心人，让我们的生活更美好。

三、活动主题

"绿碳生活，文明你我"（图3-14）。

图3-14 "绿碳生活，文明你我"校园环保主题教育活动

四、组织实施

（一）活动前期宣传工作

（1）在教学楼、宿舍楼、食堂的宣传栏上贴宣传海报。

（2）告知各个院系的老师和班长，通过他们进行各班级的宣传，选出每班的"校园环保大使"。

（二）活动中期

由每班的"校园环保大使"带领本班学生在指定时间和地点进行监督，及时制止学生破坏校园环境的行为，并随时随地维护校园卫生。

（三）活动后期

（1）各班组织第一次交流会，交谈本次活动的感悟。

（2）交流会结束后，每班上交一份图文总结。

五、工作经验与启示

学校是一个充满活力的地方，它不仅提供了丰富的课堂知识，更培养了学生的道德品质和情感素养，而这些都离不开良好的校园环境。它是保障学生学习的基础，也是学生成长的催化剂。空气清新、绿荫蔽日、楼房林立、绿色植物簇拥，这些都构筑出一个完美的校园环境，它既可以让学生的学习得到更佳的体验，又可以让学生的健康得到更大的保障。

因此，为了营造一个健康、有序的学习和生活氛围，我们必须采取一系列措施，包括培养健康的饮食、文明礼仪、绿色健身等。让全体师生都拥有一个健康、舒适的学习和工作空间，让"校园是我家，卫生靠大家"的理念深入每一个角落，让全体师生都拥有一个健康的心灵港湾。为了提高学校的整体形象，需要定期检查和清洁。同时还要鼓励学生热衷于保护学习场所和周边的景观。通过这些措施，可以建立一个让每个学子都喜欢学习的场所，为他们的学习和成长提供更加舒适的环境。

第十五节
"唱爱校之歌，抒爱校情怀"校歌大赛

一、活动背景

校园是学生成长的摇篮，为了进一步推进素质教育，弘扬我校校歌，丰富校园文化，激发学生的艺术潜能，培养他们的创新精神和审美能力，为学生提供更多的锻炼机会，促进师生共同成长，实现校园和谐发展，我校决定举办校歌比赛活动。

二、活动目标与意义

为了唤起全校师生对学校的热爱和归属感，提高学校的凝聚力和文化氛围，我们计划组织一场主题为"唱爱校之歌，抒爱校情怀"校歌大赛。通过唱爱校之歌，表达对学校的热爱和情怀，促进师生之间的交流互动，增加校园活动的乐趣，激发学生的演唱能力。

三、活动主题

"唱爱校之歌，抒爱校情怀"（图3-15）。

图3-15 "唱爱校之歌，抒爱校情怀"校歌大赛活动

四、组织实施

（一）比赛要求

（1）请参赛选手在规定的时间和地点提前10分钟签到。如果比赛开始后未进行签到将被视为自动弃权。

（2）参赛选手按抽签号顺序上场演唱。

（3）每位参赛选手演唱时的唱法不限。

（4）在比赛开始时，所有选手都必须保持专注，不能中断表演。演唱结束后，不可以要求再次演唱。

（5）参赛选手富有时代气息。

（6）参赛选手以评委打分的综合平均分为最后成绩得分，满分为100分。

（二）评分标准

1. 满分为100分

（1）舞台效果（20分）。

（2）音色音质（30分）。

（3）演唱技巧（50分）。

2. 以下情况酌情扣分

（1）服饰不协调，搭配不和谐。

（2）台风不正，精神状态低落，发音不清晰。

（3）音声脱节，跟不上伴奏带。

（4）表演过于柔弱，无法充分展现歌曲的主题。

（5）声音过低，伴奏声压住演唱声。

3. 评分办法

（1）采取评委均分制。

（2）评委会依据评分标准给出评分，并记录每项得分。

（3）小数点后保留2位小数，报分时报到小数点后2位。

（4）在得分相同的情况下，则取并列名次。

五、工作经验与启示

激发师生们的爱校之情，让校园充满激情和活力，提高学校的凝聚力和归属感。同时，希望通过比赛的方式，发现和展示优秀的音乐人才，丰富学校文化生活，促进学生的艺术修养和综合素质提升。相信这场校歌比拼大赛将成为学校活动的一大亮点，给师生带来难忘的回忆和愉悦的体验。呼唤我们更加关注和重视艺术素质和文化素养，深入挖掘和培养学生的多元智能和创新能力，拓宽学生的视野，促进学生的全面发展与成长。

第十六节
"爱校薪火相传"主题活动

一、活动背景

为了让新时代的吉林工程技术师范学院学子们展现出最美好的青春活力，增强他们的自信心和自豪感，增进思想交流，推动校园文化的发展，丰富校园文化知识，有效地分配、利用资源，拓宽在校学生知识面，校学生会特别举办"爱校薪火相传"主题演讲比赛。

二、活动目标与意义

以"爱校薪火相传"为主题，尽情发挥参赛选手的自身风采和演讲才能，让他们尽情展示出其个性，并用独特的视角来展示其观点。调动全校师生积极准备，增强同学们的自信心、自豪感，繁荣校园文化，发扬比赛的优良传统，选拔优秀演讲人才。

三、活动主题

"爱校薪火相传"（图3-16）。

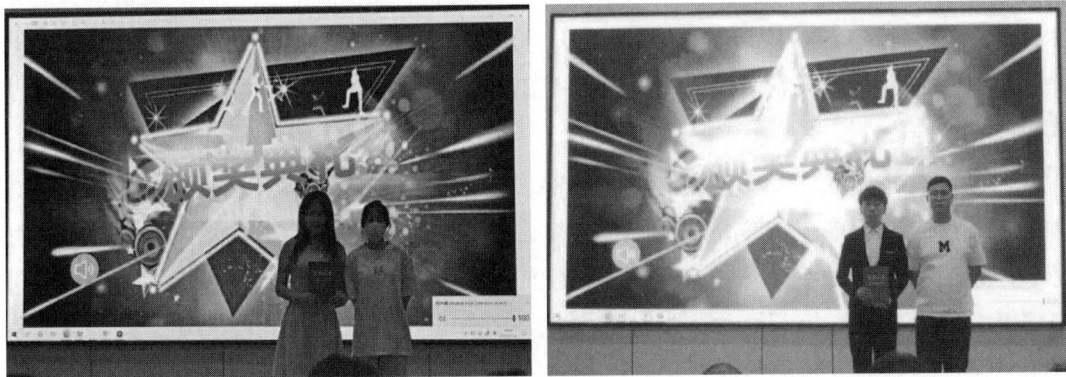

图3-16　"爱校薪火相传"主题活动

四、组织实施

在这次活动中，围绕活动主题确定演讲内容，深入探讨内心感悟、收获以及难忘的经历等。演讲稿要求具有明确的主题，丰富的内容，鲜明的思想，真挚的情感，优美的语言，强大的感染力以及重要的教育意义。且必须是原创作品，禁止抄袭。演讲者采用站立式脱稿演讲，使用普通话，抑扬顿挫，富有激情，可恰当使用肢体语言。对学生学习、生活、成长等起到正面宣传和引导作用。

评分采用10分制，计分去掉一个最高分和一个最低分后取平均分。具体评分标准如下：

1. 演讲内容（4分）

这次演讲的重点是观点清晰，具有较高的理论价值，并且具备良好的语言表达力和优美的语言风格。

2. 演讲技巧（3分）

语言流利、表达清晰、情感丰富、节奏明快、身体姿态恰当、停顿自然、激励人心，具有吸引力。

3. 气质形象（1分）

具有出众的气质和形象，表情自然，举止得体，肢体语言运用恰当，上下场互动热情地表达感谢之意。

4. 服装（1分）

演讲选手服装得体，仪表大方。

5. 演讲时间（1分）

3~6分钟。

五、工作经验与启示

通过此次比赛，选手们从不同的角度声情并茂地解说校园文化，将校史讲解大赛演绎成一场与历史的对话，进一步加深了在场每一位老师和同学对校园文化的认知与理解，每位演讲者都用最真诚的语言和对学校的拳拳之心讲述了大学的不凡经历，展望了美好光辉未来。

此次比赛形式丰富多样，展示内容精彩纷呈。积极倡导蓬勃向上的校风，激发广大师生对学校的自豪感、认同感和归属感，增强爱校荣校意识。传承校园文化是全校师生义不容辞的责任和义务，通过此次比赛，学生们切实提高了演讲能力和水平，也进一步引导更多的师生关注校园文化，使校园文化育人作用更加凸显，让校园文化这朵耀眼的文明之花在美丽的校园里绽放。

第十七节
"我爱我校"校训征文比赛

一、活动背景

校训是校园文化的精髓，是一个学校精神和灵魂的象征，是学校办学理念和历史传统的积淀，也是学校创造未来的重要精神动力源泉。陶行知指出："千学万学学做真人，千教万教教人求真。"旨在教导我们如何成为一个有价值的人，建立坚固的基础，提升我们的技能，增进我们的实战能力，为我们的祖国做出贡献。

二、活动目标与意义

为进一步弘扬我校的校训精神，激发学生的爱校情感，策划了这场"我爱我校"校训征文比赛。通过此次活动，旨在引导学生深刻体会校训的内涵。通过写作的方式，展示对校训的理解以及对学校的热爱之情。为了响应"五爱"教育活动，同时也是为了更好地展现出新时代背景下的校园文化，继而开展的暖心接力赛以此来展现校园的活力风和人文风。

三、活动主题

"我爱我校"（图3-17）。

图3-17 "我爱我校"校训征文比赛活动

四、组织实施

（一）前期宣传工作

（1）张贴海报，做好本次活动海报宣传等事项。

（2）稿件收缴工作、截稿。

（二）征文内容

六十周年的校庆是一个重要的里程碑，可从不同的视角或学校不同的发展时期回顾过去六十年的辉煌，并向所有的工作人员和学生致以最真挚的祝福。

（三）征文要求

（1）文章题材不限，题目自拟，字数3000字以内（诗歌不限字数）。
（2）文章旨在传播正能量，必须是原创作品，严禁抄袭和篡改。
（3）字迹清晰，用正规稿纸抄写或电子邮件上交。
（4）交稿时注明作者的真实姓名及详细的联系方式。

（四）评选工作

公布获奖结果，颁发证书。

五、工作经验与启示

校训是学校教育的重要组成部分，它代表着学校的价值观和信仰，蕴含着深刻的教育意义，需要用实际行动去践行和体现。在未来的学习和生活中，全校师生不断努力践行校训，不断提高自己的素质和能力，为实现自己的人生目标而努力奋斗。

第十八节
"知我校园，爱我校园"主题讲座

一、活动背景

随着现代社会的迅速发展，学生的注意力逐渐偏离校园，导致了对校园环境和文化的忽视。为了增强学生对校园的了解和认同，提高他们对校园环境的热爱程度，学校策划了"知我校园，爱我校园"的活动。活动旨在弘扬爱与友善的校园文化，通过各项有趣的活动和互动体验，增进学生之间的情感交流和友谊，构筑温馨和谐的校园环境。

二、活动目标与意义

通过举办此次活动，旨在增强学生的团结友爱意识和团队合作精神，加强学生之间的交流与合作，激发学生对校园环境的热爱和关注，同时提高学生对于环保意识的认知。

三、活动主题

"知我校园，爱我校园"爱校荣校美校系列活动（图3-18）。

图3-18 "知我校园，爱我校园"主题讲座活动

四、组织实施

（一）活动前期宣传工作

开展环保主题讲座，邀请环保专家分享校园环境保护的重要性和方法。

（二）活动中期

组织学生参与校园环境整治活动，如垃圾清理、植树造林等。

（三）活动后期

设立环保宣传展览，展示学生们的环保行动和成果，提高环保意识。

五、工作经验与启示

了解校园不仅止于表面的了解，更要融入其中，爱护校园环境，关心校园事务。在校园中,积极参与各类学校活动,关注校园建设的进展。只有了解和爱护自己的校园,才能更好地发挥自己的作用,为校园的繁荣做出贡献。每个人都应关注校园的发展动态,积极参与校园事务,同时以积极的态度面对各类政策,为我校的发展贡献自己的一份力量。做到"知我校园,爱我校园"。

第十九节
"校史文化节——寻找工师最有韵味的物件"主题活动

一、活动背景

"爱校"作为"五爱"教育中的一部分,对于大学生思想政治教育起着不可忽视的作用。"寻找工师最有韵味的物件"活动旨在增强大学生的"爱校"意识,沉淀教工对学校的感情。工师最有韵味的物件是学校特色文化的一种凝练,承载着一个学校浓厚的历史底蕴和文化内涵。活动推广既有利于学校形象的发展、扩大学校影响力,也为广大学子感怀母校、心系母校提供一种途径,促使院系和校园更加有凝聚力。

二、活动目标与意义

学生们从四面八方而来,汇集在学校,这是一个新的地方,是学生们的第二个家。"寻找有韵味的工师物件"爱校活动,旨在增强新生对学校的热爱,沉淀教工对学校的感情,为学院及学校增强凝聚力,并激发学生发掘、保护和传承学校文化遗产的热情。

三、活动主题

"校史文化节——寻找工师最有韵味的物件"(图3-19)。

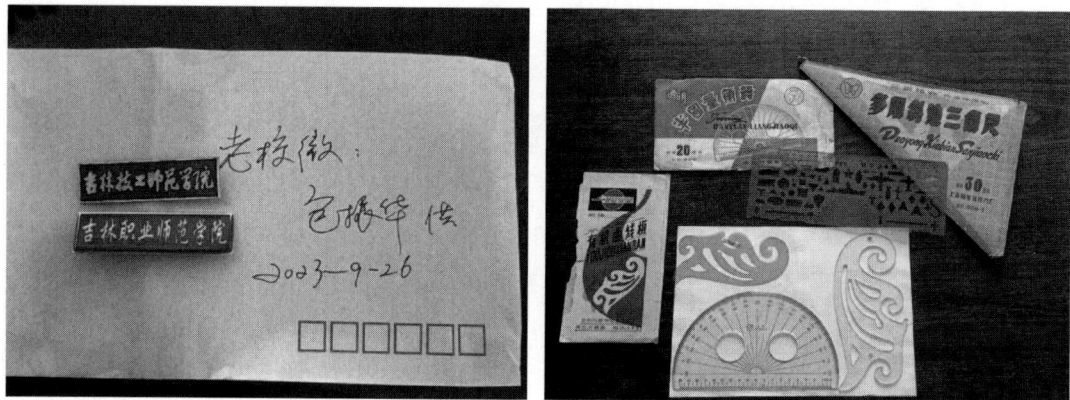

图3-19 "校史文化节——寻找工师最有韵味的物件"主题活动

四、组织实施

（一）征集条件

（1）图片可以是工师最美风景、工师独特建筑等。

（2）新、旧照片对比更佳。反映不同时期学校的变化。

（3）可以报送单幅或组图，组图不超过3幅，每幅图片大小不小于2M，.JPG格式。

（4）每幅图片须注明班级、姓名和联系电话。

（5）图片必须为原创，并且可以通过软件进行后期处理，但必须保持作品的原有外观。任何形式的合成、添加或删除，以及对颜色的大幅度改变都是不允许的。

（二）评选表彰

通过吉林工程技术师范学院全体学生投票选出最能体现学校韵味的照片。

五、工作经验与启示

学校的过去不仅是一段记忆，更是一份宝贵的财富，它激励着学校的未来。通过寻找最有韵味的物件，感受学校的浓厚底蕴和独特魅力。同时，只有真正了解和传承学校的历史文化，才能更好地铭记过去，面向未来。在寻找最有韵味的物件时，需要具备一定的观察力和洞察力，时刻保持专注，仔细观察周围的环境，以便能够发现那些被埋藏在岁月中的宝藏。

第二十节
"一屋不扫何以扫天下"主题教育

一、活动背景

"爱校"作为"五爱"中的第三爱，对于大学生思想政治教育起着不可忽视的作用。此次活动旨在增加大学生的爱寝意识，由爱寝上升为爱校，从小事做起，以小见大。让学生们有良好的生活环境，减少疾病的发生。培养学生良好的卫生习惯，同时也是为了增强学生之间的团结协作，增进学生之间的和睦相处，促使学生以良好的精神面貌投入学习中。

二、活动目标与意义

"一周寝室清洁活动——'一屋不扫何以扫天下'"爱校活动，可增强新生对寝室和学校的热爱，促进寝室感情，建设"绿色校园"。

三、活动主题

"一屋不扫何以扫天下"（图3-20）。

图3-20 "一屋不扫何以扫天下"主题教育活动

四、组织实施

（一）活动前期宣传工作

（1）在教学楼、宿舍楼、食堂的宣传栏上贴宣传海报。

（2）告知各个院系的老师和班长，通过他们进行各班宣传，组织学生积极参加比赛。

（二）活动中期

（1）各班级组织评选最干净的寝室。

（2）各学院从各班级交上来的最干净卫生的寝室照片中择优予以"优秀寝室"的称号。

（三）活动后期

选出优秀寝室后发布在公众号上进行后期宣传，鼓励本校学生向优秀寝室学习，维护好寝室卫生。

五、工作经验与启示

通过这次活动，希望能够让学生们更加重视宿舍的内务，培养他们良好的文明素养，以及团队合作精神、社会责任感和理想信念。通过这些努力，希望让学生更加认识到宿舍作为一个生活空间的重要性，并在思想上受到洗礼。

第二十一节
"诗香书韵"经典诗词诵读活动

一、活动背景

为了更好地推广和弘扬中华民族的伟大历史和传统文化，促使学生在阅读中汲取智慧和力量，激发学生对中华传统的兴趣，激励学生追求卓越，努力实现梦想。因此，学校特别举办了国学经典诵读活动，旨在唤醒学生对中华古老文明的认同，激发他们对中华传统美德的追求，从而激发他们的潜能，增强他们的道德修养。

二、活动目标与意义

通过学习中国古典名著，传承中华文化，鼓励学生朗读、背诵、欣赏，以此来建构完善的个性，增强他们的民族认同感与荣耀感，激发他们的创新思维，激发他们对古代文献的热爱，从而提升他们的文化修养，对诗词的兴趣，丰富他们的精神生活。

三、活动主题

"诗香书韵"（图3-21）。

图3-21　"诗香书韵"经典诗词诵读活动

四、组织实施

（一）"书声校园"《弟子规》诵读活动过程

（1）学校每周安排早自习进行早读，让学生诵读《弟子规》，鼓励学生坚持学习、诵读《弟子规》。

（2）为建设书香校园、和谐校园，引领学生"走进五千年文明、品读祖国经典美文"，与经典为友、与名著为伴，我们努力打造一个充满书香气息的校园，鼓励学生以《弟子规》为榜样，结交优秀的作家，让他们从《弟子规》中获取智慧，培养他们的道德品质，并且促进他们的全面发展。

（二）举办"诗香书韵"经典诗词诵读大赛

为了激励学生们更加热爱祖国，增强民族自豪感，展示我校学子充满活力、团结协作、勇于创新、不断进取的精神风采，营造校园文化氛围，在各个院系举办"诗香书韵"经典诗词诵读比赛。

五、工作经验与启示

（一）针对性强，活动成效显著

中华诗词作为中华民族的重要组成部分，不仅蕴藏着深厚的历史底蕴，也体现出中华民族的智慧结晶，不仅可以提升学生的爱国情怀，更能够推动他们深入理解中华民族的伟大历史，并将这种伟大的历史遗产融入日常生活中，从而形成具有中华民族特色的社会主义核心价值观。

（二）统一思想，提高认识，学生参与度高

通过经典诗文诵读活动，改善学生的思想，丰富学生的阅历，增长学生的见闻，培养学生的品格，并且为学生的未来打下良好的基础。有利于学生树立正确的人生观和道德观，让每一位学生读经古今，明世理，谋大志，做贤人。

第二十二节
"珍爱生命，安全第一"安全教育活动

一、活动背景

依据"安全第一、预防为主、综合治理"的理念，秉承以人民为中心的发展思想，积极推进安全教育，组织丰富多彩的安全宣传活动，增强师生的安全防范意识，营造一个充满爱心、充满温馨的环境。

让学生在活动中认识交通标志、动作，学习掌握交通安全常识，加深他们对交通安全的理解。这样，他们就能更好地尊重和维护道路，培养良好的道德品质，保护家园和社区。

二、活动目标与意义

通过开展以"珍爱生命，安全第一"为主题的安全宣传活动，旨在加深学生对安全的认识，增强班内学生的安全意识，从而培养他们防范和应对危险的技巧。

以"增强安全意识，提高自我保护能力"为指导方针，通过提升安全检查和培养人们的责任感来促进我们的社会和文化的建设。以这种方式，引导大家在活动中认识到生命的可贵，在体验中激发潜能，丰富经验，进而教育大家关爱生命、尊重生命、热爱生命、保护生命。

三、活动主题

"珍爱生命，安全第一"（图3-22）。

图3-22 "珍爱生命，安全第一"安全教育活动

四、活动流程

（一）前期准备

（1）收集与学生相关的安全知识资料并提前做好打印。

（2）安排工作人员分配任务，准备活动相关物品，场地布置及事后安排。

（3）通过海报、横幅等形式扩大宣传力度。

（4）工作人员佩戴工作牌，认真履行好自己的职责，不得随意走动。

（5）各班级负责人都应该提前到场并进行人数核对。

（6）提前到场现场学生保持现场秩序，不得大声喧哗。

（7）各班负责人相互配合并制定主题班会活动详细内容，活动中做好记录，活动后认真总结、完善。

（二）活动过程

由班委引导学生回忆安全标志的图片，记忆完毕后由班委提问学生作答，开展班级内部的安全知识竞答比赛。

（三）活动后期

学生有序离场，工作人员打扫教室卫生。

五、工作经验与启示

本次活动成功地将安全意识深入每位学生的心中，使学生了解了关注安全、珍爱生命的重要性，以至于能够及时发现和消除安全隐患。安全教育要达到的目标是培养人们的安全意识和自我保护能力。安全教育不仅是传授知识，更重要的是培养人们的自我防范意识和自我保护能力。只有每个学生都能够时刻保持警觉，有效地避免和应对各种危险，才能真正实现"珍爱生命、安全第一"的目标。

第四章
知恩爱党

伟大建党精神❶是新时代大学生树立理想信念的精神坐标。中国共产党百年来的辉煌历史就是在共产主义远大理想的指引下，中国共产党团结带领中国人民以国家兴盛和人民幸福为宗旨，不懈努力、奋发向上的奋斗史。在这一进程中产生并不断发展的伟大建党精神充分彰显了马克思主义真理性和共产主义崇高理想的伟大力量，标注了大学生树立理想信念的精神坐标。在思想多元化、信息碎片化、各种矛盾集中凸显的信息化时代，大学生的思想和利益需求日益多样化，难免存在"重物质轻精神""重眼前利益"而轻长远利益的错误价值倾向，历史虚无主义、个人主义、普世价值论等错误思想不断渗透也阻碍着大学生正确价值观的树立，引导大学生树立正确的理想信念势在必行❷。伟大建党精神包含着中国共产党人坚持真理、坚守理想、无私奉献、努力奋斗、矢志不渝的崇高精神❸，学习伟大建党精神为大学生树立正确的理想信念提供了重要的价值准则，为大学生指明了奋斗方向，提升其为国奋斗的信心和立志为实现中华民族伟大复兴而拼搏的恒心，促使其在实现中华民族伟大复兴的进程中提高个人能力、展现个人价值、实现自身理想。用伟大建党精神培育新时代大学生，既是实现新时代大学生成长成才的现实需要，也是国家发展的重要基石。

伟大建党精神作为中国共产党的精神之源，凝结着共产党人的初心和使命，展现了党敢于担当的优秀品质，是新时代大学生担当使命的精神动力。青年是整个社会力

❶ 黄三生，王娟，卢擎华. 高校思政教育红色基因传承：内涵、意义与对策[J]. 郑州师范教育，2020，9（2）：46-49.
❷ 郭晶. 以党史教育推进新时代大学生爱国主义教育[J]. 学校党建与思想教育，2022（5）：53-56.
❸ 马志芹，王蓉蓉. 依托党史故事厚植大学生知史爱党爱国情怀[J]. 阜阳职业技术学院学报，2021，32（4）：26-29.

量中最积极、最有生气的力量，国家的前途、民族的命运、人民的幸福是当代中国青年必须和必将承担的重任。然而，当前部分大学生存在社会担当、家庭担当、自我担当的意识不足，缺乏担当民族复兴使命的能力及动力，开展大学生担当意识的培育刻不容缓。一百多年来，中国共产党敢于担当，不怕困难，团结带领中国人民攻克重重难关，克服各种艰难险阻，取得革命、建设和改革的一个又一个胜利，在这一进程中形成并不断发展的伟大建党精神是中国共产党人不断夺取新胜利的重要支撑，也为大学生投身全面建设社会主义强国事业提供了强大的奋斗动力。学习伟大建党精神有利于新时代大学生形成积极进取的心理状态，树立责任担当意识，努力成为堪当民族复兴重任的时代新人，让青春在奋斗中绽放绚丽之花。

百年来，我们党在应对各种艰难险阻、风险挑战的斗争中，铸就了不惧强敌、不怕风险、敢于斗争的精神气质。"随时准备为党和人民牺牲一切"是每个共产党员入党时做出的庄重承诺，英勇斗争是中国共产党的精神气魄❶。然而，在信息技术发达的新时代，整个社会的思想价值观念呈现多元化、多样化、多变化的状态，外部的和内部的、进步的和倒退的、积极的和消极的、先进的和迂腐的思想并存，为大学生价值观念的塑造带来很大的挑战，特别是一些错误思想和价值观念侵扰着大学生的精神家园，在一定程度上弱化了大学生报效祖国的斗志。伟大建党精神为大学生提供了向上奋进的强大精神支持，增进大学生建功立业的志气、骨气、底气，是支撑大学生在新时期勇往直前的强大精神支柱。迈入新时代，大学生是中国特色社会主义的后备力量，大学生的茁壮成长需要伟大建党精神的引领，大学生只有将伟大建党精神铭记于心、落实于行，继续弘扬中国共产党人英勇斗争的精神，为党和国家建设事业而奋斗，才能鼓起创造美好新时代的精气神，投身于实现民族复兴的伟业。

伟大建党精神是新时代大学生不负人民的精神源泉❷。不负人民即中国共产党坚定人民立场，始终代表最广大人民的根本利益。"江山就是人民，人民就是江山。中国共产党领导人民打江山、守江山，守的是人民的心。"党章明确规定，中国共产党没有任何私利，自始至终都将人民利益放在首位。百年党史也充分证实，中国共产党始终把人民安危冷暖放在心上，用心、用情、用力解决群众关心的问题。伟大建党精神始终彰显着"人民至上"的价值理念，是激励新时代大学生"对党忠诚、不负人民"的精神源泉。然而，随着互联网信息技术的普及与发展，西方价值观及意识形态渗透到我国的思想意识领域，新时代大学生价值观念的形成受到深远影响，如西方极端个人主义、自由主义、利己主义、享乐主义对大学生价值观念的形成产生了一定的冲击，导致部分大学

---

❶ 董晓彤. "中国共产党的历史是一部丰富生动的教科书"——学习习近平关于讲好党史故事重要论述[J]. 党的文献，2020（5）：44-50.

❷ 张军成，周竞. 伟大建党精神之于大学生思想政治教育的价值及实现[J]. 南京航空航天大学学报（社会科学版），2022，24（2）：102-107.

生缺少集体主义观念，缺少为人民服务的意识。而在新时代、新征程中，大学生作为实现人民美好生活的后续接力者，不仅要有过硬的本领，更要有"对党忠诚、不负人民"的良好政治品格，这一政治品格直接关乎党、国家、人民的生死存亡。弘扬伟大建党精神，从中发掘培育大学生"为民情怀"的情感素材，帮助青年树立"全心全意为人民服务"的崇高价值追求，使新时代大学生自觉在为祖国、为人民、为民族的奉献中绽放青春光彩。

通过开展爱党主题教育活动，使大学生认识到要勤奋学习，勇于实践，在实践中锻炼品格，磨炼意志。坚持与祖国同行，与时代并肩，不忘初心踏踏实实地走好每一步，以青春理想、以实际行动为实现中国梦做出更大贡献。

当代大学生要从"对党忠诚、不负人民"的奉献精神中找到中国共产党"为何建立""为谁建立"的答案，深化对党的性质、宗旨、目标的认识，从内心由衷热地爱党，热爱祖国。对于大学生来说，要从共产党人对党忠诚的精神品质中领悟到为何对党忠诚、如何做到对党忠诚❶。对党忠诚，源自坚定信仰，不负人民。大学生要从党领导人民进行革命的历史、社会主义建设的历史、改革开放的历史和社会主义现代化建设的历史中汲取丰厚的养分，将爱党与爱国相统一，涵养爱党爱国情怀，自觉把爱党爱国融入日常生活中去，坚决同任何诋毁党和国家的行为做斗争，维护党和国家的形象；积极投身中国特色社会主义伟大事业，用拼搏与奉献表达对党和国家的无限热爱和忠诚。

第一节
"重温红色故事，传承革命精神"党史故事分享会

一、活动背景

红色故事作为中国革命历史的珍贵财富，承载着无数英雄们为国家和人民的奋斗、牺牲和付出。其中蕴含着革命者们的坚定信念、顽强意志和崇高理想，对于高校开展爱党思政教育仍然具有重要的启示和指导意义。为庆祝中国共产党一百周年诞辰，我们要深入推进党组织和党员队伍建设，努力营造一个充满正能量、充满激情的良好环境。要以先烈们的英勇行为为榜样，用他们的精彩故事激励学生，让爱国主义和传统文化的精神永远植根于他们的心中，让红色的火种永远照耀着他们的未来。

---

❶ 刘媛，彭波. 大学生"知史爱党"育人模式探究[J]. 学校党建与思想教育，2017（24）：34-35.

二、活动目标与意义

红色故事中体现的奉献精神、纪律意识和正直品格等价值观，对于培养学生的社会责任感、自律能力和担当精神具有积极的影响和引导作用。本次党史故事分享活动，意在提高在校大学生的"爱党"意识，歌颂爱党先进分子，充分显示学校党建工作中发挥模范带头作用的优秀共产党员形象，进一步丰富学生的校园文化生活，展示校园精神面貌，营造积极向上、健康活泼的校园文化气氛。为思政教育提供平台，让学生们主动参与、思考和交流。通过分享自己对红色故事的理解和感悟，锻炼学生的思辨能力和表达能力，拓宽学生对社会主义核心价值观的认知视野。同时，学生也可以通过倾听他人分享的红色故事，了解不同的人生轨迹、人生观和价值观，促进社会主义核心价值观的交流和对话。

三、活动主题

"重温红色故事，传承革命精神"（图4-1）。

图4-1 "重温红色故事，传承革命精神"党史故事分享会活动

四、组织实施

（一）红色故事分享

通过展示红色老区和名人浓郁的党史文化，组织学生分享红色故事，包括党史名人的故事，红色文化的故事，生动形象地讲述党的历史和发展过程，进一步增强学生对党的认同感和归属感。2021年6月21日在吉林工程技术师范学院电信楼开展"聆听红色党故事，争当新时代好青年"主题分享活动，分享者自行配备与所述故事相关的图片与详细文字说明，并自备MP3格式背景音乐，通过红色故事触动学生的心灵。继续弘扬中国共产党的伟大领导，让这种革命理念深植于每一位学生的内心，激发他们更加积极进

取的热情，培养他们更加崇高的理想和追求，让这种理想和追求永远流淌于他们的灵魂之中。

（二）红色文化展览

开展党史文化特色展览，通过典型事例，展示党的伟大历程和革命战争的文化遗产，弘扬优秀党员的党性品质，鼓舞学生不断奋进。活动中，一部部感人肺腑的经典红色故事在学生的面前展现。一百年风雨历程，一百年辉煌历史，老一辈革命家、教育家的先进事迹不断激励着我们。党员代表辛丽等同学带领大家学习了陶行知、郭沫若、郁华民等革命教育家的光辉事迹，他们以笔为枪，以思想为武器，将革命教育视为一种信仰，为之奉献一生，以实干拼搏的奋斗精神、知行合一的道德品行，将革命教育的火种燃遍大江南北；以异于常人的坚守和操劳，沉淀出丰厚的精神沃土，为中国革命和建设事业培养了大批人才，成为大写的革命教育者。

（三）红色党史教育

通过政治理论学习、革命经验和民族精神的传播，提高学生的思想水平，深化学生对党的理念和使命的理解，安排党史教育相关活动，激励党员更加主动地为建设美好中国的事业奋斗。通过让学生重温老一代的英雄传奇，让他们深刻体会到在历史长河中，那些勇敢的革命家、教育家的英勇行动，使得中华民族在漫长的岁月里，仍然屹立于世界的舞台，让每个人都感受到前人的智慧和勇气，让中华民族永远在世界舞台上闪耀光芒。学生们要继续弘扬先贤的智慧，勇于挑战，勇于创新，积极探索，学校要致力于提供更好的服务，让每个学生都能享受到优质的教育。

五、工作经验与启示

红色故事主题分享活动不仅可以激发学生对革命历史的兴趣和探索欲望，还培养了学生的思辨能力、表达能力和社会责任感。通过本次活动，学生们纷纷表示深刻感受到了老一辈革命家、教育家对教育、对国家的深厚情谊，作为青年党员，要学习弘扬老一辈革命家的崇高精神，坚定理想信念，对党忠诚、敬业奉献，为未来更好地建设伟大祖国奉献自己的力量。这一堂生动的红色课程，正是中国共产党初心使命的真实写照，重温"《半条被子》的温暖""《鸡毛信》的勇敢"，引导学生继续将红色经典故事分享下去，继承将革命传统、弘扬革命精神、传承红色基因有机融合，有效地帮助了学生汲取与民同苦、为民而战的奋进力量。

第二节
"传承红色基因，争做强国青年"主题班会

一、活动背景

回望中国共产党团结带领中国人民开辟伟大道路、创造伟大事业、取得伟大成就，深刻揭示中国共产党的精神之源和政治品格。回顾百年光辉历程，中国共产党不仅团结带领中国人民实现了民族独立、人民解放，而且创造了改革开放和社会主义现代化建设的伟大成就。中国的繁荣发展让所有中华儿女为之骄傲，并进一步激发了爱国热情。在新的征程上，进一步加强爱国主义教育，弘扬爱国主义精神，对于培养担当民族复兴大任的时代新人，实现中华民族伟大复兴凝聚起磅礴力量，具有重要意义。怀感恩之心，颂爱党之情。

二、活动目标与意义

通过本次主题班会的学习形式，在学习党史的过程中，使学生更加了解党、热爱党、拥护党、增强党在全社会的影响力。让学生在潜移默化中接受感恩教育，领会到"常怀一颗感恩之心，人生不会黯淡无光"的道理。本次主题班会活动秉承着吉林工程技术师范学院"笃学　敬业　求是　创新"的校训，以"爱党"为宗旨。

本次活动紧扣主题，内容丰富，形式多样，希望借此掀起一股学习党章、了解党史、关注党情的热潮，为广大团员积极向党组织靠拢、早日实现自身崇高理想打下坚实的基础。充分动员全体成员以小组形式参与整个活动的开展，组内成员齐心协力，分工明确细致，从而得到锻炼。

通过本次活动，希望每一位学生学会感恩，感恩时刻关爱呵护我们的党和祖国，感恩为我们的成长付出毕生心血的父母，感恩辛勤传授我们知识的老师。

三、活动主题

"传承红色基因，争做强国青年"（图4-2）。

四、组织实施

（一）以史鉴今，砥砺前行

生物与食品工程学院全体学生及各班负责老师积极配合工作。以班级为单位，于2022年6月15日至6月25日参加"爱党"主题班会活动，分组进行讲解党的知识，每班选荐三位选手参赛，各班负责老师通知本班学生本次比赛的主题、比赛要求、举办时间

图4-2 "传承红色基因，争做强国青年"主题班会活动

和地点。选手准备本次主题PPT以及相关视频。学院积极配合学校工作，安排好选手出赛顺序，通知评委时间地点。

（二）不忘初心，方得始终

在活动中，主持人上台致开幕词并宣布此次比赛正式开始，在介绍到场嘉宾并说明本次比赛的规则和所设奖项后以现场抽题方式决定选手的即兴演讲题目，选手在3~5分钟内脱稿演讲自己所准备的内容。评委点评并评分后主持人宣布了本次比赛的成绩和名次。获奖同学上台领奖并发表自己的获奖感言。活动中台下学生全程保持安静，集中精神认真观看和聆听台上同学的演讲。

五、工作经验与启示

青年大学生是国家的希望和未来，是国家最宝贵的人力资源。党历来重视做好大学生的教育培养工作，重视在大学生中发展党员。为了使当代大学生明确自己的光荣使命，牢固树立共产主义的坚定信念，把自己个人的成长和发展与党和国家的命运紧密联系起来，积极提高自身修养，努力做社会主义事业的合格建设者和可靠接班人。

学习党的百年历史，让学生深刻体会到，正是因为有了中国共产党的坚强领导，中国人民才能从根本上改变被压迫、被奴役的命运，中国才能日益走近世界舞台的中央，中华民族才能迎来从站起来、富起来到强起来的伟大飞跃。通过本次活动，使学生知道党的性质、指导思想、纲领、宗旨、作风，让学生明白党代表最广大人民的根本利益，全心全意为人民服务。党会集中全国人民的智慧和力量，聚精会神搞建设，一心一意谋发展。通过对此次主题班会的学习，每一位学生都收获颇丰，对党的重要性、党的灵魂、党的精神有了更进一步的了解。

第三节
"书墨党章"主题分享会

一、活动背景

为了深入学习贯彻党的二十大精神，坚持不懈地用习近平新时代中国特色社会主义思想凝心铸魂，提高学习新党章的主动性和自觉性，进一步坚定党员理想信念，增强党性意识，激发大学生热爱中国共产党的热情，同时培养大学生的爱国之情，感恩党之心。为了使学生能够更加深刻理解党章内容，团委积极响应学校党委号召，以书法大赛的方式，弘扬建党精神，通过本次活动让大学生深刻地牢记初心使命，也可弘扬校园文化，加强学院文化氛围，改善个人精神风貌。

二、活动目标与意义

以习近平新时代中国特色社会主义思想为指导，从加强党的执政能力建设和党的先进性建设的战略高度，明确提出要始终把学习党章、遵守党章、贯彻党章、维护党章作为全党的一项重大任务抓紧抓好，并且对深入贯彻党章提出了明确要求。讲话具有很强的理论性、针对性和指导性，对于加强和改进党的建设具有重大的现实意义。切实抓好党章的学习贯彻，组织广大党员干部特别是党员领导干部认真学习党章原文，努力做好熟悉党章的总纲和条文，熟悉党章的主要内容和基本观点，掌握党章的精神实质，进一步强化党章意识和党员意识，进一步把思想和行动统一到重要讲话精神上来，不断增强学习贯彻党章的自觉性和坚定性，以书法大赛的方式，弘扬党章党建，通过本次活动让大学生深刻地牢记党及党的精神，也可弘扬校园文化，加强学院文化氛围，改善个人精神风貌。

三、活动主题

"书墨党章"（图4-3）。

四、组织实施

（一）党章介绍

《中国共产党章程》（以下简称党章），是中国共产党为实现党的纲领所制定的根本法规，是党的各级组织和全体党员必须严格遵守的基本准则和规定。党章是最根本的党规方法，其中概括了党的先进性，集中体现了党员的先进性的基本要求。党章即党的章程，是一个政党为实现党的纲领、开展正规活动、规定党内事务所规定的根本法规，是

图4-3　"书墨党章"主题分享会活动

党赖以建立和活动的法规体系的基础，是一个政党的政治态度和组织形态的集中体现，是党的各级组织和全体党员必须遵守的基本准则和规定。

（二）党章教育

如果要成为一名合格的党员，必须学习、认同党章，严格按照党章的规定，遵纪守法，学习办事。学习贯彻党章是维护党的团结一心，完成党的各项指标和任务的保障。坚持党的全面领导不动摇，坚决维护党的核心和党中央权威，充分发挥党的领导政治优势，把党的领导落实到党和国家事业各领域各方面各环节，确保全党全军全国各族人民团结一致向前进。

五、工作经验与启示

通过对本次活动的学习，不仅让学生领悟到了书法的魅力所在，也让学生更进一步地了解党，认识党，在今后的学习，工作和生活中都将时刻向党看齐，不断努力，砥砺前行。俗话说："没有规矩，不成方圆。"党章党规就是党员干部的行为准则和规范。将党规党纪全部纳入学习内容之中，明确基本标准、树立行为规范，要逐条逐句通读党章，全面理解党的纲领，牢记入党誓词、党的宗旨、党员权利和义务，引导党员尊崇党章、遵守党章、维护党章，坚定理想信念，对党绝对忠诚。要练就金刚不坏之身，必须用科学理论武装头脑，强化理论武装，不断深化系列重要讲话的学习精神，以之武装头脑、指导实践、推动工作。

第四节
"喜迎党的二十大，铸就新辉煌"主题教育活动

一、活动背景

2022年是党的二十大召开之年，也是迈向全面建设社会主义现代化国家、向第二个百年奋斗目标进军新征程的开局之年。党的二十大将总结过去五年的工作，明确今后党和国家前进方向、奋斗目标、行动纲领，选举新一届中央领导集体。在此节点，学校通过推广普通话、绘画摄影、诗歌朗诵等方式迎接党的二十大的胜利召开。

二、活动目标与意义

党的二十大是在我国迈上全面建设社会主义现代化国家新征程、向第二个百年奋斗目标进军的关键时刻召开的一次十分重要的大会，举国关注、世界瞩目。为了迎接、学习、宣传和贯彻党的二十大，教育、引导学生，强信念、践使命、跟党走，以昂扬的姿态，践行社会主义核心价值观，延续红色血脉，传承红色基因，勇担青春使命。同时，让更多的学生认识到身上的责任与使命，把自身的发展和祖国的命运紧密联系起来，必将"以志为先，以新为径，以苦为食"，以青春之名，在新时代不懈奋斗，建功立业。

三、活动主题

"喜迎党的二十大，铸就新辉煌"（图4-4）。

图4-4 "喜迎党的二十大，铸就新辉煌"诗歌朗诵活动

四、组织实施

（一）"推广普通话，喜迎二十大"

为了进一步传承和发扬中国书法文化，配合普通话宣传，引导师生把汉字写得正确、美观以及尽快提升学生的普通话水平，学校开展"墨香校园"活动，让学生从汉字中感受祖国文化的源远流长。通过这些我们更加深刻地感受到了文字的魅力，了解了党的二十大绘就了一幅中国人民更加美好未来的壮美蓝图，沿着党的二十大指引的方向前进，中国人民的美好生活一定会不断跃上新台阶，中国人民的前进动力必将更加强大。

（二）"喜迎党的二十大，尊师重教扬师德"绘画摄影

该活动以书法、绘画、主题摄影等多种形式展开，发挥个人专业特长，同时以教师节为载体，通过线上线下相结合的形式，迎接党的二十大。不仅可以提高学生对党的二十大精神的理解，还培养了学生尊重师德的高尚品质。通过本次活动，学生们纷纷表达了对祖国美好未来的憧憬和向往。新时代的青年，生逢伟大时代，应肩负伟大使命，踏上伟大征程，建设伟大工程。还要坚定不移听党话、跟党走，怀抱梦想又脚踏实地，敢想敢为又善作善成，立志做有理想、敢担当、能吃苦、肯奋斗的新时代好青年，让青春在全面建设社会主义现代化国家的火热实践中绽放绚丽之花。

（三）"喜迎党的二十大，青春向党与国同梦"诗歌朗诵

该活动以歌颂祖国伟大篇章，了解中国共产党百年红色发展征程为主线，以歌唱的形式，迎接党的二十大胜利召开，另外学生代表还以诗朗诵的形式，吟诵祖国繁荣昌盛，带领学生们深入了解党的历时进程。要始终坚持道不变、志不改，既不走封闭僵化的老路，也不走改旗易帜的邪路，坚持把国家和民族发展放在自己力量的基点上，坚持把中国发展进步的命运牢牢掌握在自己手中。

五、工作经验与启示

本次主题活动抓住了喜迎党的二十大节点，结合当代大学生的喜好，以诗、歌曲的形式，积极的内容，清晰的思路，让学生感受到爱国情怀，就像血浓于水一样，我们的语言与这片热土以及人民血肉相连。爱国主义从来就不是空洞的口号，它不仅体现在热爱祖国的一山一水，还体现在热爱祖国的文化与传统，热爱本民族的语言。最重要的是该活动不但集中展现了学生们尊师重教的良好氛围以及激发教师教书育人的热情，而且进一步教育引导学生们传承党的红色基因、赓续党的红色血脉，切实增强团员的光荣感，努力成长为实现中华民族伟大复兴的先锋力量。活动结束后，学生之间纷纷交流心

得体会，他们愿意积极响应党的召唤，积极向党组织靠拢，立志为祖国的建设贡献自己的力量。让学生们满怀"请党放心，强国有我"的万丈豪情，用实际行动传承红色基因，践行初心使命，把青春的热血和活力汇聚成"喜迎二十大、永远跟党走、奋进新征程。"

新时期的中国青年要勇于担当，以促进中华民族的辉煌为己任，增强自己的责任心、使命感和担当精神。不辱使命，不负历史、不负时代、不负人民的期待。大学生的成长发展是促进中华民族辉煌的关键。增强中华民族文化自信，坚守汇集马克思主义科学真理与中华优秀传统文化是大学生思想政治教育的重要部分，更是大学立德树人基本任务的重要组成部分。它能够激励大学生坚定政治信念，为达到中华民族辉煌的总体目标提供强大的动力。

"爱党"教育的行为导向价值能够引领大学生确立人生选择，强化责任担当；"爱党"教育的意志塑造价值能够引领大学生磨砺奋斗意志，增强斗争本领；"爱党"教育的政治认同价值能够引领大学生坚持爱党爱国，立志奉献人民。结合青年大学生成长规律和思想政治教育规律，针对当代大学生群体在思想行为领域存在的现实状况，深入研究伟大建党精神的丰富内涵对大学生群体进行思想政治教育的价值，从而提升大学生思想政治教育的实效性。

第五节
"红色校园文化"朗诵革命经典活动

一、活动背景

高等院校是培养社会主义事业建设者和接班人、传播和弘扬社会主义文化、推进文化创新和发展的重要场所。学生干部作为学生中的优秀分子，是协助学校、协助辅导员管理好学生的助手，也是学生自我管理的核心力量。随着高校教育教学改革的深入开展，学校的教育与管理方式越来越多样化，学生干部这支队伍在高校中扮演越来越重要的角色。

二、活动目标与意义

积极主动培养学生及学生干部热爱党、热爱祖国，坚决拥护党的路线方针政策，主动加强政治理论学习，树立全局意识、服务意识、保持责任意识、具有奉献精神，同时加强学生干部对广大同学起到带头作用，同时兼顾好各项工作的技能，增强自己的业务水平，提高工作的实效性。

三、活动主题

"红色校园文化"（图4-5）。

图4-5 "红色校园文化"朗诵革命经典活动

四、组织实施

（一）红色文化重温

为加强革命传统教育，增强大学生爱国情感，弘扬和培育民族精神，丰富大学生校园生活。同时，为回顾党带领广大人民群众艰苦奋斗的光辉历程，感受改革开放30多年来的巨大变化，使大学生了解现在幸福生活的来之不易，进而坚定大学生为建设中国特色社会主义伟大事业而努力奋斗的远大理想，增强大学生的历史责任感和使命感，更加努力学习回报祖国，学校2020年3月15日举办了"红色校园文化"的活动，带领学生重温红色记忆，追寻红色足迹。

（二）红色精神驻心间

为全面贯彻红色文化进校园活动精神，学校领导高度重视。在接到上级文件后，立即召开会议，对"红色文化进校园教育"活动进行深入细致的研究、部署。同时，成立了活动组织小组，专门负责此项工作，制定活动实施方案，确定了学校红色文化教育活动的工作思路，从而保证了此项活动的顺利开展。各班团支书根据学校有关的指导意见、本班的实际情况，详细地策划了本次活动，并安排了相应的人员负责本次活动的安全，收到了预期的效果，学生们感触都很深刻。本次主题实践活动摒弃了传统的班级讲座形式，开展了课外的参观学习活动，使学生更加深刻地了解我们国家的发展史，了解中国共产党一路走来的不易，并在活动结束后开展了主题宣讲活动，让学生们分享了自己的感受，为各班营造了红色文化的氛围，使学生们的精神得到了提高。

（三）红色文化进校园

为进一步弘扬广大学生的爱国主义情怀，各班开展主题班会，培养学生们的爱国主义情怀，增强学生们追求理想的决心和毅力，坚定爱国主义信念。各班以讲述历史故事、学习爱国主义材料、知识竞赛等形式展示学生们的爱国主义情怀，学生们用心参与，抒发自己的爱国情怀，表达自己的爱国热情，对爱国主义有了充分认识。

五、活动经验与启示

此次活动的顺利展开，拥有完美的落幕，圆满的结果，离不开学校相关部门、领导的大力支持，学院党支部全心全意、认真负责的办事态度和学生积极配合，自发宣传的支持行为，让大学生充分地认识到红色文化是中国社会的一笔宝贵财富，而对当代大学生来说，应该把红色文化当作积极学习的一部分，去深刻地了解，体会红色文化的精髓部分，学习积极向上、坚持不懈的精神品质。我院应沿袭本次活动的新方法，从中汲取经验，重视实践，提高学生的参与热情，从而加强红色校园建设，提高学生爱国热情。

第六节
"习近平总书记青年寄语"学习会

一、活动背景

大学生是祖国的希望和未来，同时更肩负着振兴国家和民族的重任。中国共产党正带领全国人民建设中国特色社会主义事业，大学生与党同心、听党召唤是建设中国特色社会主义的重要途径。广大青年学生应响应党的号召，胸怀祖国和人民，奉献社会和他人，积极投身坚持和发展中国特色社会主义伟大实践，自觉按照党和人民的要求锤炼自己、提高自己，做到志存高远德才并重，情理兼修，勇于开拓，在火热的青春中放飞人生理想，在拼搏的青春中成就事业华章。

二、活动目标与意义

"爱党"学习会是为了增强学生对中国共产党的热爱，同时这也是进一步深化学生对责任的解读，青年学生肩负着实现中华民族伟大复兴的重担，激发学生爱党爱国的热情也就成为工作的重中之重。为了带动和感召青年学子勇担时代重任，面对青年，习近平总书记的话大道至简、朴实亲切，又语重心长、催人奋进，激发了广大青年为国家、为民族矢志奋斗的澎湃力量。让广大青年要肩负历史使命，坚定前进信心，立大志、明大德、成大才、担大任，努力成为堪当民族复兴重任的时代新人，让青春在为祖国、为民族、为人民、为人类的不懈奋斗中绽放绚丽之花。同时，学生也可以树立正确的人生观、价值观。

三、活动主题

"习近平总书记青年寄语"（图4-6）。

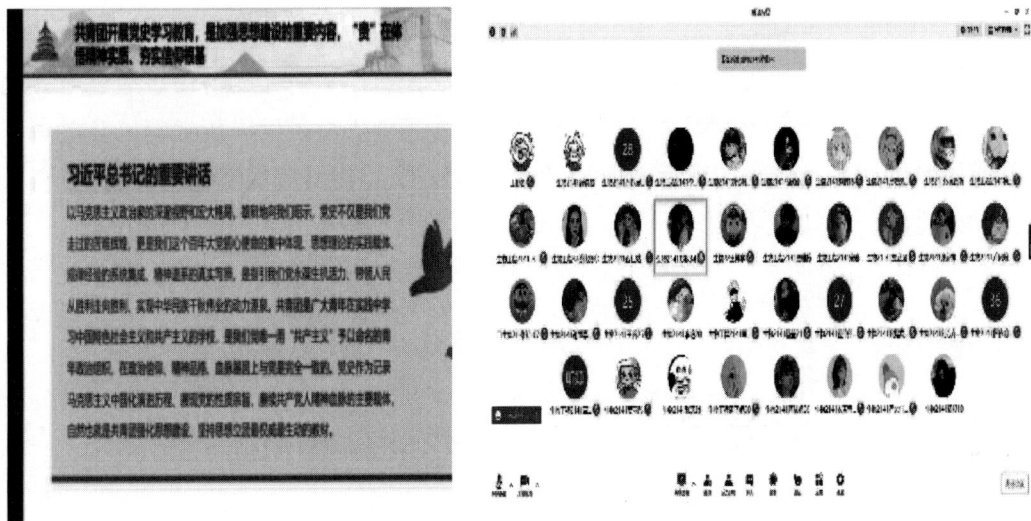

图4-6 "习近平总书记青年寄语"学习会活动

四、组织实施

（一）故事分享

通过学习习近平总书记对青年的寄语，组织学生分享身边故事，包括党史名人的故事，优秀青年代表的故事，进一步增强学生对青年的认同感和归属感。2021年6月21日学校开展"聆听红色主席寄语，争当新时代好青年"主题分享活动，分享者自行配备与所述故事相关的图片、详细文字说明及MP3的格式背景音乐，通过故事触动学生的心灵。将先辈留下的中国精神传承下去，凝聚成学生心中最坚定的信仰，最强大的力量。在学生心中扎下"根"，铸就"魂"，成为学生砥砺前行的不竭动力。

（二）青年主题教育

通过政治理论学习、习主席寄语的传播，提高学生的思想水平，深化学生对青年背负责任的理念和使命的理解，安排青年大学习教育相关的活动，激励青年更加主动地为建设美好中国的事业而奋斗。引领学生回顾老一辈的先进事迹，令学生为历史上有这些伟大的革命家、教育家而骄傲，从而明确正是有这样一大批伟大的先辈以及他们身上所承载的精神，我们才能历经百十年而弦歌不辍，历经沧桑而熠熠生辉。历史的接力棒已经传到了新时代青年人的手上，我们将传承前辈的精神，以教育的担当、奋发进取的姿态，不断努力作为，为人民谋幸福而努力奋斗。

五、工作经验与启示

活动开展期间，学院积极配合学校工作，大力对本次活动进行宣传。通过各班开展主题班会，主题宣传片等方式向广大学子宣传。学生也积极配合学校工作，纷纷认真学习，查阅资料，以文字为载体，共同理解习近平总书记对广大青年的寄语。通过对本次活动的学习，增强了学生的爱国主义思想教育，提高了学生的爱国思想觉悟以及提高了广大共青团员的政治素养。本次活动取得了良好的效果，各项活动圆满的举行，达到了本次活动的目的。

第七节
"走进基层，走进历史"主题活动

一、活动背景

随着党员力量的不断增强和为了庆祝中国共产党成立100周年，回顾党的光辉历程，讴歌党的丰功伟绩，进一步激发基层党组织和党员干部活力，积极投身到推进深化改革、加快转型发展工作中，为了提高学生对党组织的认识，学校老师组织班级学生走访慰问老同志和老党员。

二、活动目标与意义

"以史鉴今，立党治国"是中国共产党的优良传统。中国共产党的十七届四中全会强调，要组织党员、干部重点学习马克思主义理论，学习党的路线方针政策和国家法律法规，学习党的历史，这是加强党的建设的重要举措，它对于继承党的优良传统，建设学习型政党，吸取历史智慧，提高执政能力，解决现实问题有着重大意义。

三、活动主题

"走进基层，走进历史"（图4-7）。

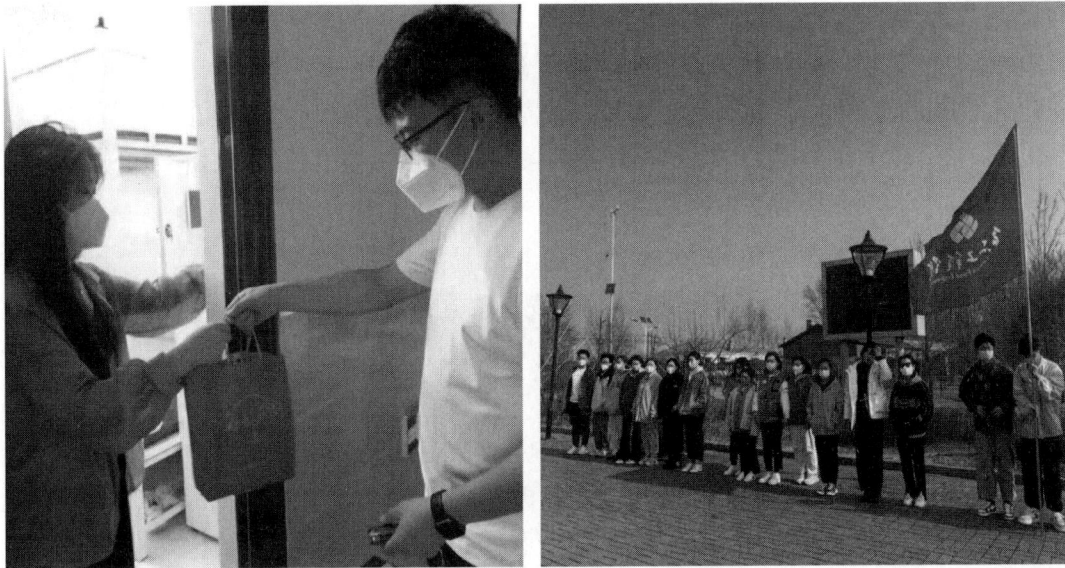

图4-7　"走进基层，走进历史"主题活动

四、组织实施

（一）组织动员

首先应由团支书组织学生在班级课前10分钟分享有关"我眼中的共产党员是一个怎样的人？"为题的小故事，随后以班级为单位班长通知班里的在校党员与入党积极分子务必参加活动，同时积极动员有上进心的共青团员共同前往，以增加学生对于党的深刻理解与认知，班级团支书应发挥带头作用，辅佐班长进行动员。

（二）慰问前准备

探讨并研究此行的目的地，或是参考当地名录，以此来寻找那些有着丰富经历的老一辈共产党员，并充分了解其人生往事。

（三）言行举止要求

要求学生着装得体，仪表整齐，在规定时间地点集合上车，活动不允许迟到和请假，全员到齐。活动全程应保持文明，并应深刻意识到自己代表的是学院的门面，不得有有损形象的行为，不可随意脱离队伍，离队时应提前向老师打报告。

（四）走进基层

到达目的地后在老师的带领下拜访老党员，积极地听取老党员对党史的讲解，充分感受基层老党员的精神，并与老党员进行交流，分享新时代的新青年该如何接过老一辈同志手中的接力棒，并帮助他们打扫家务等。事后进行一篇简单的思想感悟，通过老党员的讲述，自己学习到了什么，将来应如何工作。我党的宗旨是为人民服务，可怎样才能做到真正意义上的为人民，为了党和国家需要，自身需要做什么样的改变。

五、工作发展经验与启示

随着我国党员力量的不断增强和为了隆重庆祝中国共产党成立100周年，回顾党的光辉历程，讴歌党的丰功伟绩，进一步激发基层党组织和党员干部活力，积极投身到推进深化改革、加快转型发展工作中，为了提高学生对党组织的认识，学院特举办此活动。

本次活动以班级为单位，先由班长通知班里的在校党员与入党积极分子参与活动，班委购买慰问礼品，比如一些水果或甜点，再向老师询问此行的目的地。活动要求学生着装得体、仪表整齐，在规定时间地点集合上车，不允许迟到和请假，全员到齐。到达目的地后在老师的带领下拜访老党员，积极听取老党员对党历史的讲解。

此次活动提高了学生的社会实践能力。引导学生接触、了解社会，增强学生们的社会责任感和社会适应能力。而党支部组织的劳动，更让学生明白了学会独立的重要性。在竞争如此激烈的今天，对于大学生来说，独立的培养和社会的洗礼更为重要。在这个社会高速发展的今天，如何适应社会节奏也是大学生们面临的困难。

第八节
"党在心中"主题教育活动

一、活动背景

国家的希望在青年，民族的未来在青年。1919年的春天，一群热血青年用青春点亮黑暗的火把，揭开了一个崭新的序幕。百年风雨激荡，筚路蓝缕，时光易变但不变的是中国青年对梦想的追逐，对自由的渴望，对国家的热爱。2021年的今天，在中华民族伟大复兴中国梦的号召下，新青年用新时代的"五四"精神努力践行着复兴强国的中国梦。在"两个一百年"奋斗目标的重要历史交汇点，青年必须怀有自信之心、饱含坚韧之劲、筑牢奉献之魂，以饱满的自信的青春姿态，共赴这场新时代变革之约。

二、活动目标与意义

进一步加强学院党组织和党员队伍建设，在学校唱响时代主旋律，积极营造健康向上的良好氛围，促进学生蓬勃发展，营造强烈的学习气氛，在丰富学生课余生活的同时，提高广大学生爱党的积极性，增强其自信心和责任心。

三、活动主题

"党在心中"（图4-8）。

图4-8 "党在心中"主题教育活动

四、组织实施

（一）响应国家号召

青年兴则国家兴，青年强则国家强。青年一代有理想、有本领、有担当，国家就有前途，民族就有希望。学校生物与食品工程学院积极响应学校号召，于2023年3月21日在长春南湖公园开展"党在心中"主题教育活动，紧跟时代潮流，聆听时代的召唤，在党和国家长远规划之下，明确肩上所担负的责任，培养新时代中国特色社会主义事业的可靠接班人，争做一名合格健全的大学生。

（二）实践铸就功成

党在心中，不仅要高瞻远瞩，还要在现实社会中实践，从每个人做起，从身边的小事做起。古语有云："古之欲明明德于天下者，先治其国；欲治其国者，先齐其家；欲齐其家者，先修其身；欲修其身者，先正其心；欲正其心者，先诚其意；欲诚其意者，先致其知；致知在格物。物格而后知致，知致而后意诚，意诚而后心正，心正而后身修，身修而后家齐，家齐而后国治，国治而后天下平。自天子以至于庶人，是皆以修身为本，修身齐家治国平天下，皆以修身为本。"

五、工作经验与启示

在老师的讲解下，学生深刻地领会了中国梦的实现不能靠吹嘘，而要实干兴邦，需要一代又一代人的共同努力、接续奋斗，需要一代又一代青年激扬芳华、勇担重任，勇敢地参与到国家和民族富强发展的大潮中。只有中华民族的每个成员在各自的工作岗位上勤勤恳恳地工作，建设现代化强国才有希望，中华民族伟大复兴的梦想才能实现。中国梦需要全国人民付出更为艰巨、更为艰苦的努力才能实现。没有各行各业建设者的共同艰苦努力，就没有今天强大的新中国。

此次活动进一步加强了学院党组织和党员队伍建设，唱响时代主旋律，积极营造健康向上的良好氛围，促进学生们的蓬勃发展，营造一个强烈的学习气氛，丰富了学生的课余生活，提高了广大学生爱党的积极性的同时，增强了他们的自信心和责任心。作为中华民族的普通一员，要脚踏实地，做好本职工作，不断为社会创造财富，为建设现代化强国添砖加瓦，要坚定不移跟党走，同心共筑中国梦。

第九节
"弘雷锋精神，展青年担当"主题活动

一、活动背景

雷锋精神闪烁着共产主义思想的光辉，反映了社会主义时代新人的精神面貌。雷锋精神内容为热爱党、热爱国家、热爱社会主义的崇高理想和坚定信念；服务人民、助人为乐的奉献精神；干一行爱一行、专一行精一行的敬业精神；锐意进取、自强不息的创新精神；艰苦奋斗、勤俭节约的创业精神。认真组织广大青年学习雷锋精神，大力开展学雷锋活动，赋予雷锋精神时代意义，对培养和造就有理想、有道德、有文化、有纪律的一代新人是非常必要的。为了充分体现思想引领的重要性，长春市第二中等专业学校结合学校专业特点，开展"学习雷锋"系列活动，包括志愿者服务、雷锋纪念日活动、宣传教育实践活动、组织比赛等。雷锋精神滋养着一代代中华儿女的心灵，雷锋精神体现了伟大的中华民族优良传统，雷锋精神闪烁着共产主义思想的光辉，反映了社会主义时代新人的精神面貌，无论时代如何变迁，雷锋精神永不过时。

二、活动目标与意义

全面、具体、生动地展示雷锋同志的风貌，使学生对雷锋生平事迹和他的精神内涵有了更加深入的了解，使雷锋精神在新时代得以延续和传承。弘扬雷锋无私奉献的精神，送给帮扶对象一份爱心；把雷锋精神以具体的活动形式表现出来，让学生可以感受

到做好事与辛勤劳动后的快乐，增强学生的团队合作能力和成员之间的友谊；充分展示当代大学生朝气蓬勃、健康向上的精神风貌，为他人服务的精神，促进我校精神文明建设，给学生创造一个良好的学习环境。用雷锋人格、雷锋精神感召青年，让我校大学生在学雷锋活动中产生共鸣，让学雷锋活动在我校蔚然成风。人人知晓雷锋，人人学习雷锋，从而营造学雷锋的浓厚氛围。

三、活动主题

"弘雷锋精神，展青年担当"（图4-9）。

图4-9　"弘雷锋精神，展青年担当"主题活动

四、组织措施

（一）开展社区志愿者服务

通过一系列志愿活动，组织学生积极帮助他人，生动地让学生们体会到雷锋精神的内涵。2021年3月4日，二中专志愿服务队师生为社区居民清理小广告及楼道垃圾，为居民测量血压、清洗眼镜、介绍口腔修复及口腔护理等相关知识，并为居民赠送了牙刷、牙线等口腔护理小礼品，为居民们提供了"家门口"的贴心服务。学校领导代表全体党员慰问了独居空巢老人和社区贫困居民，为他们精心选购了大米、面粉和食用油，提供温暖。通过志愿服务，使学生们深切体会到了雷锋的人格魅力，树立学习目标。

（二）举办雷锋纪念日活动

展开雷锋纪念日活动，通过观看《习近平讲故事》，将雷锋精神的魅力展现在学生面前，鼓励学生积极发扬和传承雷锋精神。在习近平总书记的讲话视频影响下，全体学生都在身临其境地感悟、学习、理解雷锋精神。学习雷锋精神永远不会过时。2020级医高专一班的两位同学带来了诗朗诵《疫情雷锋》，每一字每一句都拨动着人们的心弦。雷锋精神虽然伟大，但并非高不可攀，当代大学生也能够、也需要、也应该继承和发扬雷锋精神，肩负起历史赋予我们的神圣使命，从小处做起，从细节落实，将雷锋精神和社会主义核心价值观内化于心、外化于行。

（三）学生自愿参加"争做好人好事"活动

通过调动学生的积极性，带动学雷锋的活动进行，提高同学们的思想水平，引领同学品质的发展。于2021年3月1—3日，开展了"争做好人好事"的活动，调动了学生学雷锋的积极性，培养了学生乐于助人、礼貌待人、多做好事的行为习惯，在这个活动的影响下，3月5日学生自发组织全校卫生大扫除，同时于3月6日校团委组织学生参与了校外公益环境整治活动。引导广大师生提高文明素养、文明理念、文明行为，形成教育一个学生、美化一个校园、影响一个家庭、带动一个社区、引领整个社会的良好风气。

五、工作经验与启示

志愿服务队以积极的内容、独特的形式、清晰的思路，让本校大学生在雷锋活动中产生共鸣，真正理解雷锋精神，从内心上认同雷锋精神，让学雷锋活动在我校蔚然成风。同时习近平总书记的讲话视频让在场的全体学生"身临其境"地学习、理解了"雷锋精神"。雷锋精神值得我们发扬和传承，学习雷锋永远不会过时。学习雷锋精神，首先就要准确把握内涵，认清其在当前时代形势下的意义。雷锋精神，是心向着党、向着社会主义的坚定的理想信念；是全心全意为人民服务、无私奉献的崇高精神，言行一致、不图名利、始终甘当革命的"螺丝钉"，干一行爱一行能一行的敬业态度是刻苦学习、钻研理论的"钉子精神"；是勤俭节约、艰苦奋斗的优良作风。

在社会主义市场经济发展的新时期，更需要大力提倡和弘扬雷锋精神。因为它产生和传播的社会基础仍然存在，适应社会主义市场经济，能引导人们克服享乐主义、个人主义、利己主义等市场经济负面思想的影响，对人们树立正确的世界观、人生观、价值观，构建与社会主义市场经济相适应的思想道德体系，形成良好的社会风尚，具有重要的指导意义。时代呼唤雷锋精神，社会需要雷锋精神，全区上下务必进一步深化学雷锋志愿服务活动，找准新形势下让学雷锋活动更有价值、更有意义的着力点，全力建设"爱心城市"。

第十节
"探寻革命足迹，感悟红色精神"游学活动

一、活动背景

为了宣传共产党人的革命精神传统，学院组织所有入党成员以及积极分子共同前往革命先烈的遗址，感受革命人的精神文明传承。

二、活动目标与意义

使入党成员以及积极分子感受共产党人的精神。一百年来，中国共产党弘扬伟大建党精神，在长期奋斗中构建起中国共产党人的精神谱系，锤炼出鲜明的政治品格。这些宝贵精神财富跨越时空、历久弥新，深深融入我们党、国家、民族、人民的血脉之中，为立党兴党强党提供了丰厚滋养。

三、活动主题

"探寻革命足迹，感悟红色精神"（图4-10）。

图4-10 "探寻革命足迹，感悟红色精神"游学活动

四、组织实施

（一）宣传党员精神

为了宣传共产党人的革命精神传统，生物与食品工程学院积极响应学校号召，于2019年3月25日在长春解放碑组织所有入党成员以及积极分子共同前往革命先烈的遗址，感受革命人的精神文明传承。

（二）传承革命精神

重温革命历史，瞻仰了革命先烈伟绩，学校生物与食品工程学院学生全身心地融入红色文化中，学到了很多，也收获了很多。充分领悟学习了红色精神和真谛。中国传统文化赋予了红色独特的精神内涵。

五、工作经验与启示

此次参观革命基地，学生在讲解员的带领下学到了许多，如革命先辈坚定理想信念、对党的事业无比忠诚的革命精神，革命先辈不怕困难、顽强拼搏的革命精神等。学生了解到中国革命是在极其困难的条件下开展的。但是，广大人民在党的领导下，不畏艰难，团结一致，以百折不挠的革命精神，战胜了难以想象的困难，获得中国革命的胜利。革命先辈们敢于斗争，始终保持昂扬向上的精神状态，不畏艰难，勇于开拓，善于创新，全面做好改革、发展、稳定的各项工作，在科学发展观的指导下，全面、协调、健康的发展。我院学子学习了革命先辈们艰苦奋斗的革命精神，深刻感受了先辈们在血与火的艰难岁月里铸就的敢于牺牲、无私奉献的革命精神，认识到要把革命的优良传统和革命精神与升级转制工作结合起来，进一步开展创先争优活动，树立为党和人民长期艰苦奋斗的思想，保持吐盛的革命意志和坚韧的革命品格。

第十一节
"坚定信念跟党走"主题演讲

一、活动背景

列宁曾经提到："只有通过不懈努力，才能让我们的未来属于我们自己。"当今中国大学生肩负着继承历史的重任，肩负起实现中华民族伟大复兴的光荣使命。

二、活动目标与意义

实现中华民族的腾飞，每一位大学生都有责任用热情、勤奋、才华为实现这一目标而不懈奋斗。作为一名新时代的大学生，有责任担负起历史责任，深刻领悟共产主义的真谛，将自我的理想融入祖国的未来之中，不断完善自身素质，为实现中华民族的腾飞而不懈奋斗。

三、活动主题

"坚定信念跟党走"（图4-11）。

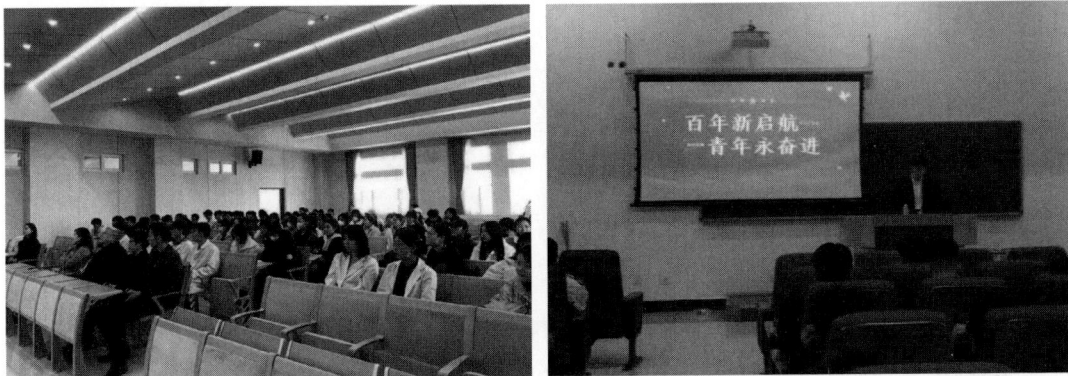

图4-11 "坚定信念跟党走"主题演讲活动

四、组织实施

(一)会前准备

(1)以班级为单位,每班选荐三位选手。

(2)由各班负责人通知本班学生本次比赛的主题、要求、举办时间和地点。

(3)安排参赛者的出发顺序,并通知评审团。

(4)工作人员需要提前到达现场,仔细检查设备的性能,打扫现场的卫生,精心布置评委的座位,并准备好饮用水。

(5)主持人提前熟悉比赛流程。

(6)班级干部组织本班学生观看比赛,并确保所有学生都抵达现场完成签到。

(二)比赛流程

(1)主持人上台致开幕词并宣布比赛开始。

(2)主持人向参赛选手和观众介绍本次比赛的背景,并阐述本次比赛的细节以及奖项设置。

(3)根据参赛者的意愿来确定即兴表达题目,并在3~5分钟的时间里完成脱稿演讲。

(4)评委们点评并打分,主持人宣布本次比赛的最终结果及其得分。

(5)主持人致结束词,感谢各位评委的到来,祝贺获奖的学生,宣布本次活动圆满落幕。

(三)比赛结束

(1)先请评委和老师离场。

(2)收拾场地,工作人员负责打扫卫生。

(3)相关负责部门写好活动总结。

（四）注意事项

（1）比赛期间注意保持赛场安静。

（2）中途不得无故退场。

五、工作经验与启示

大学生是国家未来的支柱，是实现共产主义理想的基石。党始终重视对他们的教育和培养，努力让他们成为社会主义建设的有用人才。我们应让他们清楚地认识到自己的责任，并将个人的发展与国家的未来紧密结合起来，不断提升自身的素质，为实现共同的理想而奋斗。通过本次活动，使学生知道党的性质、指导思想、纲领、宗旨、作风，让学生们明白党代表最广大人民的根本利益，全心全意为人民服务。

第十二节
"我青春，我爱党"征文比赛

一、活动背景

为了唤醒全体师生的爱国热情，传承爱国精神，提升全体师生的历史担当、使命观念以及崇高的爱国志向，学校组织了"传承民族精神，发扬爱国主义"一系列活动。旨在帮助师生树立起对祖国的认同感、自豪感和奋发向上的态度，将个人的发展与实现民族复兴的宏愿相结合。

二、活动目标与意义

为了激励全体师生的热情，发扬爱国、爱党、民主、科研的精神，推动当代大学生的全面发展，培养他们的社会主义责任心，强化他们的社会主义责任感，激励他们敢于承担，敢于开拓创新，学校决定在全体师生间举办"我青春，我爱党"的征文比赛。

三、活动主题

"我青春，我爱党"（图4-12）。

四、组织实施

（一）活动前期宣传工作

（1）在教学楼、宿舍楼、食堂的宣传栏上贴宣传海报。

（2）告知各个院系的老师和班长，通过他们进行各班级的宣传。

图4-12 "我青春，我爱党"征文比赛活动

（二）活动中期

（1）由班干部组织开展征文活动，积极动员学生参加征文比赛。

（2）以班级为单位上交征文文件到指定邮箱。

（三）活动后期

（1）由老师评选出一个一等奖、两个二等奖、两个三等奖和三个优秀奖。

（2）评选完毕后通知学生来领取奖状并拍照留念。

（3）在微信公众号上宣传本次活动的成果。

五、工作经验与启示

学校对本次活动进行了大力宣传，通过海报、校园纪录片等方式动员广大学子们积极参与。学生们也积极配合学校工作，纷纷踊跃报名参加，参赛选手们认真准备，查阅资料，以文字为载体，奏响青春爱党的主旋律。当代大学生肩负着国家的未来、民族的发展、人民的幸福。他们应该拥抱挑战，把握机遇，勇敢前行。只要拥抱希望、不懈努力，信念坚定、勇往直前，并坚持共产主义的领导，就能够创造一个美好的未来，书写出属于每一个人的青春史诗。

第十三节
"学党史，崇师德"先进典型展评活动

一、活动背景

通过热心参与的学生和老师的评选，我们得到了促进党的发展的一种全新的方式，

同时也可以为提升大学生的道德修养、提升社会责任感提供一种有效的手段。因此，学校应当充分发挥这一机制，努力弘扬优秀的共产主义精神。激励广大青年拥抱未来，勇敢地走向自己的梦想，实现自己的价值。

二、活动目标与意义

学校举办了一系列的活动，旨在向全国推广学校的优秀代表。这些活动不仅能够展示学生的年轻活力，还能为学生、老师的学习和工作带来更多的乐趣。希望能够为更多的人带来更好的体验，增强师生的社交能力和社会认可感。

三、活动主题

"学党史，崇师德"（图4-13）。

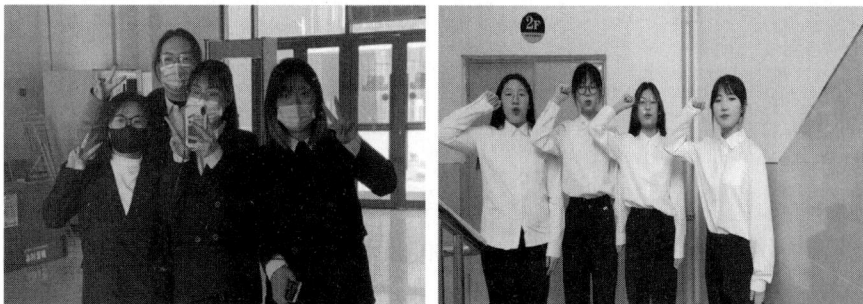

图4-13 "学党史，崇师德"先进典型展评活动

四、组织实施

（1）先选出爱党的学生和老师。
（2）制作介绍爱党学生和老师候选人的事迹宣传文。
（3）发布在公众号上并大力宣传，号召全校师生向其学习。

五、工作经验与启示

通过举办评选爱党学生和老师的相关活动，不仅可以推动学校的党建工作创新，也可以进行大学生的思想政治教育。为了让更多优秀的大学生党员被社会认可，学校将积极宣传他们的先进事迹，为他们提供一个健康、积极的成长环境，帮助他们树立远大的理想，不断追求更高的人生目标。

本次活动一经展开，各优秀党员纷纷进行报名，分享自己的先进事迹，学校收集整理后，以公众号的方式宣传，学生们也积极进行转发、学习，为优秀党员点赞。此次活动受到学校的高度重视，优秀党员不仅是对被评选人优秀能力、爱党精神的认可，更是向其他各高校展示的重要一环，既是鼓励，也是宣传，更是呼吁，希望更多的学生可以加入到开展的学生党员活动中来，锻炼自己的能力，坚定自己的信念，成为更优秀的自己。事迹宣传，让更多的学生看到党员们的活动身影，让学生与党员间距离感大幅减小，让更多的学生看到我校党员成为"光"后散发的"光"的身影，这是学校党支部开展活动的初心，党员们从学生中来，也要到学生中去，为学生服务是我校优秀党员一直坚持的初心与责任。

第十四节
"唱响红色心声"红歌竞赛活动

一、活动背景

"唱响红色心声"红歌竞赛活动，以中国鲜红的主题文化为核心。以大众喜闻乐见的比赛形式，将中国红色精神传递到学校，营造出浓郁的中国红色气氛。激发学子们参与的热情，进而拓展本次教学活动的影响力。让中国红色文化深入每个学子的心灵深处，成为他们日常生活的重要组成部分。

二、活动目标与意义

歌曲，是人们生活中不可或缺的一部分。采用通过"唱响红色心声"系列活动会这种大众喜闻乐见的比赛形式，希望能够让学生更好地接触和理解红色文化，有效地推广这些歌曲和文化。不仅可以向学生传播红色精神、营造校园的红色氛围，更能调动学生参与活动的积极性，扩大本次活动的影响力。

三、活动主题

"唱响红色心声"（图4-14）。

图4-14　"唱响红色心声"红歌竞赛活动

四、组织实施

（一）策划宣传

（1）向各学院发送邀请函。

（2）制作专门的海报贴于宿舍楼板报宣传栏中。

（3）决赛前，在操场进行为期两天的现场宣传。

（二）初赛

初赛由各学院自行举办，选举2名同学参加校级比赛。

（三）复赛

1. 要求及规则

（1）选手演唱充满正能量的红歌，以展现他们对生活的热情和希望。

（2）选手需要准备好伴奏，并在3天之内将其交给准备小组。

（3）选手应注重仪表和举止，并保持自然真诚的情感。

（4）评委会在现场对参赛者的表现进行评审及打分，并以分数的高低顺序给出排名，前12名的选手将晋级决赛。

2. 比赛流程

（1）比赛正式开始前播放一首经典的红色电影主题曲，为活动渲染气氛。

（2）主持人为活动做出详细的介绍，并向评委和嘉宾们阐述比赛的规则和流程。最后，宣布比赛正式开始。

（3）在开始演唱之前，每位参赛者都要先做1分钟的自我介绍。

（4）每5位选手演唱完毕后公布一次成绩。

（5）中场节目。

（6）所有的选手演唱完后，由评委进行点评。

（7）邀请一位曾在去年的十大歌手比赛中脱颖而出的选手为大家演唱。

（8）主持人宣布最终成绩，并公布晋升者的名单和优秀奖的获奖者。

（9）由评委颁发奖状。

（10）主持人对这场比赛进行总结，并宣布比赛结束。

（四）彩排

（1）在决赛开始之前，为选手提供一周的训练及彩排。

（2）目的及目标：

①帮助选手定歌。

②邀请专业人员对选手的表现进行指导。

③帮助选手熟悉比赛流程。

④帮助选手选定服装。

⑤确保比赛的顺利进行等。

（五）决赛

本次比赛共分为三轮。

（1）选手们以自己的风格演绎歌曲，评委们会根据每首歌的评分来决定最终的胜负，最终前8名选手将晋级第二轮比赛。

（2）在知识问答中，选手们将根据抽签的结果，回答一个关于党的话题或一个有关音乐的问题，并获得相应的积分。在这一环节结束之后，前三名选手将获得进入第三阶段的资格。

（3）选手们在红歌联唱中以抽签的方式挑选出自己喜欢的曲目，评委们在现场对这些曲子进行打分，最终决出冠军、亚军、季军，并且邀请了学校及合作单位的领导来为获奖者颁发证书和奖品。

五、工作经验与启示

通过"红色记忆"——纪念党98周年系列大型活动，同时结合本学期特点，使得中国共产党的伟大历史和革命精神得到永恒的纪念。激励全体师生以积极的态度、勇于创新的精神，努力构筑一个充满活力、充满激情的学习环境，以促进学生全面健康的成长，把党的理论和路线方针落实到位。

本次活动是依据学校下发的"五爱"中"爱党"部分文件，深度与实际情况进行结合，党支部深思熟虑后决定开展的具有特色的活动。通过本次红歌会，希望能够让学生们深入体验红色文化，并且积极推广"红色记忆"——纪念党98周年系列大型活动，让红色基因深深植根于学子心中。红歌会这种喜闻乐见的活动形式，让学生对红歌中所讲所传的党的精神有了更深刻的记忆，唤起更多学生的红色记忆。

第十五节
"忆党史，学党章，重温共产党员誓词"的主题党日活动

一、活动背景

通过这一系列专栏党员节目活动，旨在加强党员的政治教育、党性锻炼和理论学

习，提高党员的党纪意识和党的知识，激励党员积极投身于为人民群众服务、为实现共产主义奋斗的伟大事业。同时，通过活动的开展，可以营造浓厚的党建氛围，凝聚党员的向心力和凝聚力。

二、活动目标与意义

重温共产党员誓词主题党日活动不仅可以提升党员的政治觉悟，更能够为全面从严治党、深入贯彻落实科学规章制度提供一种全新的方式。它不仅可以促进全体共产党员的政治觉悟，更可以为全体共产党员提供一个良好的社会环境，更好地促进全体共产党员的政治觉悟，增强社会责任感，建设和谐友爱的社会。

三、活动主题

"忆党史，学党章，重温共产党员誓词"（图4-15）。

图4-15 "忆党史，学党章，重温共产党员誓词"的主题党日活动

四、组织实施

（一）活动内容

在天定山党史学习教育基地进行实践研学和拓展活动。

（二）活动要求

（1）活动中要有组织纪律性，注意言行举止。
（2）在活动中服从负责人的安排。
（3）可拍摄有意义的照片。
（4）活动结束后上交图文总结。

五、工作经验与启示

主题党日活动是当前党史学习教育的重要载体。在这次主题党日活动中，聚焦于促进全体共产党人的思想觉醒，通过增强"四个意识"、坚定"四个自信"、做到"两个维护"的指导，帮助学生更好地理解、掌握、实施各项工作。此次党日活动的学习及开展，意在让学生更切实地体会到党的精神，更坚定自己的信念。本次活动参观了天定山党史学习教育基地，让学生积极参与到党日活动中来。

此次活动中，预备党员、入党积极分子在活动中奉献自己的力量，为我校学生做出服务贡献。学生也充分展现了学生的风采，展现出青春风貌，展现出对于党的精神的独特理解。真正地在实践活动中践行着党的二十大精神。

经过本次党日活动的深入探讨，学生从"功成不必在我、功成必定有我"的精神榜样中汲取营养，铭记了每个历史阶段的先进典范，更加努力实现共产主义的理想，为实现社会主义现实做出贡献。

第十六节
"学党史、知党情、跟党走"知识竞赛

一、活动背景

为了促进学生党员和入党积极分子进一步学习党史知识，保持党员的先进性，加强大学生思想政治教育，学院学生党支部举办关于党的知识竞赛活动。寓教于乐，提高学生入党积极分子的思想政治素质以及党性修养。

二、活动目标与意义

通过"学党史、知党情、跟党走"知识竞赛活动，可以提高党员的政治素养，弘扬党的光荣传统，加深党群关系，推动党建工作，进一步凝聚党员的向心力和凝聚力，为实现党的使命和目标贡献力量。深入学习和贯彻爱国主义精神，增强学生对党的认同，重温党的光辉历史。

三、活动主题

"学党史、知党情、跟党走"（图4-16）。

四、组织实施

（1）为了让参赛者更加充分地准备，提前进行了宣传活动。

图4-16 "学党史、知党情、跟党走"知识竞赛活动

（2）大赛共分为三个环节：

①第一轮的题目是"必答题"，每道题10分。

②第二轮的"抢答题"题目将会有10个不同的分值。

③第三轮为"风险题"，选手们在第三轮比赛中，可以根据20分、30分、50分的分值自由挑选题目。如果回答正确，就会得到全分；反之，如果回答不够完整或者有错误，就会扣除一定的分数。

（3）现场公布比赛结果并给获奖班级颁奖。

五、工作经验与启示

当代的大学校园充满着活力与热血，我们要牢记中国共产党的光荣历史，秉持其光辉的传统，尊崇伟大的革命先辈，积极开创新的工作模式，热忱地推进加强爱国主义教育，不断提升学生的政治理论修养，把实现中华民族的伟大复兴的理念贯彻到实践中。

赛前利用公众号、视频、海报等方式大力宣传，我校学子深受鼓舞，纷纷踊跃报名参加。在"必答题""抢答题""风险题"的竞争中，每个队伍都要经历激烈的角逐。在活动的最后，评委会将会宣告每个队伍的得分及排名，并对表现优异的队伍进行颁奖。

通过这次活动，希望能够让所有的学生更加清楚地认识到在过去的几十年里，共产党一直带领着全国的人民克服困难和挑战，创造出一个充满荣耀的时代。同时，这也让学生更加明白，坚持共产党的领导才能真正实现中华民族的伟大复兴。因此，这个活动将使学生更加清晰地认识到坚持党的领导的重要性，从而使他们更加坚定地追随共产党，并且勇敢地承担起实现中华民族伟大复兴这一伟大目标的责任。我校学子在竞赛中领略到了党的二十大精神，同时对党有了更进一步的理解和认知。通过我校学子的共同努力，本次爱党知识竞赛活动圆满成功，并取得了良好的活动效果。

第十七节
"爱党向党"主题绘画活动

一、活动背景

以爱国精神为灵感，绘制精美的图案，展出中国共产党的英勇事迹，让学生深刻领悟到共产党的崇高理想、坚定信念。通过这一活动的开展，既能激发学生的创作热情和艺术才华，也能加强学生对党的了解和认同，树立正确的思想导向，培养他们的爱国情怀和党员意识，为未来社会的发展注入新的活力和动力。

二、活动目标与意义

为了弘扬党的理念，鼓励学生们以更为饱满的热情、更为昂扬的意志进一步的坚持党的领导。学校开展了"爱党向党"主题绘画活动。

三、活动主题

"爱党向党"（图4-17）。

图4-17　"爱党向党"主题绘画活动

四、组织实施

（一）大赛原则

公平、公正、公开以爱党为主题绘画。

（二）作品要求

（1）中国画作品纸张规格为4尺以内竖幅。

（2）在绘画中，纸张的尺寸应在4~8开。

（3）作品另附A4大小文字说明，须包括如下内容：

①作品题目、作品阐释。

②参赛者姓名、性别、出生日期、专业及班级。

③参赛者联系方式。

（4）可用中国画、水彩画、水粉画等绘画种类（不包括非画类的其他美术作品与工艺品）。

注意：参赛作品应该具有创新性、有活力和贴近日常生活等特点。坚持原创，杜绝抄袭。任何曾经参加过比赛或公开发表的作品都不能参加本次比赛。不接受任何复印件、打印件或电子版本的作品，且无论获奖与否，都不予退还。

设置一等奖、二等奖、三等奖。

（三）复赛流程

（1）通知各位进入复赛的选手决赛时间、地点以及注意事项。

（2）申请复赛场地。

（3）准备好复赛中使用的PPT、奖品和证书等。

（4）联系好各部门参与的相关人员，请主持人队准备出一名复赛主持，歌舞协会派出两名礼仪，新媒体进行摄影和报道，准备多媒体的使用和选手PPT的播放，歌舞协会准备中间插入的两个节目。

五、工作经验与启示

自中华人民共和国成立以来，中国共产党一直致力于解放思想，坚定不移地推动改革开放，深入落实科学发展战略，积极构建社会主义核心价值观。在各个方面取得显著的成就和重大的变化。将爱党精神互相传递并带入到生活当中，让学生自发地加入爱党队伍当中，激励各党员以良好的精神风貌和更加饱满的热情，更加昂扬的斗志更好的学习，我校举办"爱党向党"主题绘画活动。

活动期间，参与此次评选的学生作品种类繁多，涵盖中国画、水彩画、水粉画、蜡笔画等多种形式，将我校学子艺术风采展现得淋漓尽致。所有的作品都是由学生们自主创作，展现了对党的热爱和对红色精神的追求。评审团最终通过匿名投票的方式决定一等奖、二等奖、三等奖，并为其颁奖。

复赛期间，各部门紧密合作，歌舞协会进行爱党主题汇报演出，由新媒体部门全程记录，留存我校学子的精神风貌。

通过此次活动，我校学子更加深刻地理解了关于爱党精神的内涵，更加深入地了解了想要成为一名党员，需要做些什么；已经成为一名党员，应该如何起到模范带头作用。每名学生都深刻地认识到：爱党是本分，也是职责，是心之所系、情之所归。所有的学生都决心实现中华民族的伟大复兴，并且在未来的日常生活中继续努力。我校学子纷纷表示在未来的生活中将为实现中华民族伟大复兴的中国梦而不懈奋斗。

第十八节
"观影《厉害了，我的国》"主题活动

一、活动背景

《厉害了，我的国》是中央电视台财经频道于2017年9月隆重推出的内容众筹纪录片，全片将通过壮观震撼的大规模航拍现场、生动热络的百姓生活现场、让人感动的一线生产现场，尤其是通过百姓自拍和剧组拍摄同步推进的"众筹拍摄"创新手段，实现"大主题与小切口""大时代与小故事""严肃话题与百姓表达""高大上与接地气"的有机结合，呈现"大美中国、大爱中国"的视觉总基调，强化"我的"第一视角，展示百姓的获得感、自豪感。

二、活动目标与意义

为深入贯彻落实习近平新时代中国特色社会主义思想和党的十九大精神，响应"弘扬爱国主旋律，书写爱国时代新篇章"的号召，增强广大师生的使命感、责任感和荣誉感，进一步激发全体师生的爱国热情，弘扬主旋律，传递正能量。学生党支部组织全体师生观看纪录片《厉害了，我的国》，开展爱国主义教育主题党日活动，充分发挥基层党组织的凝聚力和战斗力，鼓舞大学生为祖国的繁荣富强而努力奋斗！

三、活动主题

"观影《厉害了，我的国》"（图4-18）。

四、组织实施

（一）活动前期宣传工作

（1）通过微信公众号宣传。

（2）在教学楼、宿舍楼、食堂的宣传栏上贴宣传海报。

（3）告知各个院系的老师和班长，通过他们进行各班级的宣传。

图4-18 "观影《厉害了，我的国》"主题活动

（二）活动中期

（1）各班级班干部组织本班学生进行观看。

（2）观看时需要拍照片。

（三）活动后期

观影完毕后各班级上交图文总结。

五、工作经验与启示

学生看完电影后，所有人都深深地被感动了。他们不仅对于拥有如此美好的国度感到骄傲，还对现今的世界充满了自信和希望。作为一个拥有着光荣历史的国度，很庆幸能够目睹中国的发展壮大，伟大的中华人民共和国鼓舞着我们和她共同前行，一起强大。

影片前一部分以光影记录，彰显了大国实力。一个个非凡的超级工程，引领人们走向新时代的里程碑般的科研成果。它们描绘了人民的日常生活，让我们感受到中国的强大所在。它们让我们深深地感受到《厉害了，我的国》所传递的正能量和中国的红色精神和雄厚实力。展示出中国在构筑人与自然的和谐关系上的伟大成就，既代表着中国对国际社会的尊重，又象征着中国正在努力实现全球化的伟大工作。《厉害了，我的国》让我们深刻地认识到，只要我们努力，就能够获得真正的幸福。随着中国在自主创新方面不断取得突破性成果，中国人民激发出浓烈的大国荣誉感与骄傲之情。

当代大学生拥有实现中华民族伟大复兴的宏伟抱负，应当勇于担当，勇敢面对挑战，坚定信念，勇往直前，艰苦奋斗，用自己的汗水和智慧，谱写出无悔的青春乐章，实现自己光荣的使命。

经历了这场活动的洗礼，学生都深刻领悟到：未来的日子里，要把握时代的脉搏，汲取前沿的智慧。拥有优秀素养，为实现梦想而努力奋斗。

第十九节
"爱党PPT展示"大赛

一、活动背景

"爱党"作为"五爱"中的第四爱，对大学生具有不能忽略的意义。为了增加学生的爱党意识，热爱党与国家，进一步关注和捍卫未来的前程发展的命运、策略和发展核心权益，坚持中国特色社会主义制度、共产党和各族人民的团结统一。拥有历史责任感和祖国未来发展权利高于一切的思想境界，全身心地自觉投身到创建富强民主文明和谐的现代化强国当中，以更为宽广的胸怀和更为广阔的心境，完成实现中华民族伟大复兴的中国梦。

二、活动目标与意义

爱有不同的类型。热爱是一种高尚的爱，对待中国共产党，就是要怀有深切的热爱。没有这份热爱，就是在否定历史。在历史的长河中，我们可以清晰地看到中国共产党是中国社会发展的引路人，也是中国人民实现梦想的坚实支柱。为了让本校学生热爱党组织，开展"爱党PPT展示"主题活动。

三、活动主题

"爱党PPT展示"（图4-19）。

图4-19 "爱党PPT展示"大赛活动

四、组织实施

（一）活动前期宣传工作

（1）在教学楼、宿舍楼、食堂的宣传栏上贴宣传海报；

（2）告知各个院系的老师和班长，通过他们进行各班级的宣传。

（二）活动中期

（1）各班级号召学生参加PPT的制作和展示。

（2）以班级为单位将成品PPT上交。

（三）活动后期

（1）由老师进行评选。

（2）设置奖项，一个一等奖，两个二等奖，三个三等奖。

（四）后期宣传

（1）将获奖学生的PPT在晚自习时进行各班级播放。

（2）播放时进行拍照保存。

（3）在公众号上进行宣传。

五、工作经验与启示

学校积极开展工作，对此次活动进行大力宣传。激起了同学们浓厚的兴趣，纷纷积极踊跃地报名参与，活动前的宣传演讲令同学们燃起激情，在对PPT的审核过程中，评委们发现此次活动同学们参报的作品水平普遍有所提高，当代大学生对于爱党爱国热情高涨。

经过本次活动的学习，学生们深刻地意识到：作为当今时代的一员，必须意识到爱国奋斗精神的重要性，并且不能被当今和平年代和经济社会的迅速发展所迷惑，更不能被一些放任自流的错误观念所左右。经过本次活动的学习，我校学子深刻地认识到：在新的时代，应该继承和发扬前辈们的爱国精神，勇敢地迎接新的挑战，提升自身的思想素质，坚定地跟随习近平总书记的号召，践行爱国奋斗的理念。

第五章
知义爱国

当前，实现中华民族伟大复兴的中国梦已经成为中国走向未来的鲜明指引，成为激励中华儿女团结奋进、开辟未来的一面旗帜，成为回荡在中国人心中的高昂旋律。伟大的事业需要伟大的精神，伟大的精神推动伟大的事业。没有人民精神世界的极大丰富，没有全民族精神力量的凝聚发挥，没有全社会共同的理想目标和精神追求，国家的富强、民族的振兴和人民的幸福就不可能实现。实现民族复兴的梦想，需要强大的精神动力。"实现中国梦必须弘扬中国精神"这是以爱国主义为核心的民族精神，以改革创新为核心的时代精神。这种精神是凝心聚力的兴国之魂、强国之魄。爱国主义始终是把中华民族坚强团结在一起的精神力量，改革创新始终是鞭策我们在改革开放中与时俱进的精神力量。全国各族人民一定要弘扬伟大的民族精神和时代精神，不断增强团结一心的精神纽带、自强不息的精神动力，永远朝气蓬勃迈向未来。

爱国主义是中华民族精神的核心，是中华民族生生不息、薪火相传的精神血脉。千百年来，中华民族之所以能够历经磨难而不衰，饱尝艰辛而不屈，就是由于爱国传统已深深融入国民的民族意识中。改革创新也同样体现了爱国主义精神。历久弥新的爱国主义和富于时代特色的改革创新如同两只隐形的翅膀，它们将助推中华民族飞向伟大复兴的崇高梦想。

爱国主义是国家、民族、社会发展的精神支柱。2019年11月，中共中央、国务院印发了《新时代爱国主义教育实施纲要》是爱国主义教育的纲领性文件，为爱国主义教育提供了新的遵循。2021年11月，《中共中央关于党的百年奋斗重大成就和历史经验的决议》提出"要源源不断培养造就爱国奉献、勇于创新的优秀人才"，对于培养什么样的人才提出了要求。中国特色社会主义进入新时代，意味着大学生爱国主义教育进入了一个崭新的时代。2023年10月，《中华人民共和国爱国主义教育法》颁布，以法治的方式促进爱国主义精神的传承和弘扬。在新形势下，发展中机遇与挑战共存。国际形势复杂变化，局部动荡依然存在，文化入侵存在潜在危险，各方面风险和挑战增加，危害国家的总体安全。此外，经济全球化、信息多样化，影响着大学生价值观的形成。大学生作为可爱、可信、可为的一代，加强大学生爱国主义教育，对于维护祖国统一和民族团结发挥着重要的作用❶。

一、爱国主义概念

爱国主义是历史形成和巩固起来的对自己祖国忠诚和热爱的一种最深厚的感情。列宁曾指出："爱国主义就是千百年来固定下来的对自己祖国的一种最深厚的感情。"这种感情鲜明地表现为民族自尊心、自信心和自豪感，表现为争取祖国独立富强、维护祖国统一而奋斗的精神。爱国主义是衡量人的思想觉悟和道德水平的重要尺度，也是调整个人与国家、民族之间关系的重要规范。中华民族的爱国主义虽然在不同的历史时期有着不同的内容，但其内在精神意蕴则是始终一致的。这就是热爱祖国，珍惜祖国悠久的历史，继承祖国灿烂的文化；建设祖国，以辛勤的劳动和艰苦的创造❷，使祖国变得富饶美丽；保卫祖国，维护祖国的主权、独立和领土完整，反对民族分裂和国家分裂。

因此，爱国主义是一种把关心和维护祖国的荣誉、利益，以及把推进祖国的文明进步、献身祖国人民的幸福，作为自己的政治选择和道德取向的无比高尚的思想理念❸。它是历史文明的沉淀，是经由数千年传统逐渐巩固起来的一种对祖国无比忠诚与热爱的思想情感的集中表达，是在处理个人与祖国关系方面所显现出来的高尚的道德情操和进步的政治追求的思想光辉。它是一种推动全国人民团结奋斗、抵御外敌、战胜灾祸、克服困难、开拓进取、自强不息的精神支柱。

与祖国相联系的爱国主义，应从三个方面来理解：一是在社会实践活动领域内使用的爱国主义，即通常所说的爱国，这是一种爱国情感和基于爱国情感而产生的爱国行为所构成的系统；二是作为思想观念的爱国主义，这是一种属于社会上层建筑和意识形态的范畴，由一定的社会经济基础决定并为经济基础服务的理论体系；三是作为价值取向的爱国主义精神，它是包含在爱国主义中的共同特性，即凝结为人的价值理性、道德情操、理想人格和精神境界，包含信念、理想、人格等道德内容。爱国主义作为一种道德力量，对于国家的统一繁荣、民族的团结进步具有不可估量的感召、激励和凝聚作用。热爱祖国，忠于祖国，为祖国奋斗献身，是爱国主义最重要的内涵。

❶ 辛如彬. 习近平家国情怀重要论述及对青年的教育价值[J]. 中学政治教学参考，2020（22）：17-20.
❷ 陈永刚. 红色文化融入新时代大学生爱国主义教育的实现路径[J]. 未来与发展，2020，44（3）：42-46.
❸ 赵国旭，陶丽丽，侯树成. 智媒时代大学生爱国主义教育路径探析[J]. 哈尔滨职业技术学院学报，2023（4）：84-86.

二、爱国主义的内涵

爱国主义既有主体又有对象，主体就是爱国者，对象就是祖国。我们既要从主体的角度，又要从对象的角度，来共同揭示爱国主义的丰富内涵。

（一）爱国主义是爱国情感、爱国思想和爱国行为的统一

从爱国者的角度来考察，爱国主义包含着情感、思想和行为三个基本方面。其中，爱国情感是基础，爱国思想是内核，爱国行为是体现。

首先，爱国情感是爱国主义精神的感性基础[1]。爱国情感对于大多数人来讲虽然在开始都是自发的、朴素的，但却是树立爱国主义精神最初的心理发展阶段。爱国情感的表现极其丰富，如对养育自己的家园乡土的衷心赞美和深深的依恋之情；对祖国辽阔富饶的国土、悠久的历史和优良的传统、灿烂的文明，以及各种闻名于世的辉煌成就的钦佩感和自豪感；对祖国各族人民和骨肉同胞的亲和感、归属感和尊崇感；对中华民族所表现出的强大生存、发展能力及其对整个人类历史发展所做的贡献和价值的确信而产生的民族自信心等[2]。

其次，爱国思想是爱国主义精神的理性基础。爱国思想是人们对祖国历史、现状、国际关系以及个人与祖国关系的一种理性认识，它常常以某种思想观念的形式表现出来。作为群体意识，爱国思想凝聚着人们对祖国的整体认识、对祖国前途命运的理性审视、对建设祖国的筹划，具体表现为民族自尊意识、民族自强意识和民族忧患意识等。作为个体意识，爱国思想潜藏于人们的内心深处，包括对祖国传统文化的评价、对祖国利益的认同和服从等[3]。无疑，爱国情感只有在爱国思想的引领下，才能不断得以巩固深化。

最后，爱国行为是爱国主义精神的具体实践。爱国行为是指人民身体力行，以报效祖国的实际行动来实践自己的爱国情感和爱国思想。形成坚定正确、始终不渝的爱国行为，是进行爱国主义教育的落脚点和归宿。只是把爱国主义停留在口头上，空谈爱国情感和爱国思想而不付诸实践的人，不是真正的爱国主义者。只有将爱国情感和爱国思想化作报国之行，做到表里一致、言行一致，才能成为一个真正的爱国主义者。

（二）爱国主义是爱故乡、爱人民和爱国家的统一

从爱国主义的对象的角度，可以从三个基本方面来把握爱国主义的内涵：

首先，热爱故乡山河是爱国主义的基本要求[4]。俗话说："一方水土养一方人。"每

[1] 林秋琴. 新时代大学生爱国主义教育研究[J]. 思想理论教育，2020（10）：102-105.
[2] 黄淑洁. 当代大学生家国情怀的培育路径[J]. 西部素质教育，2022，8（10）：33-35.
[3] 魏勃，李治勇. 凝心铸魂推进新时代大学生爱国主义教育[J]. 学校党建与思想教育，2020（6）：45-47.
[4] 段丹东，刘婧童. 新媒体时代大学生爱国主义教育的创新路径探析[J]. 新闻研究导刊，2022，13（21）：66-68.

个人对于生于斯、长于斯的故乡总是有着割舍不断的亲情,无论走到哪里,往往魂牵梦绕。人们总是从热爱故乡的一草一木、一山一水开始,随着年龄的增长和阅历的丰富,逐渐形成对祖国山河的热爱和眷恋,并以不同方式表达这种热爱之情,从而形成了爱国主义的扎实基础。

其次,热爱各族人民是爱国主义的集中体现。正是因为拥有世世代代勤劳勇敢、善良智慧的各族人民,中国才会有悠久历史和灿烂文化。一切真诚的爱国者都深爱着祖国的各族人民。

最后,热爱自己的国家是爱国主义的必然的政治要求。国家安定团结、兴旺发达,生活于其中的民族、家庭和人民必然会安居乐业、幸福快乐❶;国家处于动荡、分裂、衰弱和危亡状态之中,其国民则不可避免地贫困流离、痛不欲生。这就清楚地表明,对于自己生长其中的、由先进阶级建立并实施管理的进步国家,每个人当然应该去维护她、巩固她、发展她❷。这是爱国主义的重要政治内容。

(三)社会主义时期的爱国主义是热爱祖国、拥护社会主义制度和拥护共产党领导的辩证统一

在社会主义社会,爱国主义有了更为丰富的内容。中国是社会主义国家,在当代中国讲爱国,就是爱社会主义中国。与以往的爱国主义相比,社会主义时期的爱国主义有着鲜明的新内涵。爱国是与爱社会主义结合在一起的。历史证明,只有社会主义才能救中国,只有社会主义才能发展中国。社会主义与爱国主义在价值取向上是一致的。社会主义的目标是消灭剥削、消除两极分化,最终达到共同富裕,因而体现了为全体人民谋利益的理想,其价值取向是为人民服务和集体主义。一个真正的爱国者,不仅希望自己的祖国富强,而且为了祖国和人民的利益,还应在必要时不惜牺牲个人的利益。由此可见,在社会主义社会坚持爱国主义,实质上体现了社会主义的价值取向。爱国主义与社会主义紧密相连,不可分离。爱国主义所追求的民族独立和人民民主,要依靠社会主义才能实现;爱国主义所向往的国家统一和国强民富,也要依靠社会主义才能实现。推动社会主义事业的不断发展,爱国主义是强大的精神力量;实现民族振兴,爱国主义是重要的精神支柱。爱祖国,就是要爱社会主义的中华人民共和国。

爱国也是与拥护中国共产党的领导结合在一起的。实现民族独立和国家富强,一直是历史向中国人民提出的爱国主义的重大课题。中国共产党为实现这一目标做出了卓越的贡献,成为全国人民根本利益的忠实代表和领导核心,所以全国各族人民自然把希望

---

❶ 吴承强,刘非.新时代加强大学生爱国主义教育的内在机理和践行路径研究[J].未来与发展,2019,43(12):88-91.
❷ 张红飞.新时代大学生爱国主义教育的时代呼唤、现实机遇和实践路径[J].思想教育研究,2021(11):145-148.

祖国繁荣昌盛的爱国之情与对中国共产党的衷心拥护紧密地融合在一起。在近代中国社会历史进程中，是中国共产党领导人民经过艰苦卓绝的斗争，结束了国家四分五裂、任人宰割的状况，从根本上改变了中华民族的命运；是中国共产党带领人民自力更生、艰苦奋斗，改变了一穷二白的面貌，走上了通过改革开放实现社会主义现代化的康庄大道；是中国共产党在新的潮流中，顶住压力，打开局面，使社会主义中国不断蓬勃发展。《没有共产党就没有新中国》这首传唱多年、经久不衰的歌曲，以朴实无华的歌词，真切地表达了我国各族人民热爱祖国与热爱中国共产党的情怀。

新时代背景下，开展大学生爱国主义教育，对于提升民族自信心，增强民族凝聚力，实现中华民族伟大复兴具有重要的意义。因此，在大学生群体中，全方面开展爱国主义教育❶，对于大学生矢志不渝跟党走、厚植爱国情怀具有重要的意义。

爱国主义教育是一项漫长而又具有挑战性的工作，它的核心特征之一便是与时俱进。因此，我们必须不断加强对大学生的爱国主义教育。进入新时代，面对两个大局带来的时代考验，大学生爱国主义教育需要根据党和国家提出的最新要求与教育方式、方法及时做出调整。在大学里，人的素质是至关重要的。因此，我们致力于通过提供自身的知识、经验、技能来提升人的道德水平。同时，我们也致力于将这些方法融入课堂中，让更多的人能够在这里获得更好的指导，从而使他们更好地服务于国家的未来。爱国主义教育是高校思想政治教育的关键内容，爱国主义教育和高校思想政治教育有着密不可分的内在联系。通过开展爱国主义教育和思想政治课，旨在培养大学生正确认识国情、维护国家利益，让他们更加坚定地跟随党和国家的方向，培养具有全面发展意识和综合素养，不断增强国民福祉，把握机遇，勇敢担当，把握机遇，把握未来，共同谱写出美丽中国梦。

在第二个百年征程中，社会将迎来新一轮的推动力量更替，作为国家后备力量的广大青年将成为新生力量投身国家建设，完成时代的接力。当代大学生肩负着祖国发展的重任，需要更加全面深入地学习四史，增强对党和国家的热爱，志存高远，勤奋探索，真正成为堪当民族大任的时代新人。爱国主义教育作为一种培养爱国者的实践活动，注重感情与认知的协同教育，有助于培养大学生对祖国的深厚情感，也为培养大学生的爱国情怀提供了有效途径，在增进学生对国家的感情中继续推动情感向情怀转化，侧重情怀的生成和培育。让爱国情怀在学生的心中牢牢扎根。爱国主义教育能够增进大学生对中华民族精神和中国特色社会主义事业的认知及认同，使之能够认清个人与国家之间的关系，把握自身理想与民族梦想的联系，增进学生对爱国的理性认知，帮助学生形成理性的爱国思维，进而有效地对学生爱国的"度"进行把控和调节，以保持爱国主义教育"质"的平衡，从而起到规范爱国行为的作用，为大学生进行正确的爱国行为提供理性引导。

当今世界正快速朝向全球化的方向发展，国与国之间的意识形态与经济文化产生频

---

❶ 刘睿，黄金金. 世界百年未有之大变局下大学生爱国主义教育探究[J]. 学校党建与思想教育，2022（24）：66-69.

繁的交锋与交集，国与国之间的联系达到历史的最高峰，原本彼此分隔、自成一体的各国正朝向"你中有我，我中有你"的命运共同体发展。在不可逆转的全球化大趋势影响下，由地理边界、种族人群、国家精神构成的国家界线越发模糊，不同的民族文化、意识形态、价值观念频繁交锋与调和，形成"趋同"和"排异"并存的局势，这种局势给我国的爱国主义教育也带来了严峻的挑战。"趋同"将使本国民族精神被动地与别国磨合，引发爱国主义精神在本质层面的混淆。"排异"则会令本国民族精神与民族文化遭受不同意识形态国家的主动扰乱和破坏，西方势力争夺话语权，鼓吹其社会制度与政治主张，抢占文化阵地，推行西方新自由主义、历史虚无主义以及"普世价值"文化，挤压中国传统文化的生存空间，挑战社会主义核心价值观的引领地位，弱化爱国主义的自我维护与再生能力。

随着时代的发展，作为国家未来支柱的青年大学生已经成为西方势力的重要攻击目标，他们以自己的偏好和偏见，有针对性地施加思想渗透，破坏大学生的思维、意志，改变他们的价值观，削弱他们对国家和民族的认同感，培养亲外分子参与不正当的活动，从而扩大西方意识形态的影响力，削弱党的集中统一领导和民族团结意识。将红色基因彻底抹去，以此来消除新一代的斗志，削弱我们在实现第二个百年奋斗目标时所需要的强大支撑。面对复杂错综的国际形势，必须把加强大学生爱国主义教育放在国家德育工作首要位置，让大学生充分了解当今世界政治格局与我国的角色定位，提高大学生的理性思考能力与明辨能力，自觉同外部不良思潮做斗争，使广大青年在"世界百年未有之大变局"中坚定政治立场，强化责任担当。

第一节
"青春梦，中国梦"活动主题班会

一、活动背景

心中有信仰，脚下有力量。"只有把人生理想融入国家和民族的事业中，才能最终成就一番事业。""同人民一道拼搏、同祖国一道前进，服务人民、奉献祖国，是当代中国青年的正确方向。"为了实现中华民族伟大复兴的中国梦的历史重任，把青春理想同祖国的前途，把自己的人生同民族的命运紧密联系在一起，扎根人民、奉献国家，学校特此开展"青春梦，中国梦"活动主题会议。

二、活动目标与意义

"当代中国青年生逢其时，施展才干的舞台无比广阔，实现梦想的前景无比光明。"

为了明确中国梦的具体含义，为了充分展现青春责任与担当，为了使我校青年把青春奉献给祖国和人民，学院为此开展"青春梦，中国梦"活动主题会议，让我院青年与时代同步伐，与人民同命运，让青年在以后的路上更加坚定自己，在青春的路上不再迷茫，展现青春激昂的风采，更好书写新时代青春答卷，为实现中国梦而奋斗。

三、活动主题

"青春梦，中国梦"（图5-1）。

图5-1 "青春梦，中国梦"活动主题班会活动

四、组织实施

（一）活动内容

本次活动学生可以谈一谈自己心中的中国以及自己的梦想和中国梦。"要志存高远，增长知识，锤炼意志，让青春在时代进步中焕发出绚丽的光彩。"这是党对青年的殷殷期盼，这是国家对青年的深深呼唤。在实现中国梦的征程上，飞扬的青春将是最亮丽的一道风景!

（二）活动流程

（1）确立时间地点通知全体成员，各班级派出两名学生现场学习，其他同学进行线下同步学习。

（2）提前布置活动场所，调试电脑等设备。

（3）请学生代表发言，谈一谈自己心中的中国以及自己的梦想和中国梦。

（4）活动结束后，各级领导及参与发言的学生进行合影留念。

（5）相关媒体部门做好记录，制作视频并发布在公众号中。

（三）活动要求

（1）紧扣活动主题，表达真情实感，内容积极向上。

（2）报名之后要认真参加，不可敷衍了事。

（3）各班级需将电子版稿纸模板自行打印。

（4）做好宣传报道，营造良好氛围，优秀活动成果将在我校公众号中进行展示。

（四）注意事项

（1）报名先到先得，报名人数到达预设的最大参与人数则无法继续报名。报名之后要认真参加，不可敷衍了事，更不可抄袭、弄虚作假。

（2）文章要求未在公开出版书籍、报刊及互联网上发表。

（3）参与者须在规定的时间内上交，逾期视为自动放弃资格。

五、工作经验与启示

百年征程路，青春爱国之底色，青年人必须紧密结合思想和工作实际，加强党史学习教育，做到学以明理，学以养心，学以致用。新时代开展爱国主义教育，既要理直气壮开好思想政治理论课，也要坚持知行合一，引导我院学生把"心之所系，情之所归"的爱国之情，升华为"祖国需要就是最高需要"的强国之志，付诸为"遇见深林，可以辟成平地；遇见旷野，可以栽种树木；遇见沙漠，可以挖掘井泉的"报国之心。

通过本次活动，激发出学生的爱国热情，培养了学生的爱国情怀，增强了爱国主义的渗透性和亲和力。使学生践行"强国有我"的承诺，坚定理想信念，自觉担当重任，实现中华民族伟大复兴。新时代的青年也一定觉醒以身报国，以青春之声咏青春之诗，以昂扬之姿承青年之责。

第二节
"以挚爱之笔，书爱国之情"主题征文比赛

一、活动背景

"中国梦是历史的、现实的，也是未来的；是我们这一代的，更是青年一代的。""青年兴则国家兴，青年强则国家强。"为了激发更多有志青年学习爱国主义情感、振奋民族精神、培养文化人才，充分发挥大学生们的主动性和创造性，让更多对文学与写作感兴趣的学生，找到一个展现自我的机会，抒发内心的爱国情感，我院开展此次爱国征文大赛。

二、活动目标与意义

每一代青年都该有自己的使命担当。青年的历史使命紧密联系到国家前途和民族命运。爱国主义对大学生来说是修身治本的方向，是成才的强大动力。对国家的热爱关系到大学生以什么样的文化条件和精神面貌进入社会。弘扬爱国精神，以及为丰富学生的课余生活、培养学生对文学的兴趣，提升学生的写作能力，同时也增强爱国主义情感，让一股清新的文学之风在我们的菁菁校园弥漫。

三、活动主题

"以挚爱之笔，书爱国之情"（图5-2）。

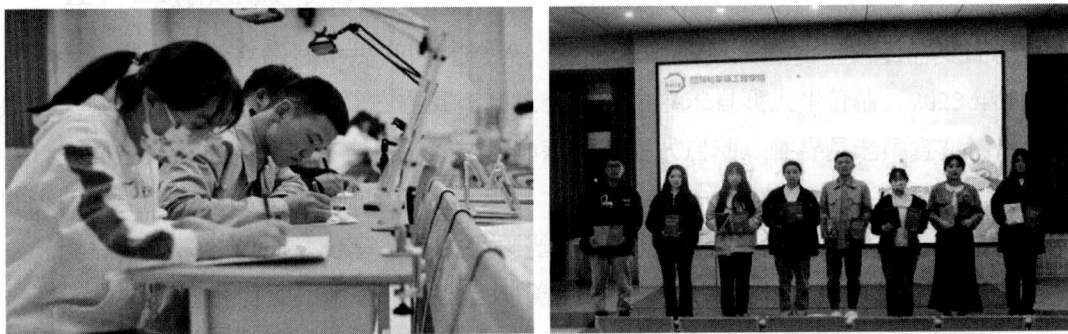

图5-2 "以挚爱之笔，书爱国之情"主题征文比赛活动

四、组织实施

（一）活动原则

采取公平、公开、认真的态度，比赛前完成座次安排，保证现场有序。

工作人员通知各班参赛选手提前到场，完成准备活动及调试设备，安排就座，管理场序，选手需自带纸笔，在主持人宣布比赛时间开始后提笔进行写作，比赛时间为60分钟，比赛结束前10分钟会给出提醒，确保参赛选手有足够的时间进行写作发挥，比赛结束后，工作人员将作品收齐整理，交由指导老师评出获奖选手。

（二）比赛纪律及规则

（1）本次活动为现场作文，需自带书写用具。

（2）本次作文体裁、内容要求：长篇记叙文和诗歌除外，其他文体不限；内容要求健康积极向上，紧扣爱国主题，字数为1000字以上，题目自拟。

（3）本次活动的作品必须为原创，不得抄袭他人作品，一经发现取消本次活动的评奖资格。

（三）活动作品评选标准

（1）参赛作品书写字迹，整体印象情况占10%，提倡书写要端正，字迹清晰。

（2）作文中的精彩段落语句，出彩的修辞手法，文体格式，新颖的作品题材占40%。

（3）作品的整体是否符合要求（内容健康、积极向上），主题鲜明，作品感情真切，层次分明占45%。

（4）作品创作中的表现（活动现场中的纪律，个人表现）占5%。

（四）活动奖励

（1）一等奖一名，二等奖二名，三等奖三名，鼓励奖十名。

（2）一等奖为证书、软皮笔记本；二等奖为证书、软皮笔记本；三等奖为证书、软皮笔记本；鼓励奖为奖状。

五、工作经验与启示

新时代的伟业淬炼青年，新时代的荣光属于青年。新时代青年是坚定的，因为他们承载着实现全面建成社会主义现代化强国的历史重托。芳华不会负家国，新时代青年定能担负起新时代赋予的新使命。"中华民族伟大复兴的中国梦终将在一代代青年的接力奋斗中变为现实。"这满满的信任，凝聚了中国人民的信念。号召我们研究生努力学习，为建设新时代强国做贡献，共建青春梦，中国梦。

通过此次举办的征文活动，让每个人心中都燃起了爱国的熊熊烈火，也让每个人都深刻认识到爱国的重要性与必要性。爱国不能只体现在话语上，更要付诸实践当中。相信我们都会不断努力奋斗，为国家的发展贡献出自己的一份力量。

第三节
《厉害了，我的国》观影活动

一、活动背景

电影作为第八艺术，具有用简短的时间和精美的画面阐述着一个个的道理，演绎着不同的故事，因此为贯彻习近平新时代中国特色社会主义思想，学习中国共产党第十九次全国代表大会精神，深入了解中国在创新、协调、绿色、开放、共享的新发展理念下取得的伟大成就，促进大学生对党的认识。故我校特展开本次观影活动，向当代大学生展示中国在最近几年发展的伟大成就，使学生在轻松愉快的审美氛围中达到心灵的共鸣和震撼，激发学生对党、对国家的热爱。

二、活动目标与意义

"青年兴则国兴，青年强则国强。"为增强本校学生在实现中华民族伟大复兴的中国梦上的凝聚力，进一步提高我校学生对中国共产党发展历程的认识，明确学子肩负的历史责任以及在新时代中承担的重任，加强学生在时代发展过程中的责任心，树立学生的艰苦卓绝、激流勇进的正确思想，创建高涨爱国情怀和积极奉献的校园风气，使学生尊党、爱党，增强学生的民族自尊心、自信心。通过此次观影活动，强化团员的先进性和光荣感，坚定共产主义远大理想和中国特色社会主义共同理想，牢固树立政治意识、大局意识、核心意识、看齐意识，坚定中国特色社会主义道路自信、理论自信，坚定对党的政治认同、思想认同、情感认同。

三、活动主题

《厉害了，我的国》观影活动（图5-3）。

图5-3 《厉害了，我的国》观影活动

四、组织实施

（一）前期准备

（1）由新媒体工作部负责，制作一张具有吸引力及引导意义的海报宣传本次活动。

（2）辅导员通知各班班长本次观影活动，向各班负责人进行讲解、安排。

（3）各班班长及时向各班学生讲解本次活动的意义和目的，并且根据上课时间表，合理的安排本班学生观影。

（4）由管理部负责，在活动期间组织各班的入场及安排就座位置，做到迅速、准确。

（二）活动过程

（1）活动前布置观影场所，安放屏幕、音响、放映设备等有关物品。

（2）活动开始前引导各班入场准备观影，管理部在观影前5分钟进行点名。

（3）管理部每班分配1~2人，在班级观影期间维持班级的环境卫生并且维持班级的纪律。

（4）各班在观影结束后，进行5~10分钟的观影感受交流。交流结束后管理部组织有序退场。

（5）各班组织学生写不少于600字的观后感（文档形式），并且各班挑选3~4份优秀观后感上交。

五、工作经验与启示

为了丰富校园文化生活，增强大学生的家国情怀，促进我校学生对党的发展进行更深一步的了解，吉林工程技术师范学院特在长德校区组织本次观影活动。本次活动由吉林工程技术师范学院全体学生参与。

《厉害了，我的国》以习近平新时代中国特色社会主义思想为内在逻辑，展示了我国近五年在创新、协调、绿色、开放和共享的新发展理念下取得的巨大成就，展现了中国人民在全面建成小康社会征程上的伟大奋斗。影片中所呈现出来的历史性成就、超级工程、大国风采以及蒸蒸日上的新时代图景，让观影的师生深感震撼。

在观影期间，各位同学的情绪都随着电影情节融入其中。一幕幕精彩绝伦的画面，一件件触动心灵的事件，一起起振奋人心的科研成果，学生随着电影情节的发展，情绪一步步的高涨。在观看到国家经过漫长且艰辛的道路摸索后取得的辉煌成就之后，学生洋溢出骄傲、自豪的神色。期间，各位同学都保持良好的纪律，没有出现喧闹行为，并且教室卫生保持整洁干净。此次观影活动进一步激发了师生的爱国主义热情，增强了师生的民族自豪感和自信心，观影结束后大家自发为祖国鼓掌。大家纷纷表示，为伟大祖国点赞，为新时代点赞，也为每一位用奋斗去追求中国梦的同胞点赞，一定要在各自岗位上奋发进取，为实现中国梦贡献力量。但在活动中，也有些许不足。部分班级在电影开始之前，由于设备问题，未能及时的播放影片。通过本次活动，在安排教室时我们应该及时的检查设备问题，以确保活动正常的开展。

有一条道路，没有尽头且充满荆棘。它的起点只是一艘飘着红色旗帜的小船，终点却是百姓幸福，国家富强。通过该影片，将学生的爱国热情以及家国情怀凝聚到建设新时代中国特色社会主义道路上来。相信各位同学在以后的道路上更具有责任心、更具有抗挫折的能力。跟老一辈们相比，我们没有那么多壮丽的色彩，但我们这一代的年轻人敢想敢做，脚踏实地，我们要沿着前辈们开拓的路线砥砺前行、激流勇进，我们要在自己所处的时代条件下谋划人生、创造历史，与新时代同行，在新时代中完善自我，在新时代中国特色社会主义道路上艰苦卓绝、持之以恒地继续摸索前进。

第四节
"祖国在我心"爱国歌曲大合唱比赛

一、活动背景

大学生要做德智体美全面发展的人才，适当的校园文化活动有助于学生综合发展，培养正确三观。丰富校园生活，展现当代大学生风采，丰富校园文化，营造良好的校园生活和人文氛围。为了提高学生的爱国主义精神、继承和弘扬中华民族文化，激发学生爱国热情，努力实现中国梦。走在新时代中国特色社会主义道路的学生们，更应以爱国为底色怀凌云壮志，担时代重任，与时偕行。

二、活动目标与意义

通过举办爱国歌曲演唱比赛活动，用充满积极正能量的爱国主义歌曲激发学生的爱国情怀，促使学生时刻铭记国家的历史与苦难爱国歌曲大合唱，培养学生的民族精神，让爱国主义成为学生思想品德教育的主旋律，激发当代青年的爱国热情与时代责任感，提高学生的参与积极性，营造富有激情、富有青春气息的校园文化氛围，丰富大学生课余生活，进一步营造良好氛围，增强班级的凝聚力，促进学生之间的友谊和交流，为此我校专门举办了"祖国在我心"爱国歌曲大合唱，体现我校学子积极向上的精神风貌。

三、活动主题

"祖国在我心"（图5-4）。

图5-4　"祖国在我心"爱国歌曲大合唱比赛活动

四、组织实施

（一）赛前准备工作

（1）向学院上交本次活动的策划案及相关资料。

（2）在活动批准后，由学院学生会及团属工作部内部开会分配任务。

（3）申请比赛场地，安排比赛时间和地点。

（4）整理出班级参赛名单（包括联系方式等）。

（5）节目征集，向班级下发通知，准备节目。

（6）推选主持人，选择两位主持人（1男1女）。

（7）联系嘉宾、评委以及比赛用到的道具。

（8）确定礼仪队队员。

（9）正式通知各班班长比赛时间。

（10）购买晚会所需及资料，矿泉水、邀请函、主持人稿件、节目清单等物品以及道具。

（11）在规定的时间内进行比赛。

（12）赛后为获奖班级颁发奖状。

（二）活动流程

（1）观众入场，保持会场内安静。

（2）参赛队伍入场，播放节奏欢快音乐，进行暖场。

（3）院领导就座，主持人介绍到场嘉宾，介绍评分规则。

（4）学生社团工作部表演后，主持人宣布比赛开始。

（5）第一个班级表演，表演结束，评委打分，去掉一个最高分和一个最低分，算出最终得分。

（6）第二个班级表演，表演结束，评委打分，去掉一个最高分和一个最低分，算出最终得分。

（7）第三个班级表演，表演结束，评委打分，去掉一个最高分和一个最低分，算出最终得分。

（8）主持人宣布最后获奖班级，各班级代表上台领奖，由校领导为其颁奖。

（9）比赛结束，观众离场，工作人员清理现场。

五、工作经验与启示

为了加强校园文化建设，活跃校园文化生活，促进学生身心健康发展，增强他们的爱国热情及振兴中华的责任感，营造良好的育人氛围，充分展现我校学生朝气蓬勃、健康向上的精神风貌，我校将进行"四海笙歌讴盛世，九州风华忆今朝"爱国歌曲大合唱比赛活动。比赛在学院领导的关心支持下，在各班班长的积极配合下，学生们以高昂的斗志、饱满的热情参赛，经过紧张比赛，活动圆满成功。学生们踊跃参与，热情高涨，校园里乐声阵阵，歌声飞扬，营造愉悦、热情、爱国氛围；学生们听指挥、反复练，感情得以升温，课后活动得以丰富。本次合唱比赛，增强班级的凝聚力和集体荣誉感，更重要的是激发了学生对祖国、对党的热爱情感，真正做到了寓教于乐、乐中受教的目的。

此次活动的开展，大大激发了学生们的爱国热情与时代责任感，展现了出我院同学们有才有实力的特点，有力营造了我校健康、和谐、向上的校园文化氛围，让学生们从内心深处激发民族精神、爱国情感，充分展示了我院学生积极向上的精神风貌，活动进行也颇为顺利。

这次唱歌活动也弘扬了爱国主义精神，传承了中华优秀传统文化，充分地发挥了艺术和文化优势，以最直接、最生动、最感人的方式，弘扬爱国主义情感，传承中华优秀传统文化。学生兴致勃勃地参与练习和组织，不仅能增强集体荣誉感，也体现了学生自主组织和创造的能力。同时，也为校园文化建设注入了新的活力。

本次活动存在些许瑕疵，如有的班级因训练时间不到位或训练方法欠妥当，致使合唱艺术质量较低；个别班级节奏混乱，有的跑调，有的伴奏效果差；现场气氛不够活跃，坐场班级纪律不够等。但是，通过这次活动，大家又进一步增强了集体凝聚力和集体荣誉感，明确了历史使命和努力方向，极大地激发了向上的斗志和决心。学生们表示，在以后的学习生活中要珍惜大学时光，全面提高自身素质，争做一名有益于社会、能为社会创造价值的合格学生。

相信通过此次活动，定会积累相关经验，日后活动中规避类似问题。相信吉林工程技术师范学院的学子们也定会在青春洋溢、热情爽朗的氛围中开辟出属于自己的新天地。

第五节
"我和我的祖国"写给祖国的一封信

一、活动背景

爱国主义是指个人或集体对祖国的一种积极和支持的态度，是人们对自己家园以及民族和文化的归属感、认同感、尊严感与荣誉感的统一，是保卫祖国和争取祖国的独立富强而献身的奋斗精神我们民族精神的核心，是实现中华民族伟大复兴永不枯竭的精神动力。让学生以热爱祖国为最大光荣，激发广大学生的爱国主义热忱，培养广大学生的历史责任感，使命感和高尚的爱国情感情操及增强大学生责任意识，本校特意举行以"弘扬爱国主义精神，做新时代有为青年"为主题，以一封信的形式表达爱国情感的活动。希望通过本次爱国主义教育活动，促进学生了解中华民族的悠久历史，传承中华民族的优秀文化，培育学生的民族自尊心、自信心和自豪感，树立成才报国的远大志向。

二、活动目标与意义

为了配合学校加强学生的爱国主义教育与民族传统教育，激发学生热爱祖国大好河山、悠久历史与灿烂文化，感受祖国日新月异的变化，弘扬爱国主义精神，并在本次活动中着力引导学生时刻心系民族命运、心系国家发展将爱国情感转化为刻苦学习、奋发图强的动力，促使学生树立伟大理想，提升道德素养，确立人生目标立志成为未来祖国栋梁。提高学生的综合素质，让学生在活动中成长，在实践中成才。

三、活动主题

"我和我的祖国"（图5-5）。

图5-5 "我和我的祖国"写给祖国的一封信活动

四、组织实施

（一）前期准备

（1）向学校上交本次活动的策划案及相关材料。

（2）在活动批准后，由本校学生会及团属工作部内部开会分配任务。

（3）批活动所需教室，海报。

（4）前期宣传：

①通知各班负责人，讲述将要开展的活动，并将活动通知到每个学生，可以通过二维码方式进群。

②制作简易PPT进行宣传活动。

③在大一大二群里进行宣传。

④通知大学生社团负责人准备节目，在活动中进行关于爱国主题的表演。

（5）确定参加活动人选。要求大一大二各班至少有一名志愿者学生参加爱国一封信的活动，并在活动现场朗读或使用PPT的形式介绍自己所写内容。截止时间为次日下午5点。制作报名表，并让各班负责人确定参选人员名单。

（6）前期安排。将各位参加活动的学生编号，发至各班负责人，并让负责人发送至本班，让参加活动的学生记住自己的号码，可以在活动中有序进行讲述，若有用PPT形式的学生，在活动当天上午发给负责新媒体的工作部进行测试，避免活动过程中发生意外（在活动开始前不得将内容传给任何与活动无关的工作人员以及学生）。

①与大学生艺术社团联系对接，确定相关筹备工作。

②准备节目单与参加活动学生上台顺序的设计、制定、现场指挥、发放等。

③负责做好文艺演出及参加活动学生文字、图片、视频的相关工作。

④根据各位学生的号码，进行活动现场的座位安排。

⑤将参加活动的老师及领导的姓名打印，做成姓名牌，放在对应座位上。

⑥其他与活动相关事宜。

（二）活动具体过程

（1）在活动开始前布置活动现场，调试影音、音响等设备。

（2）在活动过程中安排专人负责摄影。

（3）先请各位参加活动的学生，在活动开始20分钟前全部进入会场到达现场，组织签到，学生在自己对应位置入座。

（4）邀请各位领导老师参加本次活动。

（5）由主持人宣布本次活动开始，并阐述本次活动的背景和目的。

（6）由主持人介绍本次莅临现场的各位老师。

（7）学院领导发表讲话。

（8）请各位同学按照号码上台进行朗读自己的一封信，或者使用PPT的形式进行介绍，由各位老师进行评分。

（9）在活动过程中，穿插各种歌曲、舞蹈等节目。

（10）在所有参加活动的学生讲解完自己的内容后，由专门成员进行统计，去除最高分、最低分，取平均值，取前十五名学生，作品获得"最佳优秀信件"称号。

（11）全体成员进行合影留念。

五、工作经验与启示

山河日月镌刻璀璨初心，数载春秋写就举世华章。共产党人始终铭记为人民服务的宗旨，将为人民谋幸福、为中华民族谋复兴作为初心和使命，路遥而不堕其志，行远而不改初衷，让人民在斗争中看到了解决中国问题的出路，为迷茫的中国人民照亮前进的道路。

为了促使学生树立伟大理想，提升道德素养，确立人生目标立志成为未来祖国栋梁。提高学生的综合素质，让学生在活动中成长，在实践中成才，举办"爱国一封信展示"活动。本次活动由2022级、2021级学生共同参与，各年级辅导员也应邀出席。

本次活动共选出15位表达能力与展现能力都十分出众的同学，并将优秀的作品整理成作品集由负责新媒体的工作部发送至本学院的公众号以及抖音平台等公众平台，邀请各位学生观看，并给广大人民群众观看，了解中华民族的悠久历史，传承中华民族的优秀文化。

本次活动让我们认识到大学生是我们国家、民族的未来和希望。他们将肩负起建设祖国、保卫祖国的神圣职责。为了构筑21世纪共和国的"钢铁长城"奠定坚实的基础，造就一代具有强烈爱国主义精神和共产主义理想的接班人。因此，为了更生动有效地增强学生的国防意识，我校便不失时机地通过各种丰富多彩的活动，利用多种途径开展爱国教育。

爱国主义历来是中华民族的优良传统，它是动员和鼓舞大学生刻苦学习、奋发成才的一面旗帜，是引导大学生树立正确的理想信念、人生观、价值观和世界观的教育途径。爱国主义是中华民族团结奋斗、自强不息的精神纽带，是热爱和忠于自己祖国的思想、感情和行为的总和，是对待祖国的一种政治原则和道德原则。

第六节
"峥嵘百年史，砥砺中国行"主题征文比赛

一、活动背景

大学生的强烈爱国热情，能充分发挥他们的主动性和创造性，自觉自愿地投入到祖国的建设和发展中来，进一步鼓舞他们为国家富强、民族振兴而不懈奋斗，同时也能使他们实现自我发展，进而成人成才。作为新时代大学生，作为中华民族的传人，要深知不仅要努力学习科学增长技能，更要肩负起传承民族灿烂辉煌的人文智慧、弘扬民族精神、推动民族文化复兴、开创人类美好和谐未来的使命。爱国主义是我们民族精神的核心，是实现中华民族伟大复兴永不枯竭的精神动力，为了让学生的大学生活更加丰富多

彩，让对文学与写作感兴趣的学生找到一个展现自我的机会、抒发内心的爱国情感，所以我校将举办爱国征文大赛。

二、活动目标与意义

爱国主义是中华民族团结奋斗、自强不息的精神纽带，是热爱和忠于自己祖国的思想、感情和行为的总和，是对待祖国的一种政治原则和道德原则。爱国主义是群众的旗帜和动力，对大学生来说，是修身治本的方向，是成才的强大动力。对国家的热爱，关系到我们大学生以什么样的文化条件和精神面貌进入社会。弘扬爱国精神，以及为丰富学生的课余生活、培养学生对文学的兴趣，提升学生的写作能力，同时也增强爱国主义情感，让一股清新的文学之风在我们的菁菁校园弥漫。

三、活动主题

"峥嵘百年史，砥砺中国行"（图5-6）。

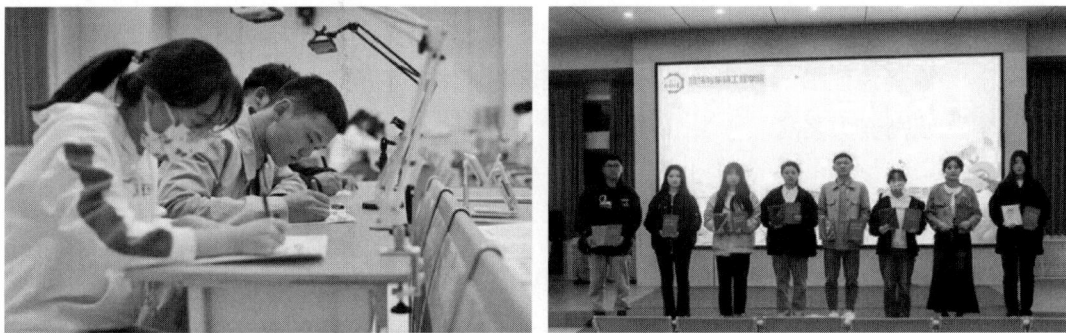

图5-6 "峥嵘百年史，砥砺中国行"主题征文比赛活动

四、组织实施

（一）活动原则：公平、公开、认真

比赛前完成座次安排，保证现场有序。

工作人员通知各班参赛选手提前到场，完成准备活动及调试设备，安排就座，管理场序，选手需自带纸笔，在主持人宣布比赛时间开始后提笔进行写作，比赛时间为60分钟，比赛结束前十分钟会给出提醒，确保参赛选手有足够的时间进行写作发挥，比赛结束后，工作人员将作品收齐整理，交由指导老师评出获奖选手。

（二）比赛纪律及规则

（1）本次活动为现场作文，需自带书写用具。

（2）本次作文体裁、内容要求：长篇记叙文和诗歌除外，其他文体不限；内容要求健康积极向上，紧扣爱国主题，字数为1000字以上，题目自拟。

（3）本次活动的作品必须为原创，不得抄袭他人作品，一经发现取消本次活动的评奖资格。

（三）活动作品评选标准

（1）参赛作品书写字迹，整体印象占10%，提倡书写要端正，字迹清晰。

（2）作文中的精彩段落语句，出彩的修辞手法，文体格式，新颖的作品题材占40%。

（3）作品的整体是否符合要求（内容健康积极向上），主题鲜明，作品感情真切，层次分明占45%。

（4）作品创作中的表现（活动现场中的纪律，个人表现）占5%。

（四）活动奖励

（1）一等奖一名，二等奖二名，三等奖三名，鼓励奖十名。

（2）一等奖为证书、软皮笔记本；二等奖为证书、软皮笔记本；三等奖为证书、软皮笔记本；鼓励奖为奖状。

五、工作经验与启示

胸怀千秋伟业，百年只是序章。从风雨南湖一叶红船上启航，到今天巍巍巨轮的破浪前行，一百年风雨兼程，一世纪沧桑巨变，中国共产党践行初心和使命，带领全国各族人民绘就了波澜壮阔的壮美画卷，为人民谋幸福、为民族谋复兴，这是中国共产党跨越百年的初心传承。百年持续奋斗的再出发，中国共产党必将带领中国人民创造新的更大的奇迹。同时，培养担当民族复兴大任的时代新人，培养爱国之情，砥砺强国之志，实践报国之行，要始终做习近平新时代中国特色社会主义思想的坚定信仰者和忠实践行者。

为了展示我校师生对祖国的热爱，唤起全校师生对祖国的深情感怀，传递爱国主义的正能量，丰富学生们的大学生活，吉林工程技术师范学院特举行了此次爱国征文比赛，并得到了广大师生的积极响应。此次比赛的开展不仅激发了学生的创造力和思考力，培养了他们的爱国情怀，还提高了学生的综合素质，增强了学生的文化自信心。同时，此次比赛还增强了学校的文化氛围，营造出浓厚的爱国主义氛围，推动了学校的精神文明建设。

活动期间，参赛选手们都全神贯注、认真完成了自己的作品，展示出了属于他们的昂扬风采。与会人员都保持着良好的会场秩序，赛程期间穿插了许多关于爱国主题的节目和小游戏，营造出了浓厚的主题氛围。与会人员的情绪也随着赛程的进行不断高涨。选手们的作品，都透露出浓厚的爱国情怀，字字铿锵，句句含情，彰显着青年应有的青春气息。本次活动虽已圆满结束，但美中不足的是由于时间等问题，比赛期间未能将选手作品一一详细地展示给在场嘉宾观看。我们将会在以后的活动中不断改进，争取让所有到场的观众都能有更好的体验。

通过此次举办的征文活动，使学生重温历史，共同缅怀革命先烈，激发了学生的爱国热情、民族自豪感和责任感，增强对党领导作用的认识。深刻牢记"落后就要挨打"，树立为国家富强而不断努力的远大抱负。让每个人心中都燃起了爱国的熊熊烈火，也让每个人都深刻认识到爱国的重要性与必要性。爱国不能只体现在话语上，更要付诸实践当中。相信我们都会不断努力奋斗，为国家的发展贡献出自己的一份力量。

第七节
"学习新思想，奋进新征程"学习会

一、活动背景

新时期青年大学生是祖国的希望和未来，同时青年大学生更肩负着振兴国家和民族的重任。中国共产党正带领全国人民建设中国特色社会主义事业，大学生与党同心，听党召唤，是建设中国特色社会主义的重要途径。未来属于青年，希望寄予青年。年轻充满朝气，青春孕育希望。一个国家的进步，镌刻着青年的足迹；一个民族的未来，寄望于青春的力量。国家始终亲切关怀青年的发展，倾听他们心声，指引他们成长，激励广大青年不负时代、不负韶华，在青春的赛道上奋力奔跑。

二、活动目标与意义

新时期爱党学习会是为了增强学生对中国共产党的热爱，同时这也是进一步深化学生对责任的解读，青年学生肩负着实现中华民族伟大复兴的重担，而激发学生爱党爱国的热情也就成为工作的重中之重。不同的时代对青年有不同的要求，一代青年有一代青年的思想风采，一代青年有一代青年的精神风貌。青年价值观的孕育、建构和铸造，究其根本是用先进精神理念培养当代青年，引导和激励当代青年树立远大的理想追求。当代青年必须以社会主义核心价值观为引领和统摄，勇立潮头、踔厉奋发、报效祖国、奉献人民。其中，最关键的是让爱国主义和英雄主义成为精神"压舱石"。

三、活动主题

"学习新思想，奋进新征程"（图5-7）。

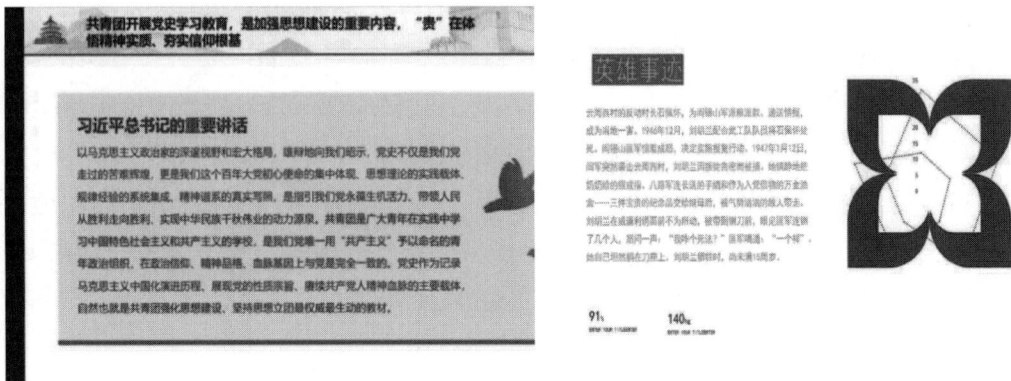

图5-7 "学习新思想，奋进新征程"学习会活动

四、组织实施

（一）前期安排

（1）确认"寄语学习会"的时间，合理安排好所有人员时间的调配，做到活动提前通知，准备有条不紊、不慌不忙。

（2）提前准备好习近平总书记对青年的寄语资料。

（3）各班班长及时向各班学生讲解本次活动的意义和目的。

（二）活动流程

（1）学生会的所有成员提前进入会场做好所有的本职工作。

（2）各班将安排好的教室通知到管理部，在活动前五分钟进行点名。

（3）管理部每班分配1~2人，在活动期间维持班级的环境卫生并且维持班级的纪律。

（4）各班在活动结束后，进行5~10分钟的活动感受交流。

（5）交流结束后管理部组织有序退场（秘书处组织安排会议的各项事宜，及会议记录）。

注意：所有的学生会组织成员在活动进行中相互配合，团结协作。

五、工作经验与启示

青年是祖国的未来、民族的希望，是整个社会中最积极、最有朝气、最富有创造性的力量。青年兴则国家兴，青年强则国家强。为了培养广大青年的历史责任感、使命感和高尚的爱国情操，增强大学生责任意识，加强大学生思想道德建设、提高学生的综合素质、促进学生健康成长，鼓舞当代大学生努力奋斗，学院积极响应学校号召，于2022年10月1日在腾讯会议上举办以"习近平总书记青年寄语"为主题的教育活动。希望通过本次活动，鼓励大学生励志勤学、刻苦磨炼，为祖国奉献自己的青春力量。

青年的价值取向决定了未来整个社会的价值取向，而青年又处在价值观形成和确立的时期，抓好这一时期的价值观养成十分重要。这就像穿衣服扣扣子一样，如果第一粒扣子扣错了，剩余的扣子都会扣错，人生的扣子从一开始就要扣好。"凿井者，起于三寸之坎，以就万仞之深。"

活动开展期间，我院积极配合学校工作，大力对本次活动进行宣传。通过各班开展主题班会，主题宣传片等方式向广大学子宣传。学生也积极配合学校工作，纷纷认真学习，查阅资料，以文字为载体，共同理解习近平总书记对广大青年的寄语。

时间之河川流不息，每一代青年都有自己的际遇和机缘，都要在自己所处的时代条件下谋划人生、创造历史。青年是标志时代的最灵敏的"晴雨表"，时代的责任赋予青年，时代的光荣属于青年。展望未来，我国青年一代必将大有可为，也必将大有作为。这是"长江后浪推前浪"的历史规律，也是"一代更比一代强"的青春责任。广大青年要勇敢肩负起时代赋予的重任，志存高远，脚踏实地，努力在实现中华民族伟大复兴的中国梦的生动实践中放飞青春梦想。

通过对本次活动的学习，增强了我院学子的爱国主义思想教育，提高了学生的爱国思想觉悟以及提高了广大共青团员的政治素养。本次活动取得了良好的效果，各项活动圆满的举行，达到了本次活动的目的。

第八节
"品读红色经典，厚植爱国情怀"读书会活动

一、活动背景

目前，我国高等学校是培养社会主义事业建设者和接班人、传播和弘扬社会主义文化、推进文化创新和发展的重要场所，而激发学生爱国也是其工作的重要一环。爱国读书行动，既是贯彻落实党的二十大关于深化全民阅读活动的重要部署，也是进一步推动青年学生阅读深入开展，秉持"笃学"校训精神，在广大青年学生中形成"爱读书、读好书、善读书"的浓厚氛围。为了进一步开展爱国主义教育，引导学生树立正确的人生观、价值观，使学生进一步了解祖国的伟大成就，激发爱国爱家乡的热情，此次的爱国读书会因此展开。

二、活动目标与意义

开展青年学生读书行动，就是引导广大青年在广泛全面的阅读中，增强爱党爱国爱社会主义的坚定信念，牢固树立为中华民族伟大复兴而读书的远大志向，增强历史自觉、增强文化自信；就是要引导广大青年学思用贯通、知信行统一，在读万卷书、行万里路中，全面提高独立思考能力、社会责任感、创新精神和实践能力，努力成长为担当民族复兴大任的时代新人。以爱国主义教育为主题，以发展新中国和发扬优秀革命传统教育为重点，通过各种爱国主义教育读书，使学生深入了解中国共产党领导中国人民在建立新中国的奋斗中所表现的革命精神，增强学生对国家与民族的自信心和自豪感。引导学生树立热爱祖国、热爱人民、努力学习、为祖国的繁荣昌盛做贡献的思想。

三、活动主题

"品读红色经典，厚植爱国情怀"（图5-8）。

图5-8 "品读红色经典，厚植爱国情怀"读书会活动

四、组织实施

（一）前期准备

（1）向学校上交本次活动的策划案及相关资料。

（2）在活动批准后，由学院学生会及团属工作部内部开会分配任务。

（3）通知各班班长，班长通知并组织班级学生报名。

（4）整理出班级参与活动人员名单（包括联系方式等），确认好读书会的时间，合理安排好所有人员时间的调配，做到活动提前通知。

（5）提前准备好读书会所需要的书籍，同时安排学生带好自己所要学习的材料。

（6）联系嘉宾、评委以及活动所用工具。

（二）活动流程

（1）正式通知各班班长比赛时间。

（2）院系学生会的所有成员提前到场做好所有的本职工作。

（3）依据报名次序，依次在规定的时间内进行比赛。

（4）评委进行现场打分。

（5）选手全部结束比赛后，公布成绩。

（6）赛后为获奖组别颁发奖状。

五、工作经验与启示

为让广大同学在阅读中提升内在修养，在阅读中感受人类社会文明的真谛。通过广泛阅读，感悟多元社会文化，在阅读和社会实践中寻求自我人生价值。2023年4月20日，爱国主义读书会活动在吉林工程技术师范学院正式启动。辅导员老师宣布活动启动并讲话，学院相关负责人参加了此次活动。

读书会上，各位同学分享了有关爱国题材的文学作品，评委们对其感想进行了逐一评议。参赛选手们紧扣主题，将自己对党和祖国的热爱之情融入演讲中，激情昂扬的语句、丰富的肢体语言、动人的表情，引起全场观众的情感共鸣，现场掌声不断。他们高度赞扬了学生的爱国责任感，引导学生深刻领会"江山就是人民，人民就是江山"的理念，学习"我将无我，不负人民"的崇高境界，在新时代全面建设社会主义现代化国家新征程中奋勇争先、建功立业。这是新时代大学生成人成才、矢志报国的实践之行。

本次活动使得学生深刻体会到中国特色社会主义的显著优势；若把本次活动比作一堂"大思政课"，启发引导学生用马克思主义基本原理分析和把握国际国内两个大势，在中国特色社会主义的伟大实践中把握共产党执政规律、社会主义建设规律、人类社会发展规律，建立和坚定中国特色社会主义道路自信、理论自信、制度自信、文化自信，从而筑牢理想信念之基、指引矢志奋斗之路、践行初心使命之魂，进一步树立起对建设社会主义伟大事业和实现共产主义伟大理想的崇高信仰，更好地投身于社会主义伟大事业的建设之中去，以智慧和勇气走好新时代的长征路。在本次活动过程中，展现出了学生的青春风采与激情活力，让学生在学思践悟中自觉传承红色基因、革命薪火，进一步成长为中国特色社会主义事业的合格建设者和可靠接班人，活动进展也十分顺利。

本次读书会贯彻"五爱"教育，践行"笃学敬业　求是创新"的校训，吉林工程技术师范学院的学子定会厚植爱国情怀，砥砺强国之志，在高涨的红色氛围中落实"五爱"教育之"爱祖国"教育，实践爱国之行，创造未来。

第九节
"强国复兴有我"知识竞赛

一、活动背景

中国是一个历史悠久、经历风雨的国家。我们的民族精神就是以爱国主义为核心的爱国主义精神。为了传承革命情怀，发扬爱国精神，展现祖国风采，同时进一步推动我校校园文化的发展，大力弘扬社会主义核心价值体系，激发广大师生爱党爱国热情，营造文明和谐的校园氛围，促进学生健康发展、快乐成长。爱国，从小的方面来讲就是爱家乡，了解家乡的变化和民族的风俗人情，感受着祖国取得的伟大成就。

二、活动目标与意义

引导大学生增强爱国之心、报国之志，激励大学生"面向新世纪，豪情意气发，苦练本领见中华"；培养大学生的民族自信心、自尊心和民族自豪感；同时，加强祖国各地学生的团结互助精神和民族凝聚力。进一步推动校园文化的发展，加强学生的思想道德建设，丰富高校校园文化生活，提高广大学生爱国主义素养。通过爱国主义知识竞赛，加强爱国主义教育和民族团结进步教育，培养和践行社会主义核心价值观为传承革命情怀，弘扬爱国精神，展现祖国风采，同时进一步推动本团支部的文化发展，加强团员的思想道德建设，提高团员的综合素质，培养广大团员的思维创新能力。激励广大青年学生树立崇高理想信念，勤奋学习、崇德向善、团结互助。

三、活动主题

"强国复兴有我"（图5-9）。

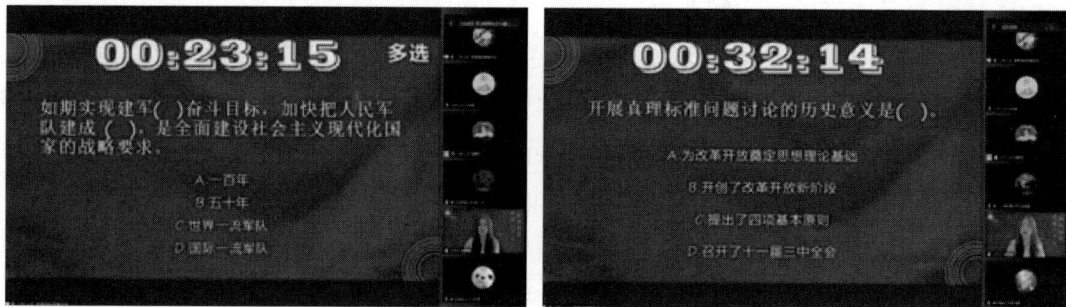

图5-9 "强国复兴有我"主题活动

四、组织实施

（一）准备工作

（1）为确保此次知识竞赛的顺利展开，赛前做好竞赛的宣传、动员、报名及名单整理，题型搜集等基础工作。

（2）知识竞赛题型搜集：搜集一些爱国主义教育基本知识，以此来充分激发学生的爱国主义情怀。学习部提前准备好比赛需要的考题，根据报名的选手依次准备好。

（3）安排摄影人员，记录活动精彩瞬间。

（二）比赛流程

（1）初赛：初赛采取团队线下笔试，每队参赛人员为3人。笔试试题包含单选题30道（每题2分），多选10道（每题3分），简答题2道（每题5分），共100分。笔试成绩前8名的参赛团队进入决赛（答题时间限时1小时）。竞赛结束后，如果有两支以上代表队积分相等而影响获奖等次评定时，积分相等的代表队进行附加赛。

（2）决赛：决赛采取现场抢答形式进行，分必答题（单选题）、抢答题（多选题）、附加题（简答题）3个环节，最终按团队分数高低决出名次。

五、工作经验与启示

爱国主义教育活动让学生重温历史，感受革命先烈为共产主义事业抛头颅、洒热血的爱国主义精神，大大增强了青年的民族自尊心和自豪感。伟大建党精神是新时代大学生英勇斗争的精神支柱。百年来，我们党在应对各种艰难险阻、风险挑战的斗争中，铸就了不惧强敌、不怕风险、敢于斗争的精神气质。"随时准备为党和人民牺牲一切"是每名共产党员入党时做出的庄重承诺，英勇斗争是中国共产党的精神魂魄。然而，在信息技术发达的新时代，整个社会的思想价值观念呈现多元、多样、多变的状态，外部的和内部的、进步的和倒退的、积极的和消极的、先进的和迂腐的思想并存，为大学生价值观念的塑造带来很大的挑战，特别是一些错误思想和价值观念侵扰着大学生的精神家园，在一定程度上弱化了大学生报效祖国的斗志。伟大建党精神为大学生提供了向上奋进的强大精神支持，增强大学生建功立业的志气、骨气、底气，是支撑大学生在新时代勇往直前的强大精神支柱。

迈入新时代，大学生是中国特色社会主义的后备力量，大学生一代的茁壮成长需要伟大建党精神的引领，大学生只有将伟大建党精神铭刻于心、落实于行，继续弘扬中国共产党人英勇斗争的精神，为党和国家的建设事业而奋斗，才能鼓起创造美好新时代的精气神，投身于实现民族复兴的伟业。我们将认真总结经验，吸取教训，在以后的工作中再接再厉，争创新的辉煌。弘扬民族精粹，繁荣我们自己的校园文化，提高我们在校大学生的综合素质，全面发展，营造我们浓郁的校园氛围。通过爱国主义知识竞赛，加强了爱国主义教育和民族团结进步教育，培养和践行社会主义核心价值观，传承革命情怀，弘扬爱国精神，展现祖国风采，同时进一步推动本校的文化发展，加强学生的思想道德建设，提高学生的综合素质，培养广大学生的思维创新能力。激励广大青年学生树立崇高理想信念，勤奋学习、崇德向善、团结互助。

但在活动中也出现了一些不足，可能由于工作人员与主持人的沟通不够，主持人对赛制了解较少，临场出现了一些紧急状况，如锦囊的使用、仲裁的询问、答题完毕后的几个程序的顺序问题等。还有由于题库准备不够充分，四场复赛的题目重复性较大，如果以后出现类似的大型竞赛，题库需要充分地准备。在前期，需要提高题库质量，提高题库运用效率，力争在比赛中不出现任何与题目相关的问题。但相信通过此次活动，定会积累相关经验，规避类似问题，以后的活动要利用此次经验避免问题的发生。

第十节
"最美爱国梦，倾心报祖国"主题活动

一、活动背景

深入学习《爱国主义教育实施纲要》，学生高奏爱国主义主旋律，用革命的传统教育，中华民族的历史教育，集体主义教育，社会主义教育，理想信念教育充实和武装师生头脑，激发广大师生爱国之心、报国之情、强国之志。同时，加强对学生的爱国主义教育，增强学生的民族自尊心和自豪感，发扬以爱国、爱家乡、爱校为最大光荣，以损害祖国利益和尊严为最大耻辱的良好风尚，并把爱国主义教育细化为热爱家乡、热爱学校、热爱班集体，从而增强学生集体意识，培养学生对集体的情感。

二、活动目标与意义

通过本次爱国主义教育活动，弘扬爱国主义，引导当代大学生适应时代发展的要求，正确认识祖国的历史和现实，增强爱国的情感和振兴祖国的责任感，传承伟大的中华民族精神，高举爱国主义旗帜，自强不息，艰苦奋斗，把爱国热情转化为树立志向、勤奋学习、全面发展的实际行动。学习社会主义核心价值观，激发班级全体爱祖国、爱科学、爱生活的热情，引导广大共青团员高举旗帜、坚定信念、增长才干、报效祖国，积极投身坚持科学发展，坚持马克思主义指导思想，坚持中国特色社会主义共同理想，坚持以爱国主义为核心的民族精神、以改革创新为核心的时代精神和坚持社会主义荣辱

观，促进社会和谐的伟大实践，提高大学生理论联系实践的开拓能力。

三、活动主题

"最美爱国梦，倾心报祖国"（图5-10）。

图5-10　"最美爱国梦，倾心报祖国"主题活动

四、组织实施

（一）活动宣传

活动前期通过抖音、公众号等方式进行宣传。深化学生的爱国主义情感，并把爱国主义细化为热爱家乡、热爱学校、热爱班集体，从而增强学生的集体意识，培养学生对集体的情感。

（二）活动具体安排

（1）提前联系好主讲人，确保活动的准确性。

（2）制作好介绍国旗知识、爱国主义教育内容展板，活动前三天贴出此次活动的宣传海报。

（3）活动前一周确定学生代表发言。

（4）活动开始前，秘书处负责人员签到，管理部负责维持秩序。

（5）活动期间，全体人员保持安静，认真倾听发言者的叙述。

（6）学生代表全部发言结束后，管理部组织秩序有序退场。

五、工作经验与启示

中华民族是富有爱国主义光荣传统的伟大民族。实现中华民族伟大复兴，就是中华民族近代以来最伟大的梦想。这个梦想，凝聚了几代中国人的夙愿，体现了中华民族和中国人民的整体利益，是每一个中华儿女的共同期盼。我们新一代大学生是中华民族未来发展前进的重要力量，所以"爱国情，中国梦"的实现需要广大学生坚定理想信念，立志刻苦学习，积极投身实践，为把我们的国家建设好、发展好而努力奋斗。

爱国主义教育会激发大学生对祖国与民族的深刻了解和热爱，培养他们勇于探索、善于开拓的精神。因此，在广大学生的思想建设工作中，爱国主义教育须臾不可忽视。为了加强学生的爱国思想，引导学生知国、爱国、报国，做到以了解祖国、学习爱国主义知识和有关理论为基础，激发大学生爱国主义情感，着力培养学生树立投身建设社会主义新农村和实现中华民族伟大复兴的崇高人生目标。努力学习积极行动，理性表达爱国主义思想。

新时代新青年，社会赋予了光荣的使命，要求广大学生更加努力学习，更加勤奋工作，把爱国之情化为报国之志。要让爱国热情体现在所承担的建设的使命、发展的使命、创新的使命上，把爱国热情凝聚成社会稳定、国家发展、民族振兴的共同意志，坚持中国特色社会主义道路，以进一步改革开放的姿态，坚定不移走向世界。爱国需要智慧和远见，充分表达爱国热情，切实做好自己的事情，以实际行动报效祖国。当前，全国上下需要大力弘扬爱国主义精神，以踏石留印、抓铁有痕的狠劲，以"等不得"的紧迫感、"慢不得"的危机感、"松不得"的责任感、"停不得"的使命感，把爱国基因融入血液中、渗透到骨髓中、镌刻在脑海中，并外化在建设美丽富裕幸福新中国的实际行动中。

希望通过此次爱国主义教育活动，唤起每个学生的爱国之心，激起了学生的爱国热情。要时刻铭记今天和平幸福生活的来之不易，是那无数先烈用鲜血和生命换来的，是无数个先辈用勤劳和智慧创造的。今天，我国已步入新的历史时期，机遇和挑战并存，作为华夏的炎黄子孙，更需要我们不断弘扬爱国主义优良传统，真正把爱国之志变成报国之行，团结一起，捍卫人类尊严和历史正义，维护国家主权和和平，增强历史使命感，立足本职工作，为实现中华民族伟大复兴的中国梦贡献自己的一份力量。此次活动更加激发学生的爱国素养与追梦初心，在新的历史条件下，继承和发扬爱国主义传统，对于振奋民族精神，凝聚全民族力量，团结全国各族人民，为中华民族的振兴而奋斗，具有十分重要的现实意义。让学生从内心深处体会到祖国的魅力。

回顾这些历程，活动进行也颇为顺利。但仍存在些许瑕疵，如组织实施时间不充足，导致学生发言时间过于短暂。不过相信通过此次活动，定会积累相关经验，规避类似问题，懂得事先调试，也定会在今后的活动中一一改正。

第十一节
"祖国在我心中"主题教育宣传活动

一、活动背景

新时代中国青年要听党话、跟党走，胸怀忧国忧民之心、爱国、爱民之情，不断奉献祖国、奉献人民，以一生的真情投入、一辈子的顽强奋斗来体现爱国主义情怀。为了配合学校加强学生的思想道德教育，培养广大青年的历史责任感，增强对祖国、对家乡的热爱，自觉地把自己的成长同祖国的命运结合起来，更加清楚地认识到自己肩负的历史使命。为了全面贯彻落实党的二十大精神和科学发展观，弘扬和培育以爱国主义为核心的民族精神、以改革创新为核心的时代精神，用社会主义核心价值体系引领大学生，培养他们成长为中国特色社会主义事业的合格建设者和接班人，学校开展"祖国在我心中"主题教育宣传活动。

二、活动目标与意义

通过主题系列活动，大力讴歌有着悠久历史的伟大祖国，讴歌新中国成立取得的辉煌成就，向全体学生宣传和弘扬民族精神的重要意义，培养学生热爱祖国、热爱家乡的深厚感情，激发学生的民族自豪感和历史责任感、满腔的爱国主义热情、民族自豪感和历史责任感，营造良好的学习和活动氛围。同时，更好地帮助学生了解祖国的发展变化，了解家乡的变化，增强对祖国、对家乡的热爱，自觉地把自己的成长同祖国的命运结合起来，更加清楚地认识到自己肩负的历史使命，增强学生的爱国责任意识，坚定爱国主义思想，明白身上肩负的责任和义务，向全体学生宣传和弘扬民族精神的重要意义，学生热爱祖国、热爱家乡的深厚感情。

三、活动主题

"祖国在我心中"（图5-11）。

四、组织实施

（一）前期准备

（1）挑选宣传负责人，制作相关海报。

（2）通过纸笔书写，或者拍摄爱国系列照片。

（3）制作多媒体课件，排练诗歌朗诵，合唱诗歌要求朗朗上口。

（4）做好组织工作，鼓励学生积极参与，认真听讲，此次活动要充分发挥学生的骨

图5-11 "祖国在我心中"主题教育宣传活动

干力量。

（二）活动流程

（1）安排好活动时间和活动地点，要坚持课余活动的原则。

（2）订立必要制度，抓好思想工作，要激发学生的爱国情怀。

（3）明确学习目的，培养勤奋好学，积极进取的精神，促进学生的全面发展。

（4）活动进行中，管理部维持纪律，整个过程要做到有秩序、有条理。

（5）宣讲者进行发言，呼吁同学爱国意识。

（6）发言后，各位同学相互交流心得体会。

（7）活动结束后，大家合影留念，管理部组织有序退场。

五、工作经验与启示

"祖国在我心中"，简简单单的六个字，道尽了多少中华儿女的心声。正是因为有这样一颗中国心，革命先烈们抛头颅，洒热血，每一个中国人看到迎风飘扬的五星红旗都会热血沸腾，壮志激昂。2008年，奥运会在北京举行，当国歌唱响时，当五星红旗冉冉升起时，当祖国的儿女在领奖台上站立时，有多少人为他们骄傲，有多少人为他们鼓掌，又有多少人喜极而泣。运动健儿们在汗水中努力，在困难中奋斗。赛场上他们顽强拼搏，即使失败了，也会笑着流泪，因为在高高飘扬的五星红旗上，有着十三亿中国人民的心血和希望，有着所有炎黄子孙的梦想。13亿中国人永远都不会忘记那地动山摇的汶川地震。记得解放军战士的英勇无私，记得全中国人民手拉着手，心连着心，众志成城，抗震救灾。灾难打不倒顽强不息的民族，挫折摧不垮坚强的民族，地震能折弯道路，却折不弯中国人民顶天立地的脊梁；灾难能阻塞江河，却阻断不了全国人民一齐跳动的脉搏；乌云能遮掩太阳，却遮掩不了国人心中的五星红旗。中国巍然屹立于世界的东方，用最响亮、最骄傲的声音告诉那些曾经欺辱我们的人："中国是强大的，中国是不可战胜的。"

"祖国在我心中"爱国主义主题系列教育活动营造了浓厚的育人氛围，学生们在参与中回顾伟大祖国的奋斗征程，在互动中迸发出无比坚定的民族自信和爱国热情。中国从贫穷落后到繁荣昌盛，从山河破裂到强大统一，从受人凌辱到备受尊重，中国人民在中国共产党的领导下，坚持走中国特色社会主义道路，谱写了中华民族文明史上最为光彩夺目的篇章。为了全面贯彻落实党的精神和科学发展观，弘扬和哺育以爱国主义为核心的民族精神、以改革创新为核心的时代精神，用社会主义核心价值体系引领青年，培养他们成长为中国特色社会主义事业的合格建设者和接班人。同时，为了更好地增强爱国在当代青年心目中的价值，让大学生能够意识到祖国在所有人民心目中的不同概念并理解他们不同的爱国方式，懂得为祖国的强大增添一份自己的力量，把青春热血与爱国热情紧密相连，因此我们学院组织了"祖国在我心中"主题教育宣传活动。

本次活动在筹备与开展方面，在积极组织、协作创新方面都取得了很好的成效。但也遇到了一些问题，比如由于教室设备不能正常使用，只能用电脑播放学生编辑的不同民族风格的幻灯片，同时也由于时间关系未能逐一分享每位同学对祖国的爱的表达方式。对于活动的不足之处，我们将努力改进，争取把今后的每一次团组织活动做得更加丰富、有意义，更能通过活动激励大学生的爱国情怀、激发爱国正能量。

本次活动虽有不足但也取得了圆满的成功，活动现场整体气氛活跃，活动流程进行顺利。通过这次主题班会，学生增加了对彼此的了解，也通过学生的问答交流了彼此心目中不同的祖国，感受到爱国的正能量的影响与启迪。同时也培养和弘扬了民族精神。此次爱国主义教育激发了他们为祖国的繁荣与进步贡献力量的积极意识，同时也增强了学生们的责任感和自豪感。相信吉林工程技术师范学院的学子一定会为爱国砥砺前行。

第十二节
"我爱你中国"主题演讲比赛

一、活动背景

通过进一步宣讲、弘扬、实践社会主义核心价值观，深化学生的认知，培养他们的爱国主义之志、自觉担当之识，提升他们的自豪感，坚定他们的自尊心，从而更好地把握未来，更加自觉地参与到祖国的现代化建设之中，从而推动未来的可持续发展。中华民族的爱国主义是其发展的源泉，它激励着中国人民勇于担当，坚定地追求着实现中华民族的伟大梦想。中国人民深知这份责任，他们把拥护祖国的繁荣昌盛视作一种骄傲，把破坏国家的安全、尊严视作一种羞愧。

二、活动目标与意义

这项活动旨在增进学生的国际观和人权意识，同时也能够帮助学生更深入地了解我们的国家和民族。希望能够让学生更加了解我们的国家和国家的文明，更深入地欣赏我国的美丽风景和繁荣昌盛的历史。我们也希望能够让学生更多地了解我们的国家和中国共产党的成就，希望能够借助这些阅读和写作来培养学生的国家观和价值观，让学生能够更好地服务于国家的建设和社会的进步。

三、活动主题

"我爱你中国"（图5-12）。

图5-12 "我爱你中国"主题演讲比赛活动

四、组织实施

（一）前期准备

（1）为了更好地宣传演讲比赛，我们将通过多种方式，包括网络、海报和展板等，向大家介绍演讲比赛的日程安排和内容。

（2）辅导员通知负责人此次演讲活动，告知班长通知好本班学生。

（二）活动过程

（1）根据报名名单，将参赛选手编号。

（2）参赛者将通过抽签来确定他们的顺序。主持人会为大家带来精彩的开场白，并介绍来自各个领域的评委和嘉宾。

（3）主持人介绍比赛的规则、评分细则。

（4）随着比赛拉开帷幕，参与者按照事先安排的号码排列。

（5）在这段时间里，主持人会向观众和选手公布比赛的成绩。

（6）在每位选手结束比赛后，我们会安排一些游戏来活跃现场氛围，并通过互动来调节比赛气氛。

（7）在每位参与者的比赛结束之际，我们将会特别邀请评审团成员前来讲话，并对他们的得分做出总结。

（8）在评委的精彩演讲之后，主持人登台宣布比赛的最终成绩（从单项奖到一等奖）。

（9）上台颁奖。

（10）当主持人宣布比赛圆满结束时，所有参与者、观众、评审团和选手一起拍下了美好的合照。

（11）工作人员负责做好后期工作。

五、工作经验与启示

经过这次演讲活动，我们可以得到不同的收获。大学是一个充满挑战和机会的地方，这次比赛为参与者提供了一个展示自我的平台。相信同学们通过这一次的演讲比赛，定能从中学到一些关于演讲的经验，在日后可以越做越好。同时通过此次爱国演讲活动，可以培养青年学生的爱国意识和服务精神，提高他们的国家责任感。通过亲身参与演讲活动，青年学生可以了解国家的历史和文化，深入地感受国家民族的光辉和伟大。学生可以通过演讲中的思考和表达，发展自己的思维能力和语言表达能力，提高自己的综合素养和竞争力。青年学生的爱国演讲不仅能激发出个人潜能，还能让学生深刻地明白只有国家强大才能为个人提供更好的发展机会和环境，从而促使学生为国家的繁荣做出更多的贡献。我们期望所有学生都能够更好地担当起当代青年的社会责任，激发他们对中华传统文化的热爱，并且肩负起实现中华民族伟大复兴的重任。

通过这场演说比赛，我们希望能够提升学生的爱国主义素质，激发他们对于祖国的热爱，建构一个健康的、充满理性的社会，并且让他们更好地承担起社会义务。作为新时代大学生，爱国——我们义不容辞。爱国演讲对于培养青年学生的爱国主义情感至关重要。青年学生是国家未来的希望，他们的思想觉悟和价值观念的养成对于国家的发展有着重要的影响。在这个时候，重要的事情之一就是坚持遵循并践行社会主义核心价值观。作为一个公民，爱国不仅意味着道德上的正直，也是一种优秀的文明。本届活动旨在帮助学生更好地理解并尊重自己的家乡，并培养他们的爱国意识，从而更好地参与到未来的国家建设中来。此次演讲比赛为参赛者提供了一个极具挑战性的舞台，让他们有机会展现出自我。相信同学通过这一次的演讲比赛，定能从中学到一些关于演讲的经验，在日后可以越做越好。此次活动对学校有影响、对个人发展有影响的活动，学生以极大的热情参与，活动结束之后对学生有较好的促进作用。精彩的活动不仅能给学生带来收获，也能深刻影响他们的一生，还能在不知不觉中为他们的未来打下坚实的基础。

此次活动大大激发了学生们的爱国素养，也展现了我校学生清晰的思维逻辑与优秀的演讲表达能力。让学生从内心深处发掘语言表达的重要性，同时回顾自身成长的历程，活动进行也颇为顺利。

经过全校师生的热情参与，本次活动取得了令人瞩目的成功，他们从中受益匪浅，激发出更加强烈的信念和决心，为今后的工作打下了坚实的基础。

第十三节
"情系家乡，爱我中华"爱国知识竞赛

一、活动背景

中国拥有悠久的历史，曾经走过艰辛的道路。在这个过程中，中国人民始终坚持着爱国主义的核心价值观。通过不断的努力，中国人民将继续发扬社会主义核心价值体系，并且创建美好的社会，让更多的人能够感受到中国的伟大。爱国，不能仅局限于对自己故土的热爱，更要深入地体会到它所带来的历史、文明、社会、经济等多重发展。

二、活动目标与意义

通过引导，鼓励大学生树立爱国主义、报效祖国的精神，让他们在新世纪中勇敢地挑战自我，不断提升自身能力，让中华民族更加繁荣昌盛；培养他们的民族自信心、自尊心和民族自豪感，并且加强与全国各地学生的友谊与合作，增进民族凝聚力。进一步推动校园文化的发展，加强学生的思想道德建设，丰富高校校园文化生活，提高广大爱国主义素养。

发扬中华民族精神，蓬勃发展我们自己的文化，提高我们在校大学生的综合素质，全面发展，营造浓厚的学校气氛。开展爱国主义知识竞赛，旨在开展民族爱国主义思想教育和民族团结进步思想教育工作，培育和实施社会主义核心价值观为继承革命情怀，发扬爱国精神，展现祖国风采，同时进一步推动学校的文化发展，强化学生的思想道德建设，提高学生的综合素质，培育全体学生的思考能力。鼓励广大大学生建立高尚理想，勤奋学习、崇德向善、团结互助。

三、活动主题

"情系家乡，爱我中华"（图5-13）。

图5-13　"情系家乡，爱我中华"爱国知识竞赛活动

四、组织实施

（一）准备工作

（1）为确保此次知识竞赛的顺利展开，赛前做好竞赛的宣传、动员、报名及名单整理、题型搜集等基础工作。

（2）知识竞赛题型搜集：搜集一些爱国主义教育基本知识，以此来充分激发学生的爱国主义情怀。学习部提前准备好比赛需要的考题。

（3）安排摄影人员，记录活动精彩瞬间。

（二）比赛流程

（1）初赛：初赛采取团队线下笔试，每队参赛人员为3人。笔试试题包含单选题30个（每题2分），多选10个（每题3分），简答题2个（每题5分），共100分。笔试成绩前8名的参赛团队进入决赛（答题时间限时1小时）。在比赛结束之前，若两支或两支以上的参与者的得分相当，则会参与额外的比赛。

（2）决赛：决赛采取现场抢答形式进行，分为必答题（单选题）、抢答题（多选题）、附加题（简答题）3个环节，最终按团队分数高低决出名次。

五、工作经验与启示

通过参加爱国主义竞赛，学生可以深刻体会到革命先辈的英勇牺牲，是革命先辈用他们的鲜血换来祖国的荣耀，激发出学生的民族自信，使他们更加振奋。今天，我们要从这次活动中吸取教训，努力实现更高的目标，实现更加灿烂的未来。

第十四节
"最美爱国梦，倾心报祖国"主题教育活动

一、活动背景

学习习近平关于教育的重要论述，结合《新时代爱国主义教育实施纲要》，要让学生唱响爱国歌曲，通过对中华民族优秀传统的深入研究、中国共产党伟大旗帜的宣扬、集体的精神、社会的进步、理想的坚定来丰富他们的思维，增进他们的热忱，让他们更加热衷于国家的事业。

二、活动目标与意义

经过这场爱国主义教育活动，我们将深入挖掘中华民族的伟大文化遗产，积极推进当代大学生的思想政治理论素养，加深对中华民族的热爱，激励他们勇于担当，坚定信念，践行艰苦奋斗，以更加坚定的信念，为中华民族的复兴贡献力量。

通过学习社会主义核心价值观，我们可以唤醒全体学生对祖国的热爱，并且鼓励他们勇于担当，不断学习，不断成熟，致力于推进科学技术的发展，深入实践马克思主义的理念，把我国特色社会主义共同发展理念落到行动中，发扬光大我们的传统文化，推进社会主义先进的发展，培养学生理论与实际相结合的思维模式，从而促进社会的可持续发展。

三、活动主题

"最美爱国梦，倾心报祖国"（图5-14）。

图5-14 "最美爱国梦，倾心报祖国"主题教育活动

四、组织实施

（一）活动宣传

活动前期通过抖音、公众号等方式进行活动宣传。

（二）活动具体安排

（1）提前联系好主讲人，确保活动的准确性。

（2）我们将在活动开始前三天制作一份宣传海报。

（3）活动前一周确定学生代表的发言。

五、工作经验与启示

实现中华民族伟大复兴，作为近代中华民族的宏伟目标，汇集着几代中国人的心血，反映了全民族的团结与追求，也成就了今天的辉煌。作为未来的希望，"爱国情，中国梦"的成功离不开新一代的勇敢追求者，他们将不断提升自己的素质，不断探索更多的可能性，全心全意地参与到国家的事业当中，为国家的未来做出贡献。

第十五节
"祖国在我心中"宣传活动

一、活动背景

新时期中国青年要坚定信念，跟随党的正确方向，心怀爱国、爱民的情怀，不断奉献祖国、奉献人民，用一生的热情投入，一辈子的拼搏奋斗，展现爱国主义精神。为了提升全体师生的政治意识和社会责任意识，我们努力营造一个充满正能量的氛围，让每一位师生都能够深刻领悟到自身的价值，并将其与中华民族的伟大复兴紧密相连，共同谱写新时期的辉煌篇章。

二、活动目标与意义

通过这些活动，我们希望能够唤醒年轻一代的爱国主义热情，让他们感到自豪和历史责任。我们还希望能够为他们创造一个良好的学习和活动氛围，增强他们的爱国意识，并让他们更加清楚地认识到自己的责任和义务。我们还希望能够向所有人宣传和弘扬民族精神的重要性，让他们更加热爱祖国和家乡。

三、组织实施（图5-15）

（一）活动流程

（1）挑选宣传负责人。

（2）通过纸笔书写，或者拍摄爱国系列照片。

（3）制作多媒体课件，排练诗歌朗诵，合唱诗歌要求朗朗上口。

（4）做好组织工作，鼓励学生积极参与，认真听讲，此次活动要充分发挥学生的骨干力量。

（5）为了保证课余活动的顺利进行，我们应该按照学校的规定来安排活动的时间和地点。

（6）订立必要制度，抓好思想工作，要激发学生的爱国情怀。

（7）通过制定清晰的学习计划，鼓励和引导学生勇于探索，以期实现他们全方位的成长。

（二）活动要求

（1）衣着整洁得体，庄严肃穆。

（2）学生认真对待，整个过程要做到有秩序、有条理。

（3）组织实施注意选材。

图5-15 "祖国在我心中"宣传活动

四、工作经验与启示

为了提升当代青年对祖国的认知，让他们更加清楚地认识到"祖国在我心中"，并以不同的方式表达出来，让他们能够将自身的热情和爱国精神结合起来，为祖国的发展贡献出自己的力量，我校特别组织了"祖国在我心中"主题教育宣传活动。

经过精心筹备和精心实施，本次活动取得了令人满意的成果。然而，也存在一些挑战，例如，由于教室设施不足，无法播放学生们精心制作的多元文化的幻灯片，以及没有足够的时间让每位同学都能够充分展示出他们对祖国的热爱。我们将不断努力，以提升今后的团组织活动的质量和效果，让它们更具有意义，激发大学生的爱国精神，传递正能量。

经过精彩的活动，我们获得了巨大的成功。在这次主题班会上，我们的同学们相互了解并通过互动交流，分享了他们对祖国的看法。我们感受到了爱国精神的力量，并且为我们的未来打下坚实的基础。

第十六节
"我爱中国"主题演讲活动

一、活动背景

通过深入实践社会主义核心价值观，深入对祖国未来建设的认知，培养民族爱国主义之志，唤醒他们的荣誉感，提升他们的责任意识，坚定他们的荣誉感，从而促成他们在未来参与到祖国未来的现代化建设当中，并且拥抱未来，用自己的行动来推动这一伟大的事业。

二、活动目标与意义

通过这次活动，我们希望能够加强学生的爱国主义思想和道德教育，让他们更好地理解和传承爱国文化，并培养正确的世界观、人生观和价值观。我们也希望能够帮助年轻一代更好地了解历史，更好地承担起自己的责任，并且培养高尚的爱国情操。

经过这次演讲活动，我们可以看到不同的收获。大学是一个充满挑战和机会的地方，这次比赛为参与者提供了一个展示自我的平台。相信通过这一次的演讲比赛，学生定能从中学到一些关于演讲的经验，在日后可以越做越好。通过本次活动，我们期望能够激发当代青年的社会责任意识，让他们更加热爱祖国的文化，并且更加有信心为实现中华民族伟大复兴而不懈努力。

三、活动主题

"我爱中国"（图5-16）。

四、组织实施

（一）活动要求及规则

（1）领导老师致辞讲话。

图5-16 "我爱中国"主题演讲活动

（2）比赛采用随机抽签的方式，参赛者根据顺序登台发言。

（3）评委老师依次点评。

（4）按名次颁奖。

（二）评分标准

（1）主题鲜明、突出，标题新颖醒目。

（2）观点坚定、思路清晰、主题深入、视角独特、资料丰富。

（3）事、情、理交融，逻辑严谨，说服力强。

（4）能够激发听众的情感，并且能够引起他们的共鸣。

（5）普通话标准，口齿清晰，语音纯正。

（6）这句话描述了一个人的说话方式，他的语气、语调、声音和节奏都非常丰富多彩，并且具有明显的快慢不同，使得他的演说更加精彩。

（7）通过恰当的动作和表情，演讲者可以清晰、生动、有力地传达自己的思想和情感。

（8）穿戴时尚、礼节得体，展示出当代大学生的活力与热情。

五、工作经验与启示

通过举办这场演讲比赛，我们希望能够提升学校的爱国主义理念，激发学生对祖先的尊敬，并帮助他们建立良好的世界观、人生观以及价值观，从而更好地发展和传承中华民族的优秀传统。作为新时代大学生，爱国——我们义不容辞。贯彻落实社会主义核心价值观。作为一个公民，拥抱变革、拥抱挑战，这不仅是基本的道德准则，更是中华民族的文明传承。本次活动旨在帮助所有参与者更好地理解自己的家乡，更加深刻地认识到自己的责任，并且培养出一种更加负责任的思想，从而更好地推动未来的社会发展。

此次演讲比赛为参赛者提供了一个极具挑战性的舞台，让他们有机会展现出自我。相信学生通过这次的演讲比赛，定能从中学到一些关于演讲的经验，在日后可以越做越好。此次活动对学校有影响、对个人发展有影响的活动，学生以极大的热情参与，活动结束之后对学生有较好的促进作用。

此次活动大大激发了学生们的爱国素养，也展现了我校学生的清晰思维逻辑与优秀的演讲表达能力。让学生从内心深处发掘语言表达的重要性，也回顾自身成长的历程，活动进行也颇为顺利。经过学校师生的共同努力，本次活动获得了巨大的胜利，他们从中受益匪浅，激励着他们不断前行。今后，他们仍会不懈投入，为实现更加美丽的未来而不懈地拼搏。

第十七节
"我以我诗诵祖国"爱国诗词创意大赛

一、活动背景

从远古时代起，爱国主义便植入我们中华民族思想中，无法抹杀、摧毁，它是我们维护国家独立与民族荣耀的重要支柱。让学生们走进诗词的世界，感受中国文化，开拓爱国思想。

本次活动旨在展现参赛者的文学才华和创作潜力，也能通过创作作品传递爱国情怀，激励人们热爱祖国，为实现民族复兴的中国梦贡献力量。

二、活动目标与意义

为了传承和发扬我们的传统文化，我们努力打造充满活力和青春气息的校园文化氛围。希望通过举办这次创意比赛，激励学生在文学创作方面取得更大的进步，并将爱国主义与诗歌结合起来，让他们更好地表达爱国之心，并认识到自己应该承担的责任。

三、活动主题

"我以我诗诵祖国"（图5-17）。

四、组织实施

（1）在校园内张贴比赛的流程。

（2）分初赛和决赛，严格执行。

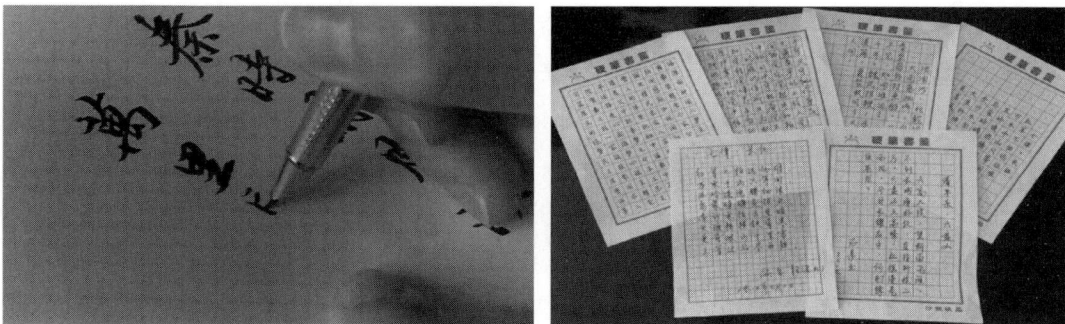

图5-17 "我以我诗诵祖国"爱国诗词创意大赛活动

（一）初赛

学生们需要在学校的打印室里打印出统一的答题纸，并且使用规范的汉字书写。如果作品能够得到认可，可以在微信上提交，由学生会秘书处进行筛选。最终，每个班级将有20%的学生进入决赛。

（二）决赛

由学院学生投票作品，投票前十名的作品由老师挑选，并加以展示，前三名发放学校奖状。

（三）活动要求

（1）请参赛者认真阅读本次比赛的计划，并熟悉所有相关的比赛流程。

（2）所有参赛作品都应该是古典诗歌或词语的形式。

（3）所有入选的作品都应该遵守中华传统文化中的音乐规则和押韵技巧。

（4）所有参赛作品都应该具有积极的思想和正面的影响力。

（5）所有参赛作品必须是由作者本人完成的，且未曾在报纸、杂志等媒体上发表过。每位参赛者的投稿数量不能超过3篇。

五、工作经验与启示

为了进一步弘扬传统文化，营造一个充满活力、充满青春气息的校园环境，促进校园文化建设，展示大学生的才华，唤起他们的爱国精神，我校特别举办了一场以爱国诗词为主题的创意大赛，旨在帮助学生提升文学创作能力。

本次活动共选出10位诗词创作能力与情感表达能力都十分出众的学生参与此次总结汇报。汇报过程中，由学生社团工作部与学习部分别为学生展现了慷慨的诗词朗诵和优美的诗词创意作品。

通过这场活动，我们深刻地感受到了学生们对国家的热爱，并培养他们的写作技巧。让所有人都可以在这里锻炼自己的思维，扩宽眼界，并为未来的成长打下坚实的基础。我们希望通过这些活动，让学生更好地理解中国传统的诗歌，这些诗歌既代表汉语言的经典，也象征着我国民族的传统美德，同时也展现了我校成员活动举办思路的清晰。让学生从内心深处发掘诗词创作与历史回顾的重要性，也回顾自身成长的历程，活动进行也颇为顺利。

本届诗词创意比赛的成功举行，不仅可以为我们提供宝贵的参考资料，更可以为未来的比赛奠定坚实的基础。我们要全面提升学校的阅读水平，打造出一个充满阅读气息的环境，并且在这里，我们要把古典美文和现代思想结合起来，激励学生热爱阅读，追求卓越，展现出优质的传统文化。

第十八节
"缅怀革命先烈"主题活动

一、活动背景

清明节是24个节气中的重要节日，它不仅代表着对过去的缅怀，也象征着对国家和平发展的祝愿。战争阶段，无数的英勇战士牺牲自己，用他们的鲜血和忠诚，使华夏大地重获新的繁荣昌盛。尽管当今的世界已经变得更加安定、富裕，但是我们仍应不要忘记当年的艰辛，珍视今天的美好，把握住今天的幸福。

二、活动目标与意义

清明节是一个具有重要意义的节日，当天，学校组织扫墓活动，旨在传承中华民族的传统文化，帮助学生们理解和尊崇革命先辈的贡献，从而提升他们的爱国热情。

三、活动主题

"缅怀革命先烈"（图5-18）。

四、组织实施

（一）活动流程

（1）以学院为单位，在老师的带领下，组织学生去长春市的烈士陵园扫墓。

（2）通过电话联系烈士陵园管理人员，协商时间安排，负责人核实参与者的人数，组织起一支队伍，前往烈士墓。

图5-18 "缅怀革命先烈"主题活动

（3）到达烈士墓后，由学校代表对烈士陵园进行清扫并敬献花圈。

（4）向烈士默哀三分钟，默哀结束后学生会代表上前发言并领导学生有序瞻仰烈士陵园、烈士墓、革命烈士陈列馆。

（5）活动结束，集体返校。

（二）注意事项

（1）本次活动的参与者将由学生会的各个部门负责人精挑细选，严格控制参与人数。

（2）穿着整洁大方，避免穿过于鲜艳的衣服。保持庄重肃穆，禁止喧哗、打闹和随意碰撞。

（3）所有参与本次活动的成员都应该遵守组织的指示，不能擅自行事，否则将承担后果。

（4）在遇到紧急情况时，立即向老师和领导汇报。

（5）学生会各部门相互配合，确保本次活动完美完成。

五、工作经验与启示

清明佳节，风和日暖、翠柏凝春，学校举行"缅怀革命先烈"的主题活动，多位老师和学生带着悲痛的心情，前往烈士陵园，向那里安息的英魂致以最诚挚的敬意，向那些曾经牺牲的人们致以最真挚的祝福，以此纪念那些曾经牺牲的革命先辈们。

当我们走进革命烈士纪念碑时，我们心存感激，虔诚地致以最真挚的祭拜，并献上一束束鲜艳的鲜花，我们还参观了纪念碑以及那些已经失去光彩的古老物品，从而更加清楚的认识这些勇敢的战斗英雄。通过参观革命英雄的事迹，我们不仅能够体会革命前辈的英雄气概，还能够从中汲取教训，如勤勉、节省、勇于挑战、乐观向上。这不仅激励着我们拥护祖国的荣耀，也激励着我们追求卓越，坚定不移地追求未来的目标；同时，也能够激励我们不断努力，不断成长，不断完善。通过不懈的努力，我们将从伟大的革命先辈身上获得智慧与力量，以培育出一批拥有崇高理念、优秀素质、完善行为准则的未来建设家与继承者。

为了缅怀那些为实现中华民族的伟大梦想而牺牲的革命烈士，我们要学习他们在面对生死时所展现出的坚定信念，以及他们不惜一切代价追求的爱国精神。我们要向他们致敬，以此来纪念那些为中华民族的复兴而献出生命的英雄，他们的勇敢和坚定的信念将永远留存于我们的心灵深处。

本次清明节的扫墓活动使大家更加清楚地意识到，革命先辈以自己的鲜血、牺牲，给予今天的社会带来的宁静、美好，应该受到尊重、传承。勇敢的革命先辈就如一座座的灯塔，照亮着我们的未来，激励着每一个人继续奋斗，追求更美好的未来。

第十九节
"不忘初心，爱我中华"爱国主题艺术活动

一、活动背景

大学生要深刻领悟和弘扬爱国精神，积极投入到当今的国家建设中去，把握好当下的历史机遇，把握好未来的发展方向，以更高的标准和更大的热情，担当起更大的社会责任，努力提升个人素质，全力以赴地服务于国家的未来。

二、活动目标与意义

通过举办这次以爱国为主题的艺术活动，旨在加深学生的民族认知，提升其民族自尊、自信、自豪，让他们更加深刻地认识到中华民族的伟大历史，并且更加坚定地认识到要把中华民族的事业做到极致，从而更好地实现中华民族的伟大复兴。

三、活动主题

"不忘初心，爱我中华"（图5-19）。

四、组织实施

（一）活动要求

（1）"爱我祖国"是本课程的核心，旨在通过丰富多彩的文化活动，培养学生的爱国情怀、正确的价值观，增强他们的民族认同、自信、荣誉意识。

（2）不论是古典诗词、现代文学作品，还是充满爱国精神的书法作品，都应该具有

图5-19 "不忘初心，爱我中华"爱国主题艺术活动

时代感和社会正能量。此外，还可以选择歌曲来宣传爱国精神，并朗诵出来。

（3）作品应具有鲜明的主题，独特的设计，精美的版面，易于理解，并能够将思想性与艺术性完美结合。

（二）活动流程

（1）科普国家和伟人的知识。主持人上台为大家科普国家和伟人的知识以及爱国对大学生的重要性，并提出爱国可以激发当代大学生的学习激情，需加强对班级学生爱国精神的培养。

（2）观看爱国教育宣传电影《我和我的祖国》。

（3）评选并颁奖。在本次活动中，我们将对参赛者所展示的关于爱国的文学创意进行评审，最终将会产生优秀获奖者。

五、工作经验与启示

通过科普讲座、爱国教育短片和各类艺术活动（书法、绘画、歌唱等），大大激发了学生们的爱国素养与追梦初心，也展现了吉林工程技术师范学院学子优秀的艺术素养。通过加强民族认可、提升民族自信、弘扬民族精神，让全体中华儿女深刻领会到我们的祖国，拥抱它的美好，把握它的未来，把我们的梦想变成现实，把我们的事业变成现实，让我们携手奋斗，实现中华民族的伟大复兴。

通过举办此类爱国主义艺术活动，可以为学生的身心发展带来积极影响。在此过程中，学校、家庭和社会应当协作，以持久的方式推广和宣传爱国主义。此外，通过此类活动，可以提升学生的爱国精神，促进他们的思想品质的提高。

第二十节
"祖国在我心中"爱国主义演讲

一、活动背景

中华民族的爱国情感无处不在，鼓舞着中华民族进行伟大的振兴。中国人拥有种族的自信，并且深深地被这份情感打动，他们把对祖国的热忱看作一种荣耀，而对任何破坏这种情绪的行径都视作一种羞愧。通过"我的爱国梦"等课程的深入宣讲，旨在提高大学生自身的少数民族爱国主义素质，让他们拥有更高的政治学自觉性、社区责任心、民族文化涵养、道德品质，从而更好地完成自身的梦想，激发他们的热血，把少数民族爱国观念的思维融入他们的日常行动中。

二、活动目标与意义

为了更好地培养学生的道德品质和政治意识，通过开展爱国主义演讲来提升学生的自尊心、自信心和自豪感，增强他们的团队凝聚力和向心力。此外，还将强化学生辨别是非的能力，以便更好地理解国家，并促进我校的思想道德教育实践活动。

这次活动不仅提高了学生的演讲能力，而且充分激发了学生的爱国激情。爱国主义是一种深植于我们心中的美好情感，也是一项神圣的使命。它源远流长，历经沧桑，一直被我国人民尊重和珍视，是一种不可替代的道德和精神。21世纪，随着我们祖国的不断发展和壮大，爱国主义更应成为一种时代的精神动力。

三、活动主题

"祖国在我心中"（图5-20）。

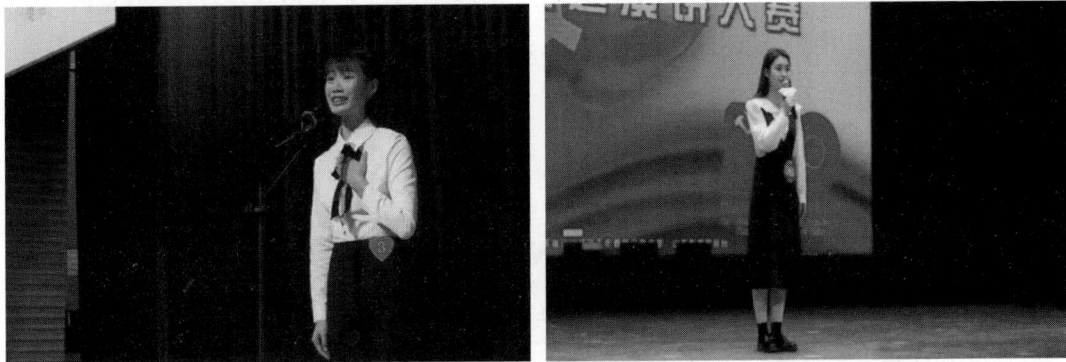

图5-20 "祖国在我心中"爱国主义演讲活动

四、组织实施

（一）活动安排

场地布置、评委、记录。

（二）活动内容

在这次爱国主义演讲比赛中，从各个班级中挑选一名优秀的选手，在3分钟内发表自己的观点。按照抽签顺序进行参赛，要求声音洪亮，普通话标准，并富有感情。

（三）评分标准（本次比赛评分采用10分制）

（1）要求内容以热爱祖国为核心，结构严谨，思想健康、积极进取，充满真挚情感。

（2）注意语言表达需要符合规范，并且保持清晰流利，具有感染力，并且能够恰当地使用时间。

（3）注意仪容仪表，保持整洁和大方。

（四）按得分评选等级

一个一等奖，两个二等奖，三个三等奖。

五、工作经验与启示

热爱祖国是每个公民应有的义务。作为一名新时代的大学生，肩负着振兴民族的重任，肩负着保卫祖国的使命，肩负着实现中华民族伟大复兴的重任。所以，学校应该把爱国主义的理念传播出去，弘扬正能量，共创美好未来。

本次活动将激励全体参与者，提升他们的民族认知，培养他们的自信，让他们更加坚定地走向一个充满希望、充满激情的未来，以实现四化、振兴中华的宏伟目标，成就一批具备良好素质、拥护正确价值观、拥护法治、拥护公平正义的优秀公民。

第二十一节
"阅知行爱国"爱国著作读后感

一、活动背景

"爱国"作为"五爱"教育中的第五爱，对大学生政治教育有着不可忽视的作用。

作为新时代的大学生，不仅是推崇理想，更多的情况下是要敢于担当责任。此次活动旨在增加大学生的爱国意识，热爱国家，从自己做起。为了提升广大学子的爱国精神，应该努力培养学生的历史责任感、使命感以及崇高的爱国情怀，并且让学生更加清楚地认识到自己的责任。

二、活动目标与意义

经过这场爱国主义教育的活动，学生深入了解了爱国主义，并且鼓励了全体学生跟上时代的步伐，充分理解了祖国的悠久历史与当下的社会状况，激励他们肩负起振兴家乡的重担，传承伟大的中华民族精神，勇于担当，艰苦奋斗，以此来激励他们将爱国热忱转换为服务社会的行动，从而给予全体师生一个充满温馨、充满激励的环境，使得整个社会充满着热血、热忱、热心、热忱的爱国精神。通过提升大家的人文素质来促进他们的成长。

通过深入的爱国主义教育，让学生更加清楚地认识到中华文明的悠久历史，增强其民族自豪感、自强不息的意志，并且坚定地认识到，只有把握好时代发展的脉搏，才能够更好地实践以身作则的理念，更好地服务社会。通过深入开展爱国主义宣传，让全体学生更加认识到自身价值，增强对家乡、社会、文化等方面的认同，激发全体学生的自尊心与荣誉感。

三、活动主题

"阅知行爱国"（图5-21）。

图5-21　"阅知行爱国"爱国著作读后感活动

四、组织实施

（一）宣讲内容

主题鲜明、格调积极向上、内容原创、立足身边的人和事、富有真情实感、有较强的逻辑性及个人见解。

（二）语言表达

表达准确、口齿清晰、普通话发音标准，能够脱稿。

（三）艺术表现

仪表端庄、动作自然、富有激情、感染力强、精神饱满、能够展现蓬勃向上的精神风貌。

（四）作品要求

应具有鲜明的主题，创新的设计，精美的版面，易于阅读，并能够融合思想性与艺术性。

五、工作经验与启示

爱国著作对大学生政治教育有着不可忽视的作用，作为新时代的大学生，不仅是推崇理想，更多的情况下是要敢于担当责任。学校举办的一场关于爱国主义的读书评比活动，旨在增强学生的爱国精神，并让他们成为中华民族传统文化的继承人。

本次活动旨在帮助学生更好地理解文化、精神文明的价值，以及爱国主义的意义，并且培养他们的社会责任意识，以便他们能够更好地融入当今社会，更好地把握中华民族的传统美德，并且能够更好地融入当下的社会环境中，从而更好地完成对未来的规划。

参考文献

［1］郭凤臣，陈景翊，郑岩，等.构建"五爱"教育为载体的大学生实践育人体系
——吉林工程技术师范学院"五爱"教育工程［J］.吉林工程技术师范学院学报，
2021，37（6）：10-14.

［2］赵兴燕.当代大学生自我意识问题的深度分析［J］.教育教学坛，2021（19）：169-172.

［3］曹群，郑永廷.他教与自教是思想政治教育学科的基本范畴［J］.思想教育研究，
2014（11）：3-6，76.

［4］王建军.大学生"三自"教育的实践探索——以上海师范大学为例［J］.高校辅导员
学刊，2014，6（2）：41-44.

［5］曾东.论内观教育法与大学生思想政治教育的融合与创新［J］前沿，2014（Z2）：
14-15.

［6］邓国彬，梁军.新时期大学生自我教育能力培养刍议［J］.学校党建与思想教育，
2010（26）：71-72.

［7］杨晓慧.高等教育"三全育人"：理论意蕴、现实难题与实践路径［J］.中国高等教
育，2018（18）：4-8.

［8］李瑛.大学生家国情怀培养的路径研究［J］.漳州职业技术学院学报，2014，16（4）：
100-104.

［9］徐国亮.深入学习习近平家风家教重要论述［J］.红旗文稿，2019（9）：29-31，1.

［10］冯颜利，曾咏辉.用习近平新时代中国特色社会主义思想的世界观和方法论指导家
庭家教家风建设［J］.教学与研究，2023（7）：28-36.

［11］柳礼泉，刘江.习近平关于家国情怀论述的内涵要义与价值意蕴［J］.湘潭大学学
报（哲学社会科学版），2020，44（2）：117-121.

［12］戴宏纡，李鹏.优良家风融入大学生思想政治教育的路径探索［J］.辽宁师专学报
（社会科学版），2022（4）：70-72.

［13］温明.习近平家风建设论述及融入大学生思想政治教育研究［J］.前沿，2019（6）：
5-8，17.

［14］张军成，吴健敏.以感恩教育培育大学生家国情怀的途径探析［J］.河西学院学报，
2020，36（4）：123-128.

［15］王新学，李四忠.高校爱校荣校教育的实施思路与行动策略——以上海理工大学基础学院为例［J］.学校党建与思想教育，2009（13）：64-65.

［16］王卉.如何实施有温度的爱校荣校教育：以东南大学成贤学院为例的探索［J］.中外企业家，2019（5）：164-165.

［17］徐晓宁.高校思想政治教育与校园文化建设互动模式探析［J］.思想理论教育导刊，2019（6）：146-149.

［18］西北师范大学党委.把思想政治教育融入校园文化建设［J］.思想政治工作研究，2009（8）：48-49.

［19］张耀灿.以社会主义核心价值体系引领和谐校园文化建设［J］.高校理论战线，2012（3）：47-50.

［20］王帅，肖文旭.在校园文化活动中深化社会主义核心价值观教育［J］.思想教育研究，2015（6）：78-80.

［21］叶福林.新时代强化大学生党史学习教育的若干思考［J］.思想理论教育，2021（3）：83-87.

［22］张军成，周竞.伟大建党精神之于大学生思想政治教育的价值及实现［J］.南京航空航天大学学报（社会科学版），2022，24（2）：102-107.

［23］马志芹，王蓉蓉.依托党史故事厚植大学生知史爱党爱国情怀［J］.阜阳职业技术学院学报，2021，32（4）：26-29.

［24］张军成，周竞.伟大建党精神之于大学生思想政治教育的价值及实现［J］.南京航空航天大学学报（社会科学版），2022，24（2）：102-107.

［25］黄三生，王娟，卢擎华.高校思政教育红色基因传承：内涵、意义与对策［J］.郑州师范教育，2020，9（2）：46-49.

［26］郭晶.以党史教育推进新时代大学生爱国主义教育［J］.学校党建与思想教育，2022（5）：53-56.

［27］董晓彤."中国共产党的历史是一部丰富生动的教科书"——学习习近平关于讲好党史故事重要论述［J］.党的文献，2020（5）：44-50.

［28］刘媛，彭波.大学生"知史爱党"育人模式探究［J］.学校党建与思想教育，2017（24）：34-35.

［29］黄淑洁.当代大学生家国情怀的培育路径［J］.西部素质教育，2022，8（10）：33-35.

［30］辛如彬.习近平家国情怀重要论述及对青年的教育价值［J］.中学政治教学参考，2020（22）：17-20.

［31］林秋琴.新时代大学生爱国主义教育研究［J］.思想理论教育，2020（10）：102-105.

［32］魏勃，李治勇.凝心铸魂推进新时代大学生爱国主义教育［J］.学校党建与思想教育，2020（06）：45-47.

［33］刘睿，黄金金.世界百年未有之大变局下大学生爱国主义教育探究［J］.学校党建与思想教育，2022（24）：66-69.

［34］段丹东，刘婧童.新媒体时代大学生爱国主义教育的创新路径探析［J］.新闻研究导刊，2022，13（21）：66-68.

［35］吴承强，刘非.新时代加强大学生爱国主义教育的内在机理和践行路径研究［J］.未来与发展，2019，43（12）：88-91.

［36］陈永刚.红色文化融入新时代大学生爱国主义教育的实现路径［J］.未来与发展，2020，44（3）：42-46.

［37］张红飞.新时代大学生爱国主义教育的时代呼唤、现实机遇和实践路径［J］.思想教育研究，2021（11）：145-148.

［38］赵国旭，陶丽丽，侯树成.智媒时代大学生爱国主义教育路径探析［J］.哈尔滨职业技术学院学报，2023（4）：84-86.